KB273630

한국사의 중심 DMZ

한국사의 중심 DMZ

초판 인쇄 2010년 3월 15일
초판 발행 2010년 3월 20일

글·사진 최현진
펴낸이 차재현
편　집 원시인
디자인 황경실
펴낸곳 도서출판 파란하늘
출판등록 제 313-2004-000275호
주소 서울시 마포구 동교동 155-27 효성홍익인간 1211호
전화 02)701-0443 | **팩스** 02)701-0453
이메일 road-68@hanmail.net

ISBN 978-89-92417-22-8 03900
값 13,000원

한국사의 중심 DMZ

글 · 사진 최현진

파란하늘
BLUE SKY

DMZ를 지배한 지배하는 자!
한반도의 주인이 된다.

DMZ. 전쟁 이후 누구도 손대지 못한 땅이다.

남북 4Km, 동서 248Km의 광활한 대지 그곳의 주인은 인간이 아니다. 그곳에서 인간은 잠시 스쳐가는 존재일 뿐. 그곳은 주인을 잃어버린 자연 그대로의 땅이 잠들어 있는 곳이다.

언제나 이 DMZ가 오늘처럼 자연의 모습을 하고 있었던 적은 없었다. DMZ는 역사가 시작된 이래 우리 조상들이 수없이 스쳐 지나간 곳이다. 그리고 이곳은 한반도의 주인임을 자처하는 수많은 사람들이 머물며 통일된 한반도를 꿈꾸며 지배하고 사라졌던 역사의 현장이다.

우리 조상의 숨결과 영욕의 역사가 지배하지 않은 곳이 없겠으나 유달리 이 곳 DMZ 만큼 5,000년 역사 동안 함께했던 곳은 드물다. 그것은 이 곳 DMZ가 민족의 젖줄인 한강과 그 맥을 같이 하고 있다는 점에서 특히 그렇다. 물이 있는 곳은 사람이사는 곳이다. 농업혁명이 시작된 이래 농업의 중심지였고 산업화 이후에 산업의 중심지였다. 교통이 발전하면 교통의 중심지로 역할을 하는 곳이 바로 물이다. 그런 의미에서 DMZ는 동으로 남강, 서로 북한강, 한탄강, 임진강이 맞닿아 흐르고 있다. 서해로 나가는 강물은 강의 근원이라는 의미를 담아서 우리 조상들은 조강(祖江)이라 불렀다.

그리고 이 조강의 시작은 백두대간이다. 한반도 조종의 산인 백두산에서 흘러내린 산줄기는 금강산에 이르러 일만 이천의 선인을 키우고, 서쪽으로 한줄기 강을 흘려보내 한강을 이루게 한다. 이 한강은 한반도 중심을 흘러 서해로 나가 민족의 중심을 이루고 있다. 이렇게 340여 Km를 흘러내린 한강은 250Km의 DMZ와 함께 한반도를 반으로 나누고 언제나 "나를 차지하는 자 한반도의 주인이 되리라"라고 우리에게 예언처럼 암시하고 있다. 실제 이 한강과 함께 한반도의 반을 가르는 DMZ를 차지한 5,000년 역사의 영웅들은 한반도의 주인으로 우리에게 다가왔다.

가장 먼저 이 곳 DMZ를 차지한 사람은 고구려의 광개토대왕이었다. 고구려 역사상 가장 완벽한 군주로 중국의 중원을 호령한 광개토대왕은 고구려의 배후인 한반도의 실질적 지배자였다. 남으로 금강산에서 강화도까지 점령하여 백제를 겁박하고, 신라를 도와 왜국을 바다 건너로 몰아내었다. 그 뒤를 이은 장수왕은 한강이남 위례성에 위치한 백제를 금강 이남인 공주로 몰아내고 한강과 DMZ 전역을 차지하며 한반도의 맹주로 그 위세를 떨쳤다. DMZ와 한강을 차지한 고구려는 지속적인 발전으로 중국과는 다른 연호를 사용하여 한반도의 자주적 국가를 자처하며 한민족의 자부심을 세웠다.

이후 DMZ와 한강의 주인은 신라의 진흥왕이었다. 언제나 백제와 고구려의 침략 속에서 나라의 존망마저 위협받던 신라는 진흥왕에 이르러 동쪽의 금강산 북쪽 지역과 서쪽의 한강 이북 지역인 북한산을 점령하고 중국과 직접 교역의 문을 열었다. 그리고 신라는 이러한 기세를 몰아 고구려와 백제를 무너뜨리고 삼국을 통일할 기반을 닦게 된다. 삼국을 통일한 신라의 문무왕은 한반도의 유일한 군주였으나 실제는 중국 당나라의 지배하에 놓인 외로운 처지였다. 당은 백제 땅에 웅진도호부를 설치하고, 고구려에는 안동도호부를 설치해 한반도 실제 주인으로 행세하였다. 그러나 문무왕은 지금의 양주 근처인 매초성과 파주의 적성 전투에서 승리하며 한강과 DMZ를 차지했다. 그리고 이 전투의 승리로 실질적인 한반도의 주인으로 인정받을 수 있었다.

신라 말기는 각 지역의 호족이 발호하여 중앙정치의 힘이 미치지 못한 시기였다. 이 시기 각 지역에는 수많은 지역 호족이 나타나지만 자신의 나라를 건설한 사람은 궁예와 견훤 두 사람이었다. 이 중 궁예는 지금의 원주인 북원에서 양길의 수하로 들어가 힘을 얻은 후 양길의 부하를 빌려 백두대간을 넘어 울진에서 북으로 자신의 힘을 알리기 시작한다. 지금의 강릉인 명주에서 자신의 힘을 백성들에게 돌려주고 민심을 얻어 금강산까지 진출하고 곧바로 서진하게 된다. 지금의 DMZ를 따라 서진한 궁예의 길은 양구와 화천을 지나 철원에서 신라의 군대를 격퇴하고 개성까지 진출하여 개성의 호족인 왕륭과 손잡고 새로운 제국을 건설하게 된다. 그 나라가 바로 태봉국이다. 철원으로 도읍을 정한 태봉은 남으로 후백제인 견훤과 대립하면서 점차 신라를 압박하여 신라 말기 어지러운 세상을 새롭게 통일할 기회를 잡게 된다. 그러나 개성지역의 호족세력인 왕건의 쿠데타로 그 꿈을 중도에 잃어버리게 되고 새로운 제국의 꿈은 궁예를 무너뜨린 왕건에게 돌아간다. 왕건은 궁예의 꿈을 기반으로 한반도 최초로 명실상부한 유일의 통일 국가를 건설한다.

고려를 뒤이은 국가는 조선이었다. 조선 역시 한강을 기반으로 한 서울에 도읍을 정한 국가였다. 조선의 위기는 한강과 DMZ 지역을 외적에 빼앗긴 순간이었다. 조일전쟁은 이곳을 버리고 도망간 왕으로 인해 국토를 일본에 유린당하는 아픔을 당해야했다. 조청전쟁 역시 청나라에 DMZ와 한강을 빼앗기고 남한산성에서 청나라 황제에게 삼전도의 치욕을 겪어야 했다.

반면 조선이 신권의 나라라는 점에서 신권은 왕권을 능가하였다.

조선의 붕당은 왕조차 자신들의 붕당에 참여시켜 자기당의 정권을 강화하였다. 조선 역사에서 500년 중 300년 동안 지속되었고, 수많은 붕당 중 실제 정권을 차지하여 조선을 지배한 붕당은 서인 노론세력이었다. 이 서인의 노론세력은 율곡과 성혼의 제자로 이들의 사상적, 지리적 기반은 파주의 DMZ 주변 임진강이었다. 율곡과 성혼의 고향이자 그들의 서원이 있는 DMZ 지역은 서인의 성리학적 기반이 완성된 곳이고, 이곳에서 그들의 학파인 기호학파가 성립되었다. 이들의 문화와 철학은 바로 DMZ의 물류와 생산이 집결된 곳에서 이루어져 만들어진 것이다.

비록 역사에서는 패배했지만 민간에서 구전되는 인물들 역시 이곳 DMZ에서 신화로 만들어져 한반도를 지배한다.

궁예는 철원에서 국가를 성립하고 철원에서 생을 마친 인물이다. 그런 그의 역사는 기록에서는 추악한 폭군으로 묘사되지만 민간에서는 궁예 미륵으로 새로운 세상을 열어줄 인물로 구전되고 있다. 궁예뿐 아니다. 신라의 마지막 왕인 경순왕은 개성에서 살면서 DMZ 남쪽인 도라산에 암자를 지어 경주를 그리워했다. 그의 사후 마지막은 경주로 돌아가 묻힐 꿈에 있었지만, 고려 경종은 그의 운구를 연천 고랑포에서 멈추게 하였고, 무덤은 연천 임진강 강가에 묻히게 되었다. 그리고 그는 인제에서 부활하여 인제지역의 민간신앙 속에서 김부대왕으로 부활했다. 최영 장군 역시 고려의 마지막 충신으로 이성계에 의해 숨을 거두지만, 그의 사당이 개성 남쪽 DMZ 주변의 덕물산에 모셔져 무속신앙의 신으로 가장 많이 모셔지고 있다. 또한 전국 각지에서 최영 장군의 사당을 만들어 풍어와 안녕을 기원하는 제를 지내고 있다.

이처럼 DMZ를 지배한 사람은 한반도의 실질적 지배자로 군림했고 DMZ에서 죽은 이들은 정신적으로 무속신앙의 주인이 되었다. 이것은 한반도의 중심이 바로 이곳 DMZ를 중심으로 이뤄져 있고 농업과 수운의 중심지 역할을 했기에 가능했던 것이다. 역사 이전에도 한반도의 주인들은 DMZ를 중심으로 탄생했고, 이곳을 중심으로 생활하였다. 구석기인들의 중심지인 연천, 신석기인의 무대 양구와 파주, 서울이 DMZ를 배경으로 발전한 지역이다.

분단 60년 우리는 통일을 준비하고 있다. 역사는 현재의 거울이고 미래의 교사이다. 통일을 준비하는 이 때 분단을 극복하지 못한 것은 선조들의 중심지 DMZ를 너무 소홀히 다른 나라에 맡겨놓은 업보 같은 것은 아닐까?

이제 통일과 함께 세계의 중심으로 나가기 위해서 다시 한 번 조상들의 터전이었던 DMZ에 대한 중요성을 인식해야 할 때이다.

차 례

1. 한반도 최초의 주인 – DMZ에 정착하다

오늘날 한반도의 최초 인류는 아직까지 정확하지는 않다. 다만 한반도에 최초의 구석기인들의 유적으로는 단양의 금굴 유적과 공주 석장리 유적으로 전기 구석기에 해당하는 70만 년 전 유적들이 발굴되어 세계 고고학계로부터 인정을 받았을 뿐이다. 그러나 구석기 유적에 있어 도구 기술의 실질적 발전을 이룬 '아슐리안형 돌도끼'가 발견된 것은 한탄강 유역의 전곡리 유적지이다. 서구의 개념으로 본 인류 역사에 있어서 서양인이 동양인보다 우월하다는 자의식을 가지게 한 이 돌도끼는 1978년 전곡리에서 발견되기 전까지 동양에서는 그 모습을 볼 수 없었다. 그러나 전곡리에서 발견된 이 돌도끼는 동양의 인류발전이 서양의 인류발전과 맥을 같이하고 있다는 증거로 전 세계 고고학계의 이론을 완전히 바꿔놓은 계기가 되었다.

따라서 전곡리에서 발견된 이 유적은 한반도에 이미 오래전부터 발전한 인류가 생존하고 있었다는 것을 증명해 주는 사건이었다. 전곡리 유적 이후 한반도는 마치 잠에서 깨어난 듯 그동안 알려지지 않았던 구석기 유물들이 대규모로 출토되기 시작했다.

일반적으로 쌀을 처음으로 재배하기 시작한 것은 청동기시대 초기로 알려져 있었다. 그러나 이러한 설은 근래 들어 새롭게 수정되었다. 그것은 바로 1991년 일산의 가와지, 김포의 가현리, 강화 우도 등에서 볍씨와 볍씨 자국, 벼과의 꽃가루가 발견되었기 때문이다. 기존에 발견된 벼와 관련된 유물은 평양과 부여, 김해에서 발견되어 모두 청동기시대로 밝혀져 왔다. 따라서 벼농사의 시작을 청동기 시대로 인식해 왔다. 그러나 위에서 말하는 고양과 김포 등지의 유적은 모두 신석기 시대 후기 유적으로 우리나라의 벼농사의 기원을 훨씬 이전으로 앞당기게 하였다.

남동에서 북서로 길게 돌출한 김포반도는 오랜 침식작용을 받아 낮아진 준평원과 한강 중상류 및 지류에서 운반된 토사가 매립되어 발달한 퇴적지대로 이루어져 낮고 평탄한 김포평야를 이루고 있다. 높이 100m 이하의 구릉성 산지는 주로 김포시 서쪽에 위치하며 반면에 굴포천, 계양천 등이 한강으로 흘러들어가 동부의 한강연안에는 넓고 두꺼운 퇴적평야가 발달하여 있다.

이렇게 비옥하게 발달한 김포평야는 예로부터 쌀 중심의 농업이 주요 산업으로 되어왔으며, '통진미, 김포미' 최근에는 '김포금쌀' 이라는 이름으로 경기미를 생산하고 있다. 이러한 김포의 벼농사는 우리나라 벼농사 최초의 기록인 '삼국지 위지 변지조'에 "변진국들은 오곡과 벼 재배에 알맞다"고 쓰여 있어 김포를 비롯한 반도 남서쪽을 최적의 벼농사 지역으로 지적하였다. 또한 '삼국사기 백제본기' 에 "다루왕 6년 2월에 영을 내려 나라의 남쪽 주군에 벼농사를 시작하게 하였다"는 말로 미루어 김포지방에서 시작된 한반도의 농업이 백제시기에 와서 전국적으로 발전되었음을 짐작할 수 있다.

1) 아슐리안 석기와 구석기인들

구석기 시대란 최초 고인류가 등장한 때부터 약 1만 년 전까지에 걸친 시기로 구분할 수 있다. 선사시대란 유럽적 기준으로 하면 석기, 청동기, 철기의 발견시기까지 세 시기로 구분할 수 있다. 여기서 석기는 도구의 제작 방법에 따라 뗀석기와 간석기로 구분한다. 뗀석기를 사용한 구석기 시대는 보통 신생대 3기와 4기 시대에 나타난 것으로 추측할 수 있다. 다시 이 신생대 4기는 갱신세와 전신세로 나눠지며 흔히 말하는 빙하기는 갱신세에 해당한다.

빙하기 시대의 인류와 동물은 추위를 피해 움직여야 했고, 따뜻한 남으로 이동하여 그들의 보금자리를 찾아야 했다. 이 시기를 약 200만 년에서 100만 년 전으로 추정하고 있다. 인류의 탄생은 이러한 추위를 피하고 살아오면서 점차적으로 현생인류로 발전을 하게 된다.

오늘날 한반도의 최초 인류는 아직까지 정확하지는 않다. 다만 중국에서 빙하가 발견된 시기를 추적하고 황해와 중국이 연결되어 있었다는 측면에서 한반도에도 빙하기 인류가 생존하였을 가능성에 대해 얘기하고 있다.

현재 한반도에 최초의 구석기인들의 유적으로는 단양의 금굴 유적과 공주 석장리 유적으로 전기 구석기에 해당하는 70만 년 전 유적들이 발굴되어 세계 고고학계로부터 인정을 받았다. 그리고 구석기 전기 유적에 있어 도구 기술의 발전을 이룬 아슐리안형 돌도끼가 발견된 것은 한탄강 유역의 전곡리이다.

서구의 개념으로 본 인류 역사에 있어서 서양인이 동양인보다 우월하다는 자의식을 가지게 한 이 돌도끼는 1978년 전곡리에서 발견되기 전까지 동양에서는 그 모습을 볼 수 없었다. 그러나 전곡리에서 발견된 이 돌도끼는 동양의 인류발전이 서양의 인류발전과 맥을 같이하고 있다는 증거로 전 세계 고고학계의 이론을 완전히 바꿔놓은 계기가 되었다.

따라서 전곡리에서 발견된 이 유적은 한반도에 이미 오래전부터 발달한 인류가 생존하고 있었다는 것을 증명해 주는 사건이었다. 전곡리 유적 이후 한반도는 마치 잠에서 깨어난 듯, 그동안 알려지지 않았던 구석기 유물들이 대규모로 출토되기 시작했다.

아슐리안 돌도끼의 발견

아슐리안 돌도끼는 전기 구석기의 대표적인 유적 중 하나이다. 이 돌도끼가 발견되는 지역이나 그 형태에 따라 구석기 문화의 각 단계를 설정하는 기준이 되기도 한다. 주로 이 문화가 존속했던 시기는 기원전 50만 년에서 10만 년 전 사이이며, 최초의 원인류가 발견된 아프리카 지역에서는 훨씬 오래전에 시작되어 약 100만년 동안 지속되었다. 이 문화는 주로 아프리카와 유럽에서 발견되었으며 아시아에서는 발견되지 못했다.

아시아에서는 발달한 구석기 문화가 존재하지 않았다는 것이 통설이었다. 아시아에서는 자바를 제외하고는 전기 구석기 시대의 유물로는 아슐리안 돌도끼 보다는 주로 초퍼(chopper), 초핑툴(choppingtool)로 대표되는 자갈돌석기 문화가 있었다는 것이다. 따라서 아시아는 아프리카나 유럽보다 구석기 문화의 발전이 늦은 미개한 대륙으로 얘기되었다.

　1978년 동두천에서 근무하던 미공군 그렉 보웬은 한국인 애인과 함께 연천 전곡리의 한탄강변을 산책하였다. 당시 애리조나 주립대학에서 고고학을 전공한 보웬은 강가를 산책하던 중 이상한 물건을 발견하게 된다. 일반적인 돌과는 모양이 사뭇 다른 돌로 누군가에 의해 다듬은 흔적이 있었다.

　대학에서 고고학을 전공한 보웬은 그 돌들이 예사 돌 같지 않음을 직감하였다. 그리고 주변을 더 찾기 시작했다. 주변에는 자신이 발견한 돌과 같이 누군가에 의해 조각된 듯한 돌이 몇 점 더 나왔다. 돌을 발견함과 동시에 보웬은 바로 귀대해 사진을 찍고 군용작전 지도를 들고 다시 현장으로 달려 나갔다. 그리고 지도에 자신이 찾은 돌들의 위치를 적었다. 현장 사진과 유물 사진을 기반으로 일주일간 자신이 격은 일들을 보고서에 기록하기 시작했다. 그리고 이 발견을 누구에게 알릴 것인가 고민했다.

　그는 결국 자신이 발견한 돌을 세계적인 구석기 권위자인 프랑스의 보르드 교수에게 우편으로 연락했다. 보르드 교수는 보웬의 보고서를 받아 본 이후 답장을 보내왔다.

　"만약 이것들이 유럽이나 아프리카에서 발견되었다면 나는 의심 없이 아슐리안 문화의 석기라고 말하겠습니다. 내 자신이 직접 현장을 보고 싶은 중요한 발견입니다. 그러나 여건상 불가능하니 서울대학교 고고학과로 연락해 보십시오."

　이 답신을 받은 보웬은 틈을 내어 서울대학교 박물관장인 김원룡 교수를 찾았다. 김원룡 교수는 즉시 영남대 정화영 교수와 현장을 답사했다. 그리고 이들은 연천 전곡리 한탄강 주변에서 발견한 구석기의 유물에 대해 전 세계 학계에 공개했다. 그리고 전 세계의 고고학계는 새롭게 쓰여 져야했다. 당시까지 아슐리안형 돌도끼는 아시아에 없다는 이론을 완전히 뒤집은 것이다.

1978년 전 세계의 고고학은 완전히 새롭게 쓰여 졌다. 우리나라의 고고학계 역시 새로운 시작을 알리게 되었다. 그러나 발견 이후 새로운 문제가 등장하였다. 이곳에서 발견한 석기들의 연대를 측정하는 문제였다. 과연 이곳에서 발견된 석기들이 서기전 20만~30만 년 것이라는 것을 신뢰할 수 있느냐는 논쟁이 쉼 없이 이뤄졌다.

결론이 나지 않자 국내학계는 외국의 저명한 학자들에게 구원을 요청했다. 당시 고고학계에서는 최고의 권위자인 미국 버클리대의 존 데스몬드 클라크(J. D Clark) 교수는 전곡리 유적을 관찰한 뒤 전기 구석기시대인 아슐리안기 구석기에 해당한다는 견해를 피력했다.

아슐리안형 돌도끼

아슐리안형 돌도끼는 양면핵석기 라고도 불리는데 전기 구석기의 대표적인 유적이다. 이 양면핵석기는 중기 구석기와 후기 구석기에도 계속 발견되고 있으나 이 시기에는 주로 박편석기와 돌날석기 등이 주류를 이루고 있어 전기 구석기를 대표한다고 볼 수 있다.

그렇다고 이 석기가 전기 구석기 전체에서 나타나고 있는 석기는 아니다. 전기 구석기 초기에는 오히려 초퍼나 초핑툴이 먼저 나타난다. 양면핵석기는 자갈돌의 한 쪽 면을 한 방향으로 여러 번 쳐서 만든 초퍼, 그리고 자갈돌의 양쪽 면을 서로 엇갈린 방향

에서 여러 번 가격하여 만든 초핑툴 같은 석기들의 지속적인 발전
에 의해서 나타나는 형태이다.

양면핵석기의 재료는 주로 규석, 석영, 사암 들을 사용하고 있
으나 현무암 같은 다른 돌도 이용하였다. 양면핵석기를 만들 때에
는 이러한 석재로부터 큰 박편을 떼어난 다음 박편의 아랫부분과
윗부분, 즉 박편의 양면을 주위로 돌아가면서 엇갈리게 타격을 가
하여 작은 박편을 떼어내면서 처음부터 만들고자 하는 양면핵석
기의 형태를 만들어 간다. 따라서 본래의 큰 박편은 박편의 양면
에서 작은 박편들이 껍데기처럼 떨어져 나가고 알맹이만 남는 형
태가 되기 때문에 양면핵석기라고 부른다.

이 석기의 사용방법은 주로 손에 쥐고 사용하기 때문에 돌도끼
라고도 부른다. 이 석기의 용도는 지금의 주머니칼과 그 용도가

▲ 세계 구석기 역사를 바꾼 연천 전곡리의 아슐리안형 주먹돌도끼.

비슷하다. 짐승을 사냥하는 데에도 쓰이지만 사냥한 짐승의 가죽을 벗기는 것에도 이용된다. 또한 땅을 파서 풀이나 나무뿌리 등을 캐는 다용도로 이용되기도 한다.

양면핵석기 문화가 존속하던 시기는 지질학적으로 제4기 지질시대에 해당한다. 제4기는 홍적세와 충적세로 나뉘며 대부분이 홍적세에 해당하는데 흔히 대빙하기라고도 부른다. 이 시기는 4개의 큰 빙하기와 3개의 간빙기로 나눈다. 유럽에는 이러한 빙하기의 흔적이 남아있지만 우리나라에는 빙하기의 흔적을 찾아볼 수가 없다.

그러나 중국에는 이러한 빙하기의 흔적이 남아있어 당시 중국과 한반도가 서해안으로 붙어 있었기에 우리나라에 빙하기가 있었다는 것을 추측할 수는 있다. 그러나 한반도에서는 양면핵석기가 발견된데 비해 중국에서는 양면핵석기 문화의 범주에 들어갈 만한 것은 아직까지 알려지지 않고 있다.

연천 전곡리 이후의 구석기

구석기라 함은 최초의 고인류가 발생한 이후부터 약 1만 년 전까지의 긴 기간을 지칭한다. 이러한 구석기는 수백만 년을 거친 매우 장구한 시기이며, 오스트랄로피테쿠스의 등장에서부터 각종 고인류가 등장 소명한 시기이다. 이 기간 동안 진화의 속도는 매우 느리게 진행되었기에 약 10만 년 전까지는 도구제작과 형태에 있어서 큰 변화가 인지되고 있지는 않다.

구석기의 시기구분은 주로 석기로 대표되는 유물의 변화양상에 기초하고 있으며, 흔히 전기, 중기, 후기의 세 시기로 나누어진

다. 우리나라에 있어서 구석기는 뚜렷한 기준이 아직 확립된 것은
아니나 시기별로 나타나는 석기의 변화에 따라 대략적으로 위의
세 시기로 구분되어 불리고 있다.

한반도에서 나타난 최초의 구석기 유적은 평안도 두만강 유역
에서 발견된 굴포리 유적이다. 그러나 이 유적은 발굴 당시 일제
시대란 점과 일본인에 의해 발굴이 되어 구석기 유물로 인정받지
못하였고 1960년 대까지도 잊힌 유적이었다. 그러나 1963년 패
총퇴적층 밑에서 구석기의 유물이 발견되어 본격적으로 연구되었
다. 남한에서의 구석기 유적은 1964년 공주석장리 유적이 최초로
발견되어 구석기에 대한 연구가 시작되었다.

그러나 본격적인 구석기 문화의 시작을 알리게 된 계기는 1978
년의 연천 전곡리였다. 연천 전곡리 유적 이후 한반도에서는 연이

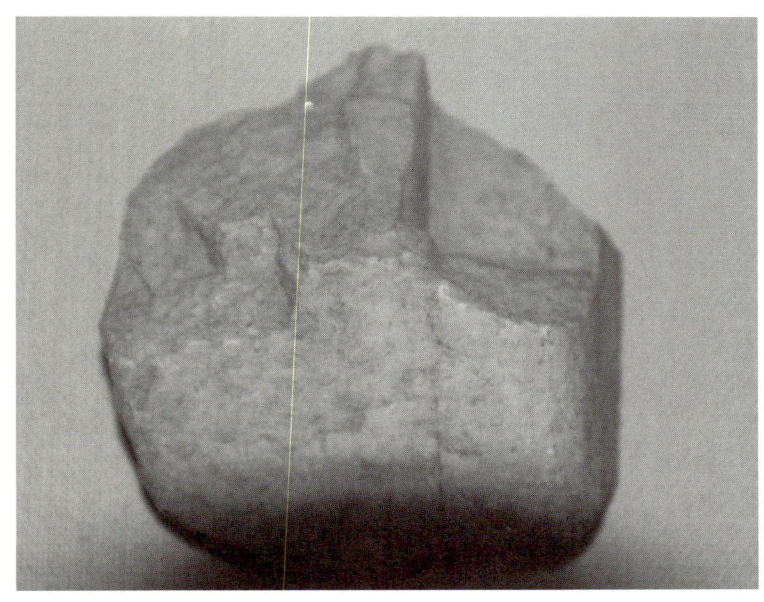

▲ 연천 전곡리에서 출토된 구석기시대 뗀석기의 일종인 양날찍르게.

어 구석기 시대를 알리는 유적지들이 발견되기 시작하였다. 이후 발견된 유적지가 현재까지 전국적으로 20여 곳에서 발견되었지만, 이곳 한탄강과 임진강 유역에서만 15군데 이상의 구석기 유적이 확인되었다.

구석기인은 한반도 최초의 고인류

구석기 초기의 인간은 남자는 사냥, 여자들은 열매따기에 나섰다. 사냥을 하지 못하면 이들은 추위와 배고픔과 싸워야 했다. 이들이 자연을 지배할 수 있는 이유는 도구를 만들 수 있었기 때문이다.

도구를 만들어 씀으로써 자연의 예속에서 벗어났고 동물의 상태에서 인간사회를 만들어갔다. 처음 이들의 도구는 주변의 흔한 돌이었다. 주변의 돌을 들고 사냥을 위해 동물에게 던졌으나 점차 돌을 쓰는 방법이 발전해 갔다. 한 방향으로 돌을 떼어내 쓰던 방법에서 점차 양쪽으로 돌을 떼어내 쓰게 되면서 단순한 돌에서 조금씩 날카로운 형태의 석기로 발전해 나간 것이다.

이들 구석기인들의 주거형태는 대부분 동굴생활이었다. 이들의 흔적은 대부분 강가의 동굴이나 산 쪽의 동굴에서 많이 발견된다. 여기에서는 석기들과 동물뼈 화석이 함께 발견되기도 하는데 당시 구석기인들이 석기를 이용해 사냥을 하였다는 증거이기도 하다. 동굴에서는 이와 함께 탄화목의 화석이 발견되기도 한다. 이는 동굴생활을 하면서 불을 피웠다는 증거이기도 한데 불을 피우는 것은 여자들의 몫이었다. 그리고 불을 피우므로 인해서 맹수에게서 보호를 받고 동굴의 습기를 제거할 수 있었다.

▲ 아슐리안형 주먹돌도끼를 사용하는 전곡리의 네안데르탈인.

구석기 초기의 고인류가 산에서 생활을 하는데 반해 구석기 후기에 가면서 당시의 인류는 강이나 낮은 언덕으로 이동하게 된다. 이때의 석기는 이전에 비해 더욱 발전된 형태의 양면핵석기를 사용하였다. 또한 강가에서 살게 되면서 나무막대기에 석기를 끼워서 사용하는 창도 개발되게 되었다. 대표적인 지역이 바로 연천 전곡리와 양구이다.

이 지역의 구석기인들은 발달한 석기를 통해 점차적으로 혈족의 놀이를 발전시켜 나갔고 소속감을 높이게 된다. 강으로 나온 구석기인들은 자신들의 행동반경을 넓혀나가기 시작하였으나 그들이 바로 우리 한반도의 직접적인 조상은 아니었다. 이들은 주로 곧선사람으로 마지막 빙하기 시대인 후기 구석기 시대에 슬기사람들과 대체되기 시작한다.

슬기사람으로 불리는 후기 구석기인들은 석기와 더불어 짐승의 뼈를 이용한 도구를 사용하기 시작하였다. 오히려 이들 슬기사람이 신석기 초기와 후기 구석기 말기의 슬기슬기사람으로 대체되기 전까지 한민족의 기원으로 보는 경향이 많다.

그러나 전기 구석기에 나타나는 곧선사람은 한반도에 문화를 가진 최초로 인류가 살았다는 증거를 보여주고 있다. 더구나 전곡리의 인류는 구석기 인류가 발달된 석기를 기반으로 산에서 점차 영역을 넓혀 강이나 한데로 나오게 되는 계기를 마련했다. 이런 점에서 그들은 한반도의 최초의 주인이라 할 수 있다.

2) 농업의 시작

우리나라 신석기시대 사람들의 생산활동에서 현저한 발전은 농사를 짓기 시작한 사실이었다. 지금까지는 주변의 물건을 채집하거나 캐어서 먹었는데 농업을 시작하면서 부터 인간은 의식적으로 일정한 장소에 씨를 뿌리고 가꾸어서 열매를 거두어 들이게 되었다.

농업혁명은 인간에게 기술의 진화와 함께 생활양식에 있어서도 커다란 진화를 가져오게 하였다. 농업을 통한 농기구의 개발은 과거 동물을 사냥하기 위한 도구에서 식량을 재배할 수 있는 도구로의 발전을 가져왔다. 또한 생산한 식량을 어떻게 보관할 것인가의 문제를 통해 토기류의 그릇도 개발하게 되었다. 주생활에서도 점차 한곳에 오랫동안 모여 살게 되면서 과거 동굴 등의 주거와는 다른 움집 형태의 새로운 주거문화로 변화를 가져왔다. 이와 함께 집단생활을 통해 인간은 부족사회 혹은 씨족사회라는 새로운 집단생활을 영위하게 되었다.

인류에게 있어서 농업은 그동안의 떠돌이 생활을 청산하고 한 곳에 모여 집단 거주를 하게 만드는 중요한 계기를 마련해 주었다. 또한 농업생활을 영위하게 된 인류는 점차 잉여생산물을 가지게 되고 잉여생산물의 분배에서 자기의 몫을 더 차지하려는 욕심이 싹트게 되었다. 이렇게 농업혁명은 과거의 집단적 삶과는 다른 새로운 집단적 삶을 통해 계급이라는 새로운 모순을 가져오게 하였다.

정착농업의 시작

세계적으로 정착농업의 시작에 대해서는 대략 1만 년 전으로 추정하고 있다. 이러한 농업에 대해서는 크게 북방계와 남방계로 나누어지는 데, 일반적으로 남방계가 먼저 시작한 것으로 알려져 있다. 그러나 우리나라는 남방계보다는 북방계에 속하는 것으로 알려져 있다. 따라서 우리나라의 경우 정착농업은 남방계보다 좀 더 늦은 시기에 시작된 것으로 알려져 있으며 정착 농업의 중심이 되는 벼농사는 대략 4천 년 전 쯤으로 확인되고 있다.

그러나 정착농업 초기부터 벼농사를 시작한 것은 아니다. 초기 정착농업에 있어서 주요 작물은 야생의 밀과 보리, 조를 꼽는데 우리나라의 경우 초기 농업을 시작한 신석기시대 초기에는 조와 피 등의 작물만이 발견되고 있다. 정착농업의 후기부터 재배된 것으로 알려지는 벼의 경우는 탄화미를 통해 대략적인 전파 경로를 알려주고 있다.

▲ 김포 통진면을 흐르는 계양천 주변의 넓은 김포평야. 한반도 최초의 벼농사를 알린 곳이다.

이 전파 경로에 관해서는 북방설과 남방설, 절충설 등으로 나누어 볼 수 있으나 중국을 통해 들어왔다는 북방설이 지배적이다. 그러나 중국대륙의 어느 지역을 통해 들어왔는지는 확실하지 않다.

이러한 정착농업은 크게 전기와 후기의 두 시기로 나누어 볼 수 있다. 전기에는 괭이나 뒤지개 등의 생산도구를 주로 이용한 시기이다. 농기구는 돌로 만든 것도 있으나 대부분 뿔로 된 것을 사용했다. 뒤지개는 사슴뿔의 뾰족한 끝을 그대로 사용하였고, 괭이는 동물 뿔의 끝을 날카롭게 다듬어서 사용하였다.

후기에 들어서는 낫이나 보습을 주로 이용한 시기였다. 이 시기에 들어서 쌀 등의 맥류가 점차적으로 농업의 주를 이루기 시작한다. 그것은 각지에서 출토되는 유물에서 입증된다. 탄화물 토기에서 나오는 벼와 쌀의 자국이 석기와 토기 등을 통해서 함께 발굴되고 있기 때문이다.

벼농사의 시작을 알린 김포

　일반적으로 쌀을 처음으로 재배하기 시작한 것은 청동기시대 초기로 알려져 있었다. 그러나 이러한 설은 근래 들어 새롭게 수정되었다. 그것은 바로 1991년 일산의 가와지와 김포의 가현리, 강화 우도 등에서 볍씨와 볍씨 자국, 벼과의 꽃가루가 발견되었기 때문이다. 기존에 발견된 벼와 관련된 유물은 평양과 부여, 김해에서 발견되어 모두 청동기 시대로 밝혀졌다. 따라서 벼농사의 시작을 청동기 시대로 인식해 왔다. 그러나 위에서 말하는 고양과 김포 등지의 유적은 모두 신석기시대 후기 유적으로 우리나라의 벼농사의 기원을 훨씬 이전으로 앞당기게 하였다.

　더구나 한국 선사고고학회와 일본 도호쿠(東北)대 스즈끼 미쯔오 교수팀이 공동으로 지난 1997년 통진면 가현리 450번지 일대의 이탄층을 채취, 방사선탄소연대측정법을 이용한 3년간의 연구

▲ 김포 통진면의 '김포금쌀' 홍보관 모형을 통해 농사일의 순서를 보여주고 있다.

조사 끝에, 이제 김포가 국내 쌀재배의 원조라는 사실은 "정설"로 굳어지고 있다.

선사고고학회 임효재(서울대 문학박사) 회장은 "일본의 스즈끼 미쯔오 교수팀과 가현리에서 채취한 이탄층을 조사한 결과 가장 아래쪽은 BC 5천 440년, 중간층은 BC 4천 720년, 가장 위쪽은 BC 4천 420년에 형성된 것으로 판명됐다"고 밝혔다.

이렇게 김포가 우리나라 최초의 벼농사 중심지를 이루게 된 배경에 대해서는 다양한 견해가 나오고 있다.

첫째, 양자강에서 북쪽으로 계속 올라와 산동반도에 이른 다음 황해를 건너 우리나라의 중서부지방에 닿았다는 도해설이 있다. 이는 중국의 산동반도와 황해의 벽란도, 경기도의 강화도가 가까운 거리에 있기 때문에 중국과 교류에 유리한 지형을 이루고 있다. 또한 중국의 하모도와 김포의 가현리가 서로 마주보는 지형인 것도 도해설의 근거로 제시되고 있다. 중국의 하모도는 그 기원설로 따져보더라도 세계에서 가장 빠른 시기인 7천 년 전에 벼가 재배되었고 주변의 일본이나 시베리아와 활발한 교류가 있었기에 우리나라와도 교류가 있었다는 측면에서 도해설을 이야기한다.

둘째는 산동반도 북쪽의 요동열도를 거쳐 요동반도에 이르러 한동안 쌀이 재배되다 남만주를 거쳐 우리나라로 들어왔다는 주장이다. 그리고 이와 시각을 조금 달리하여 산동반도에서 계속 바닷가를 거쳐 발해만 주위와 요동반도를 거쳐서 바로 한반도로 유입되었다는 육로설이다.

이 요동반도는 한반도의 주요 터전이었을 뿐만 아니라 고대에는 우리나라와 끊임없이 문화를 교류했고 사람들의 왕래가 잦았다는 점에서 이러한 주장이 되풀이되고 있다. 그러나 아쉽게도 평양 등지에서는 조와 피 같은 초기 작물은 발견되었지만 아직까지 벼농사와 관계된 흔적이 발견된 점이 없기 때문에 치명적 약점을 가지고 있다. 그러나 이러한 여러 유입설과는 별도로 한반도에서는 오래전부터 벼농사를 통한 정착생활이 시작되었다는 점에서 김포는 벼농사와 함께 우리나라 정착생활의 시작을 알리는 중요한 지역이다.

김포의 벼농사는 왜 발달하였는가?

김포는 서쪽의 좁은 강화수로를 사이로 강화도와 마주보고 있고 동북쪽은 한강으로 둘러싸인 반도지역이다. 북쪽에는 한강과 임진강의 하류가 흐르며 군사분계선이 설정되어 있고, 동쪽에는 한강 너머로 경기도 파주시와 고양시가 마주하고 있다.

남동에서 북서로 길게 돌출한 김포반도는 오랜 침식작용을 받아 낮아진 준평원과 한강 중상류 및 지류에서 운반된 토사가 매립되어 발달한 퇴적지대로 이루어져, 낮고 평탄한 김포평야를 이루고 있다. 높이 100m이하의 구릉성 산지는 주로 김포시 서쪽에 위치하며 반면에 굴포천, 계양천 등이 한강으로 흘러들어가 동부의 한강 연안에는 넓고 두꺼운 퇴적평야가 발달하여 있다.

이렇게 비옥하게 발달한 김포평야는 예로부터 쌀중심의 농업이 주요 산업으로 이어왔으며, '통진미, 김포미' 최근에는 '김포금쌀'이라는 이름으로 경기미를 생산하고 있다. 이러한 김포의 벼농사는 우리나라 벼농사의 최초의 기록인 '삼국지 위지 변지조'에 "변진국들은 오곡과 벼재배에 알맞다"고 쓰여 있어 김포를 비롯한 반도 남서쪽을 최적의 벼농사 지역으로 지적하였다. 또한 '삼국사기 백제본기'에 "다루왕 6년 2월에 영을 내려 나라의 남쪽 주군에 벼농사를 시작하게 하였다"는 말로 미루어 김포지방에서 시작된 한반도의 농업이 백제시기에 와서 전국적으로 발전되었음을 진작할 수 있다.

이렇듯 김포는 한강과 주변 하천의 풍부한 수량과 함께 연평균 기온 11.2℃의 온난한 기후와 함께 1.100mm내외의 적당한 강수량으로 벼농사의 최적지였다. 여기에 한강과 황해를 이용한 수운은 중국과 한반도 내륙을 연결하는 지리적 이점으로 각종 농업 기술과 농업 물량의 이동에도 용이한 이점을 가지고 있었다. 또한 김포를 중심으로 발견되는 신석기 시대의 각종 유적들은 이 지역이 신석기 시대 한강을 중심으로 매우 다양한 부족이 일찍부터 김포에 정착했다는 증거로 나타나고 있다.

김포는 최초의 쌀 도래지인 김포시 통진면 가현리 인근의 옹정리에 "농상패놀이"가 발전하여 논김을 맬 때에 농사반을 구성하여 농기를 앞세우고 농악대가 7채의 "길군악"을 치는 놀이가 발달하였다. 또한 한반도 쌀의 최초 도래지임을 알리기 위해 1년 12달을 1년 농사에 맞춰 12마당으로 구성한 "통진두레놀이"를 발전시켜 나가고 있다.

3) DMZ의 고인돌

한반도 전역에 있어서 나타나는 고인돌은 크게 북방식과 남방식으로 나눌 수 있다. 고인돌이 언제 어떻게 나타나서 한반도 전역에 퍼졌는지는 정확하게 알 수 없다. 그러나 이 고인돌이 청동기 시대 주인들의 무덤 형식이라는 것은 틀림없는 사실이고, 이 주인들이 한반도의 지배자였다는 것도 사실이다. 이 고인돌들을 크게 남방식과 북방식으로 나뉘어 볼 때 강화도와 DMZ 지역의 고인돌은 혼합 형태 내지는 북방식 고인돌이 대부분으로 남방식과 북방식 고인돌을 나누는 기준이 되는 지역이기도 하다.

북방식은 남방식에 비해서 노동력이 많이 들어간다. 노동력이 많이 들어간다는 것은 당시 지배세력의 힘의 크기가 다른 지역에 비해 상대적으로 크다는 것을 의미하기도 한다. 이 고인돌의 분포를 보면 북쪽 지역보다는 남쪽에서 많이 나타나는데 남쪽에서는 경상도와 전라도에 많이 분포되어 있지만 북쪽으로는 고성에서부터 양구, 철원, 연천, 파주를 거쳐 강화도까지 DMZ 지역에서 고

▲ 한반도 최대 규모의 강화도 부근리 고인돌. 세계문화유산으로 등록되어 한반도 고인돌 문화를 상징하고 있다.

르게 분포하고 있는 것을 볼 수 있다.

특히 강화도 고인돌은 그 크기나 규모로 봐서 한반도에서 가장 큰 것 중의 하나로 판명되고 있다. 전 세계 고인돌의 80% 이상이 한반도에서 발견되고 있고, 그중에서도 DMZ 부근은 남방식과 북방식의 경계로 두 종류의 고인돌을 한눈에 볼 수 있는 가장 특이한 지역이기도 하다.

한반도 청동기의 시작

청동은 구리에 주석이 10%이상 섞여있는 합금을 말한다. 인류 역사상 본격적인 도구재료를 이용했던 시기이다. 우리나라에서 청동기가 시작되었다고 전해지는 것은 대략 서기전 1000년 전후로 보고 있다. 그리고 그 끝은 대략 4세기 전후까지의 시기로 전해지고 있다.

이 청동기가 한반도에 전해져 내려온 경우는 크게 세 가지로 나눌 수 있다. 첫 번째는 남만주를 거쳐 요동을 지나 한반도로 유입되었다는 설이다. 중국 은나라의 청동기 문화가 중국의 동북지방을 거쳐 유입되었다고 보았다. 실제로 은나라의 청동기는 발굴된 분량도 많고 형태도 다양하다. 지금도 전해지는 세 발 달린 은정은 청동기의 대표적인 유물로 알려지고 있다. 조선이 이웃 나라 중국과 교류가 많았던 처지이고 보면 이러한 유입설은 상당한 설득력을 가지고 있다.

또 한 가지는 자체 발원설이다. 한반도의 원주민들은 자체적으로 쌀을 생산하였고 이 곡식을 담기위한 토기를 직접 생산해왔다. 이렇게 생활이 점점 개선되는 가운데 구리와 같은 낮은 온도에서

녹는 철들을 발견하였고 이것을 합금을 통하여 개선시키면서 청동기를 발전시켰다는 것이다. 이러한 이유는 한반도에서 발견된 청동기가 다른 지역의 것들과는 다른 유형이 발견된다는 점이다. 따라서 서기전 2000년경부터 청동제품을 만들어오다가 서기전 1000년경에 비파형 청동검 같은 무기를 만들기 시작했다는 주장이다.

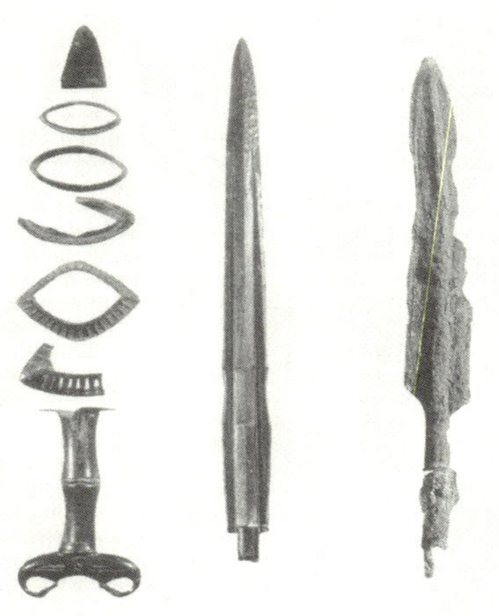

▲ 한반도에서 나타나는 청동검. 왼쪽이 청동검집. 가운데는 한국형 청동검으로 불리는 세형동검이다. 오른쪽은 주로 중국의 요녕 지역에서 많이 발견되는 비파형 청동검이다. [출처 : 민족문화대백과사전]

마지막으로, 남부 시베리아에서 유입되었다는 설이다. 서기전 13세기경 남부 시베리아에 있는 예니세이 강 주변에 있던 주민들이 점차로 동쪽으로 밀려나면서 한반도의 청동기 문화를 형성하였다는 것이다.

그러나 한반도의 청동기를 어떤 하나의 문화에 영향을 받아서 형성되었다고 설명하기에는 무리가 있다. 따라서 한반도의 청동기는 시베리아와 중국의 영향을 받아들이면서 한반도 자체적인 역량을 통해 발전했다고 볼 수 있다.

DMZ 지역의 고인돌

DMZ 전 지역은 청동기 시대 분묘인 고인돌이 유난히 많이 발견된다. 동쪽 끝인 고성에서부터 인제, 양구, 화천, 철원, 연천, 파주, 김포, 강화를 거치면서 나타나는 고인돌은 북방식 고인돌의 시작 지점으로 학술적으로나 역사적으로 매우 중요한 위치를 차지한다.

고성군 거진읍 거진리, 봉평리, 화포리, 간성읍, 신안리 등지에서는 청동기 시대의 주거지 및 고인돌 등이 다수 발견되었다. 더구나 고성군 화진포와 현내면에서 발견된 10여기의 고인돌은 북방식으로 동해안 지역의 북방식 고인돌의 남방한계선으로 보고되고 있다.

고성 오방리의 고인돌은 모두 8기로 5기는 점판암을 상석으로 하고 있고 나머지 3기는 화강암을 기반암으로 사용하고 있다. 반면 현내면 초도리에서 발견되는 고인돌의 경우에는 북방식과 남방식이 혼합되어 나타나고 있으며 총 4기가 발견되었다. 고성지역은 바다가 만입되어 호수를 이룬 화진포를 끼고 있어 선사시대부터 어로를 위해 많은 사람들이 모여 살고 있는 지역으로 알려져

▲ 강원도 고성군 화진포 바닷가에서 발견된 북방식 고인돌. 어른 무릎 높이로 윗뚜껑돌은 약 2m 이내의 작은 돌로 만들어져 있다.

있다.

　인제지역에서는 1972년 북면의 월학리에서 간돌칼 1점과 간돌화살촉 14점이 발견되어 이 지역에 청동기 시대 사람들이 살았을 것이라고 알려주었다. 또한 북면 원통리 일대에서는 고인돌 3기가 발견되어 더 많은 선사시대 유물이 나타날 수 있을 것이라는 기대를 갖게 한다.

　양구지역은 최근 선사시대 유물이 다량 출토되어 선사시대부터 매우 발전한 지역이었음을 알려주고 있다. 이 지역에는 고대리 주변에 고인돌 군이 발견된 이후 공수리와 동면 지석리, 남면 송우리와 죽리 등 양구 전역에서 고인돌들이 발견되었다. 또한 송우리 등지에서는 간돌칼과 간돌화살이 발견되었으며, 고인돌 주변에서도 껴묻거리로 간돌도끼와 민무늬토기 등이 함께 발견되기도 하였다.

▲ 양구의 가오작리 선돌. 양구에서는 선돌과 함께 수십기의 고인돌이 함께 발견되어 선사시대 매우 발달한 촌락을 형성한 지역으로 주목받고 있다.

양구의 고인돌은 공수리에 12기, 고대리 ㄱ지구 6기, 고대리 ㄴ지구 3기, 송우리 1기, 가오작리 17기, 해안 13기 등 50여기 정도가 남아있다. 70~80년대까지만 해도 100여기에 이르는 고인돌이 남아 있었으며, 그 증거로 동면 지석리란 마을이 있었다는 사실이나 다른 지역에서 보기 힘든 쌍선돌이 남면 용하리에 있는 것을 보면 당시 성읍국가가 존재하고 있었다는 것을 확인시켜 주는 것이라 할 것이다.

양구의 고인돌은 대부분 화강암으로 축조되어 있으며, 채석장에서 돌을 채석한 후 일정한 장소에 옮겨 보관했다가 필요한 시기에 사용했던 것으로 보이는 저장소도 있다. 이러한 사실은 당시 사람들이 죽음에 대하여 여러 가지 준비를 하였었고 비교적 노동력이 여유있는 시기에 많은 인력을 동원하여 미리 돌감을 채석하였음을 보여준다.

화천은 화천군 하남면 용화산 주변에 맥국의 성이 축성되었던 흔적이 남아있어 오래전부터 부족국가의 중심지였음을 알 수 있다. 맥국은 청동기 시대에 나타난 부족국가로 강원도 춘천 및 화천 등의 지역을 중심으로 발전한 국가이다. 원래 맥은 예와 한과 더불어 우리 민족의 주구성체로서 중국 주나라 시대에 중국의 동북방 지역에 거주하였던 것으로 알려져 있다.

그러나 당시 어지러운 정세 속에서 한반도로 유입되었고, 이곳 맥국의 혈통은 고구려와 부여계통과 그 맥을 같이 하고 있는 것으로 알려져 있다. 그 이유는 고구려 초기에 맥과 고구려가 함께 사용되었기 때문이다. 이 맥국이 언제까지 이곳에 있었는지는 확실하지 않으나 '삼국사기' 에 의하면 선덕여왕 6년에야 비로소 신라

▲ 철원군 토성리 고인돌로 철원 주변 평지에 만들어졌다. 주변에는 남대천을 따라 토성이 만들어져 있다.

령인 우수주로 편입된 것으로 보아 상당히 오랜 기간 동안 이 지역의 맹주 역할을 자임한 것으로 보인다. 바로 이 맥국이 피난해 있던 용화산 주변에서는 화천 유촌리 고인돌이 발견되고 있다.

철원지역은 청동기 시대 주거지 및 고인돌이 다수 발견된 지역이다. 대마리와 김화읍 학사리 등지에서 간돌도끼, 간돌칼, 돌창, 돌화살촉 등이 주거지와 함께 발견되었고, 갈말읍 토성리를 비롯하여 신철원, 지포리 문혜리 등지에서 선돌과 함께 다수의 고인돌이 발견되었다.

특히 철원 갈말읍 토성리 일대는 남대천을 따라 평야지대가 펼쳐져 있어 선사시대부터 사람들이 살았던 흔적을 쉽게 찾을 수 있다. 이곳에는 14기나 되는 고인돌이 있었다고 한다. 그러나 전쟁 중에 대부분 파괴되고 지금은 2기만이 남아있다.

토성리 고인돌은 북방식으로 그 규모가 매우 웅장하다. 길고

넓적하지만 다소 약해보이는 받침돌 위에 타원형의 평평하고 둥근 형태의 덮개돌이 올려져 있다. 이 고인돌을 지나 북쪽으로 가면 이보다는 작지만 역시 매우 큰 형식의 고인돌이 또 하나 있다. 이 고인돌과 함께 토성리에는 삼한시대 무렵에 축성된 것으로 보이는 토성이 자리잡고 있다. 언제 누구에 의해서 쌓은 성인지 알 수는 없다. 하지만 이 지역이 남대천 하류 부근에 위치하는 청양 분지의 중심이며 동서남으로 뚫린 협곡의 중심부인 점으로 미루어 이 지역이 선사시대부터 매우 중요한 요충지였던 것으로 추측된다. 이 토성 주변에서는 청동기 시대에 살았던 사람들의 주거 흔적과 함께 청동기 시대 토기인 민무늬토기와 석기류 등의 유물이 다량 출토되었다.

연천군은 구석기 시대 유물이 발견되면서 세계 고고학의 역사를 다시 쓰게 만든 지역이다. 이 지역에서는 구석기와 신석기를 비롯하여 청동기 시대 유적이 골고루 발견된다. 청동기 시대의 유

▲ 연천 양원리 고인돌로 한탄강 주변에 만들어져 있다. 380×340×45cm의 상당히 큰 규모의 고인돌이다.

물로는 통현리 고인돌과 양원리 고인돌 등이 발견된다.

파주시에는 월롱면의 덕은리 주거지 및 고인돌군이 발견되었다. 덕은리 고인돌군은 해발 82m의 낮은 구릉에 위치하고 있다. 덕은리 고인돌군은 강화도 다음가는 대표적인 유적으로 외형은 대부분 작은 규모의 것들이 대부분이다. 능선 위의 제일 높은 곳에 위치한 고인돌은 이 지역에서 가장 큰 것으로 길이 3.3m에 너비 1.9m, 두께 40cm나 된다. 고인돌에서는 껴묻거리로 납작한 돌도끼, 양날돌도끼, 숫돌, 돌칼 조각들이 함께 발굴되었다. 특히 고인돌 하부에서 움집터가 발견되어 생활유적과 무덤유적이 함께하는 중요한 유적 중의 하나이다.

이 움집은 동서 길이 15.7m, 남북너비 3.7m의 매우 길쭉한 평면을 이루고 있다. 선사시대 움집의 형태로는 우리나라에서 최초로 완전한 모습 그대로 발견된 유적이다. 이 움집에서 구멍무늬토기와 돌칼, 돌촉 등이 발견되었다. 탄소측정 결과 서기전 7세기경으로 움집이 고인돌보다 시기적으로 약간 앞선 것으로 판명되었다. 그러나 수습한 유물로 보아 이 움집 역시 청동기 시대의 유적임을 확인하였다. 파주 지역에서 발견된 고인돌의 특징은 생활지역과 무덤지역이 같이 나타나는 특성을 지니고 있다.

김포 역시 하성면 고정리 부근으로 고인돌이 나타나는데 이 지역은 한반도에서 최초로 쌀을 생산한 지역과 맞붙어 있다.

강화도의 부근리 고인돌은 지금까지 남한지역에서 발견된 고인돌 중 가장 큰 규모를 자랑하는 고인돌이다. 부근리 밭 가운데 있는 이 고인돌을 중심으로 반경 300m이내의 10여기 이상의 고인돌은 지난 2000년 11월에 세계문화유산으로 지정되었다.

지상으로부터 높이가 2.6m, 길이 7.1m, 너비 5.5m이며 화강암으로 되어 있다. 이 고인돌 바로 옆에는 또 하나의 파괴된 고인돌이 있는데 굄돌은 없어지고 판석의 뚜껑만 수직으로 엎어진 채 남아 있다. 이밖에도 강화도 부근리 삼거리 근처에는 북방식과 남방식 혼합으로 10여기 이상이 남아 있어서 부근리 주변이 청동기시대 꽤 큰 부족국가를 이루고 살았었음을 짐작케 하고 있다.

계급사회의 출현

석기시대는 계급적인 인식보다는 자연과 인간의 지난한 싸움의 과정이다. 인간이 변화하는 기후와 싸워야 했고, 홍수와 가뭄 등 자연재해와도 싸워야 했다. 또한 사나운 맹수들은 인간을 습격하였기 때문에 인간들은 무리를 지어 이들 맹수와 싸우지 않으면 안 되었다. 따라서 이때의 군집 생활은 자연으로부터 자신들을 지키고자 하는 종족보전적인 습성이 강했다고 볼 수 있다.

그러나 청동기 시대에 들어와서 인간은 자연에서 벗어나 점차 자신들의 도구를 가지게 되었고 도구의 발달은 자연히 생산력의 발전을 가져왔다. 동물을 잡는데 있어서도 돌보다는 날카로운 금속성 청동기는 동물을 잡는데 훨씬 더 용이했을 것이다. 또한 농업에 있어서도 돌칼이나 돌보습보다 청동기는 농업의 생산량을 더욱 증가시킬 수 있었다.

청동기 시대 사람들은 동물을 잡는데서 벗어나 점차 자신들의 집근처에서 동물을 키우기 시작했다. 처음에는 인간들이 동물을 잡아먹기 위해 키웠지만 점차 동물의 힘을 이용해 밭갈이와 농사 등에 이용하였다. 발달된 기구와 동물의 힘은 단위당 농업생산량을 과거에 비해 크게 증가시켰다. 또한 청동기주조와 관련한 새로운 수공업분야가 생겨나기 시작했다. 이 수공업을 통해서 기구는 더욱 단단하고 쓰기 편하게 발전하기 시작했고 기구의 발달 역시 생산량 증가에 중요한 의의를 가져오게 하였다.

각 분야에서 생산성이 높아짐에 따라 점차 사람들에게 잉여생산물이 남게 되었고 이 잉여생산물을 축적하고 분배하는 과정 속에서 빈부의 격차를 가져오게 하였다. 그리고 더 많은 잉여생산물과 종족의 보전을 위해 부족간의 정복전쟁도 점차적으로 많아지게 되었다. 정복전쟁에서 이긴 부족은 정복자의 지위를 가지게 되고 전쟁에서 패한 부족은 노예로 전락하게 된 것이다.

이러한 지배와 피지배의 관계가 가장 극명하게 나타는 것이 바로 무덤문화이다. 일반인들의 경우 죽으면 땅에 묻거나 산에 버리면 되지만 부족장이나 귀족의 경우는 좀 더 크고 화려한 무덤을 가지게 되었다. 그리고 그 무덤에 자신이 평소에 쓰던 물건들을 사후세계에서 쓰기 위해 좀 더 많은 물건을 시신과 함께 매장하게 되었다.

고인돌의 크기는 이러한 사회변화 속에서 부족장이나 당시 귀족들의 힘의 크기를 짐작케 할 수 있는 좋은 예이다. 강화도 부근리 고인돌의 경우 주변 지형을 볼 때 그렇게 큰 돌을 운반할 수 있는 화강암 채석장이 없다. 가장 가까운 고려산의 경우도 고인돌이 있는 곳과는 수Km가 떨어져 있다. 너비가 5.5m나 되는 커다란 돌을 옮겨온다는 것은 수많은 노동력이 동원되지 않으면 불가능한 것이다. 또한 돌을 옮겨왔다고 끝나는 것이 아니다. 굄돌 위에 뚜껑돌을 올리기 위해서 또 다른 노동력을 필요로 한다.

그리고 부족장의 죽음과 함께 고인돌에 함께 묻히는 껴묻거리
도 수많은 노동력을 동원한 수공업을 통해 만들었을 것이다. 실제
로 황해도의 고인돌에서는 짐승의 뼈와 화살촉, 질그릇 다양한 껴
묻거리가 함께 발견된 예가 있다.

씨족이나 부족의 우두머리들은 자신들의 권세를 이용하여 저
마다 재부를 늘렸으며 그러한 재산을 자손에게 물려주고 권력도
세습하였다. 그리고 이 시기부터 부족 간의 전쟁을 통해 부족을
확대해 나가면서 고대국가의 출현을 가능하게 하였다.

남북의 단군사관은 무엇이 다른가

▲ 건국을 선포하는 단군을 묘사한 북의
그림 [출처 : 조선의 원시도 단군(북한)]

우리 역사의 시조로 '단군'을 거론하는 것에 대하여 부정하는 사람은 없을 것이다. 그러나 단군이라는 인물이 역사상 실재했는가에 대해서는 아마도 논쟁의 소지가 있을 것이다. 이런 논쟁의 소지는 단군이란 인물에 대해 많은 사람들이 신화로 인식하고 있다는 사실에 대한 반증일 것이다. 단군이 신화 속 인물인가 실제 존재했던 인물인가에 대한 논의와 상관없이 강화도에는 단군이 하늘에 제사를 지냈다는 '참성단'이 있고, 그 아들이 지었다는 삼랑성이 버젓이 존재한다. 더구나 평양에는 실제 단군의 릉이 발굴되어 많은 이들이 찾는 명소가 되었다.

북의 단군

북쪽에서 단군은 1950년대까지 신화적 존재로 취급을 받았을 뿐, 단군이나 그가 설립한 고조선이라는 국가를 일체 인정하지 않았다. 그러나 1960년대부터 마르크스의 사회발전 5단계 설에 따라 고조선을 '고대노예제사회'로 인정하면서 대략 '요하' 부근에서 고조선이라는 국가가 시작된 것으로 파악하였다.

그러나 북측은 1993년 단군릉과 동명왕릉 건립을 계기로 '평양'을 중심으로 한 역사관을 새롭게 정리한다. 단군의 무덤까지 발굴한 북한은 우리와 다르게 단군조선의 성립을 약 B.C 30세기경으로 추측하고 단군릉에서 발굴된 유골에 대해 탄소측정을 통해 5.011전에 만들어진 무덤이라는 연구 결과를 내놨다. 이는 북측이 고조선과 부여-고구려-발해-고려의 전통을 이어받은 민족적 정통성을 가진 국가라는 것을 강조할 수 있는 역사적 배경이 된다. 실제로 북은 자주성의 관점에서 고려를 멸하고 설립한 조선에 대해서는 매우 낮은 평가를 하고 있다. 북의 교과서에서도 각 국가의 시조를 자세히 설명하고 있으나 조선의 건국에 대해서는 봉건왕조로 취급하고 이성계에 대해서도 자세한 기술을 하지 않고 있다.

또한 북은 고조선의 영토를 파악하는 데 있어서도 남측과 많은 차이를 보인다. 북의 학계에서는 고조선과 관련된 지역에 나오는 '비파형동검'을 주목하고 있다. 이 비파형동검은 중국이나 시베리아 같은 데서는 발견되지 않았다는 점과 그것의 분포 지역이 우리 민족의 활동범위로 국한되므로 북은 비파형동검이 나오는 지역을 고조선의 영역으로 해석한다.

따라서 서기전 8~7세기 무렵 서쪽으로는 난하, 동으로는 동해, 남으로 압록강에 이르는 영역을 고조선의 영토로

▲ 구. 단군릉 평양 대박산 [출처 : 조선의 원시도 단군(북한)]

파악했다. 그 후 서기전 4~3세기 무렵 연의 침략으로 인해 서쪽으로는 대능하까지, 남쪽으로는 예성강까지를 고조선의 영토로 파악했다. 그러나 단군릉이 발견된 1993년 이후 북은 고조선의 영역을 평양을 중심으로 한 고대국가라는 체계를 성립했다.

남한의 단군

남쪽에서는 삼국유사의 '위서'와 '고기'를 인용해 단군조선의 창립연대를 대략 B.C 2333년으로 추정하고 있다. 그리고 국가체계에 대해서는 북과 다르게 부족 연합체 성격으로 고대국가에 이르지 못한 것으로 파악하고 있는 게 정설이다. 일부(특히 경제사학회)에서 고대국가와 관련해 고조선과 부여 등을 노예제 사회로 해석하고 이를 고대국가로 하려고 했으나 더 이상의 진전을 가지지 못했다.

또한 고조선의 영역에 대해서도 전성기에는 요하, 말기에는 청천강 유역으로 보고 있다. 반면 평양지방에 대해서는 한사군의 하나인 낙랑군이 중심이었다고 파악해 북과 큰 차이를 보이고 있다.

강화도에서 만나는 단군

다만 북이나 남이나 공통적으로 인식하는 것은 단군신화에 대한 부분이다. 즉 환웅이 태백산 신단수 아래에 내려와 최초로 사람을 다스리고 곰이 환생한 웅녀와의 사이에서 잉태해 낳은 이가 단군이 되어 나라를 세우고 1500년을 다스렸다는 이야기다.

따라서 단군신화를 기반으로 한 개천절 행사는 6.15 공동선언이 발표 된 이후 거의 매년마다 평양 단군릉 앞에서 기원제 형식으로 개최하고 있다. 그리고 이러한 전통을 이어받아 남쪽의 한민족연합회는 어천절(단군이 지상에서 내려온지 216년만인 음력 3월15일 하늘로 올라간 날)에 강화 참성단에서 남북이 함께

▲ 평양대박산에 1994년 새로 조성된 단군릉 [출처 : 조선의 원시도 단군(북한)]

단군의 기원제를 지낼 것을 제의했고 북도 이에 긍정적인 반응을 보이고 있다.

참성단은 강화도 흥왕리 마니산 정상에 있는 제단으로 '고려사'의 기록에 의하면 단군이 하늘에 제사를 드리던 제단이라고 전해져 오고 있다. 북에서도 단군에 관한 기록인 '우리 민족의 원시조 단군'이란 책을 발간하면서 남쪽의 유적지중 유일하게 강화 '참성단'을 비중있게 다루고 있다. 이 강화도에는 참성단 외에도 단군의 세 아들이 함께 만들었다는 삼랑성이 있어 단군 신화와 관련된 특별한 의미를 가지고 있고, 많은 고인돌(단군이 활동하던 청동기시대의 분묘)이 발견되어 고대역사의 수수께끼를 풀어줄 열쇠를 가지고 있다. 최근 남과 북이 활발하게 고대사에 대한 연구와 단군에 대한 재해석이 가해지는 요즘 강화도는 북의 평양과 함께 민족의 시원과 민족의 자긍심을 높여주는 통일의 장소로 역할을 할 수 있을 것이다.

2. 한반도의 실질적 지배자들

선사시대 사람들은 DMZ를 중심으로 한반도 문화의 시작을 알렸다. 그러나 그들이 한반도를 실질적으로 지배했던 우리의 직접적 조상으로 보긴 어렵다. 그들은 부족국가를 토대로 주변지역과의 싸움을 통해서 자신들의 지배권을 넓혀나갔다. 이후 한반도에서 제도적 정비를 통해 고대국가로 발전하는 방향으로 나가진 못했다. 그렇다고 이들의 발전이 한반도 문화 발전에 영향력이 작았던 것은 아니다. 오히려 이들의 문화가 한반도 발전에 매우 커다란 영향을 끼쳐왔다. 연천의 아슐리안 돌도끼는 구석기의 발전과 함께 신석기시대 문화에 매우 중요한 영향을 끼쳤다. 김포의 농경문화는 한반도 전역에 영향을 끼쳐 한반도 음식문화가 쌀을 주식으로 하게 만들었다. 고인돌 문화 역시 한반도 부족국가 사회에서 강력한 통치체제를 가진 부족세력이 성장하였다는 증거였다.

이렇게 선사시대 문화들은 이후 고대국가의 성립과 한반도 역사에 있어서 많은 영향력을 끼치면서 발전해 왔다.

이런 영향력 아래에서 신라와 고구려, 백제 등의 고대국가들이 토착세력과 유이민 세력을 복속하면서 조금씩 발전해 왔다. 신라는 경주를 중심으로 지역의 토착세력과 함께 남방 유이민 세력이 결합하면서 발전을 해왔고, 고구려는 북방 세력을 받아들이면서 한반도의 바람막이 역할을 해왔다. 백제는 DMZ 지역의 토착세력과 함께 고구려계 유이민들이 만든 혼합국가로 발전했다. 이들 삼국중 가장 먼저 율령체제를 성립하고 영토를 확장하면서 발전한 국가는 백제였다. 백제는 4세기 전후로 법령을 완비하고 중국과 일본과의 무역을 통해 해상왕국으로 삼국 중 가장 먼저 발전했다. 그러나 백제의 발전은 매우 짧았다. 이들은 이후 고구려의 성장과 함께 그들의 수도를 빼앗기고 전라도 일대와 충청도 일부를 차지한 소국으로 전락했다.

백제의 몰락을 한가지 원인으로 규명하기에는 무리가 있다. 그러나 가장 큰 이유는 한반도의 동서 교통의 요충지를 그들이 장악하지 못했다는 점에서 백제의 발전이 짧고 몰락이 빨랐다고 볼 수 있다. DMZ 주변은 한강을 이용해 한반도 중심을 동서로 연결해주고 있다. 또한 육로는 흔히 말하는 추가령 구조대가 발달되어 있어 함경도를 통해 만주지역으로 가는 동서와 남북을 연결해 주는 교통로의 구실을 한다. 이 두 교통로의 장악은 한강을 통해 신라의 북방지역 진출을 저지하고 고구려의 남하를 저지하는 역할을 할 수 있다. 또한 추가령 구조대를 통해 남북으로의 진출로 확보는 고구려의 동쪽을 압박하고 괴롭히면서 백제가 한반도의 실제적 중심으로 발전할 기회를 가져올 수 있었다. 그러나 백제의 발전은 한반도의 지배력 확립보다는 중국과 일본을 연결하는 중심으로 발전하면서 한반도에서 백제의 영향력은 상대적으로 작아졌다.

반면 고구려와 신라는 달랐다. 한반도에서의 지배력을 높이면서 중국으로 발전해 갔다. 고구려의 광개토대왕은 백제를 압박하고 신라를 구원함으로서 자신들의 한반도 지배력을 높이고 대륙 진출에 성공했다. 특히 강화도를 백제로부터 빼앗아 중국으로 가는 교역로를 차단하고 신라가 중국으로 가는 길을 감시할 수 있었다. 신라 역시 진흥왕 시기 DMZ 지역을 차지함으로써 고구려를 압박하고 백제를 견제함으로서 대국으로 발전하는 기틀을 만들었다. 반면 신라와 함께 고구려를 공격하여 DMZ 일대의 일부를 탈환했던 백제는 신라에게 다시 이 지역을 빼앗기면서 국가가 쇠퇴하고 몰락의 길로 들어갔다.

이렇듯 DMZ 지역은 한반도의 실질적 주인이 되기 위해서는 한번쯤은 지배해야 할 땅이고 이 지역을 빼앗길 경우 한반도에 대한 장악력은 약해질 수밖에 없었다.

1) 광개토대왕 – 강화도를 점령하다

고구려와 백제가 국경을 마주 보게 된 것은 4세기 후반부터이다. 이때부터 두 나라는 상대방을 통합하기 위한 전쟁을 자주 치렀다. 그 과정에서 고구려는 점차 백제 땅을 차지해 나가며 영토를 넓혔다.

두 나라는 369년 백제 근초고왕 때 처음으로 격전을 벌인다. 고국원왕이 이끄는 고구려군의 선제공격으로 시작된 이 전쟁은 두 나라의 평화상태가 전쟁상태로 바뀌게 되었음을 예고하는 첫 신호였다.

이어 벌어진 싸움은 대개 국경선 부근에서만 치러졌다. 이 싸

움은 두 나라의 국경선을
살피는데 결정적인 자료이
다. 371년 근초고왕은 평
양을 공격하였다. 처음 싸
움은 패하에서 결전을 치
르는데 여기서 패하는 예
성강이다. 그리고 이후 평
양성 싸움은 백제와 고구
려의 경계를 평양남쪽에서
정해지게 한다. 이 경계는
4세기 말까지 유지된다.

▲ 일제시대 광개토대왕릉비 옆에선 조선인의 모습.

　그러나 4세기 말에 들어서면서 광개토대왕은 다섯 차례의 남정
(南征)을 감행하였다. 매번 강력한 군사를 앞세워 백제를 압박하고
396년 대남정 결과 백제의 국경선을 한강까지 밀어내게 된다.

광개토대왕릉비와 비문 왜곡의 문제

　광개토대왕릉비는 광개토대왕의 아들인 장수왕이 아버지 광개
토대왕의 업적을 기념하기 위해 세운 높이 6.39m의 거대한 비석
이다. 능비는 현재 중국 길림성 통구성 부근에 위치하고 있으며
약 1800여자로 구성되어 있다. 광개토대왕비에 대해서는 아직 명
확한 해석이 되지 않고 있으나 내용은 대략 다음과 같다. 비문의
내용은 3부분으로 나뉘어 해석해 볼 수 있다.

　제1부는 서문격으로 제1면 1행에서 부터 1면 6행에 걸쳐 고구
려의 건국왕인 추모왕의 건국신화를 비롯하여 대주류왕에 이르는

대왕의 세계와 약력 및 비의 건립경위가 기술되어 있다. 제2부는 비문의 핵심을 이루고 있는 부분이다. 제1면 7행부터 3면 8행에 걸친 글로 광개토대왕의 정복활동과 함께 이를 다시 시대순으로 정리하였다. 마지막 3부는 제3면 8행에서 부터 4면 9행에 걸친 글로 능을 지키는 수묘인년호의 명단과 이 인원의 매매금지 법령을 써놓은 부분이다. 따라서 이 비는 광개토대왕의 공적비인 동시에 능묘 관리원칙을 규범화해 놓은 것이라고 할 수 있다.

따라서 이 비석만 보면 고구려의 정복전쟁 과정과 고구려의 영토에 관해서 당시 기록으로 유일하게 찾아볼 수 있는 글이다. 그러나 문제는 이 비문의 일부가 풍화작용으로 인해 약 140여자를 알아볼 수 없다는 점에서 비문 해석에 차이를 보이고 있다.

그리고 그중 가장 문제가 되는 부분이 왜의 활동과 관련된 기사이다. 광개토대왕릉 비문의 구절에는 "百殘新羅 舊是屬民 由來朝貢 而倭以辛卯年來 渡海破百殘***羅 以爲臣民 以 六年丙申 王躬率水軍 討伐倭國 軍至菓南 攻取……(백잔과 신라는 예부터 우리의 속민이어서 조공하여 왔다. 그런데 왜가 신묘년에 왔기 때문에 바다를 건너서 백잔과 **을 격파한 이유로 *라는 신민이 되었다. 6년 병신년에 왕이 몸소 수군을 거느리고 백잔국을 토벌하였다. 우리 군사가 남쪽으로 내려가서……백잔의 성을 공격하여 차지하였다")라는 내용이다.

위의 글에서 지워진 **에 대한 내용의 해석에 구구한 억측이 나돌고 있다. '*라'를 해석함에 있어 일본은 '임라'로 해석하여 소위 일본의 '임라일본부'의 정당성을 얻으려 하였다. 그러나 이를 신라로 해석하면 신라에 쳐들어온 왜를 격퇴한 내용이 된다.

또 한 가지 해석의 문제는 "而倭以辛卯年來 渡海破百殘***羅

以爲臣民" 글자이다. 이 글에서 주어가 빠져있다는 점도 해석의 다양성을 낳게 한다. 당시 이 비문은 광개토대왕의 업적을 적은 비문이기에 당연히 광개토대왕을 주어로 봐야 한다. 그러나 일본이 주어일 경우 백제와 신라는 일본의 속국이 되어 버린다는 점이다. 이러한 억측이 나오게 된 원인은 글의 일부가 지워져 안 보인다는 점과 함께 일부 글자가 고의로 훼손되어 해석이 틀리다는 문제가 제기되어 왔다.

실제로 비문 일부 글자가 회칠을 하여 손상되어 진 것이 발견되기도 하였다. 그러나 최근 이 훼손 글자에 대해서는 약간 다른 견해가 제시되고 있다. 중국의 사학자인 왕건군이 현지를 답사하였는데, 주변에서 비문을 탁본해 팔았던 일부 사람들이 글자의 선명도를 높이기 위해 석회를 발랐다고 한다.

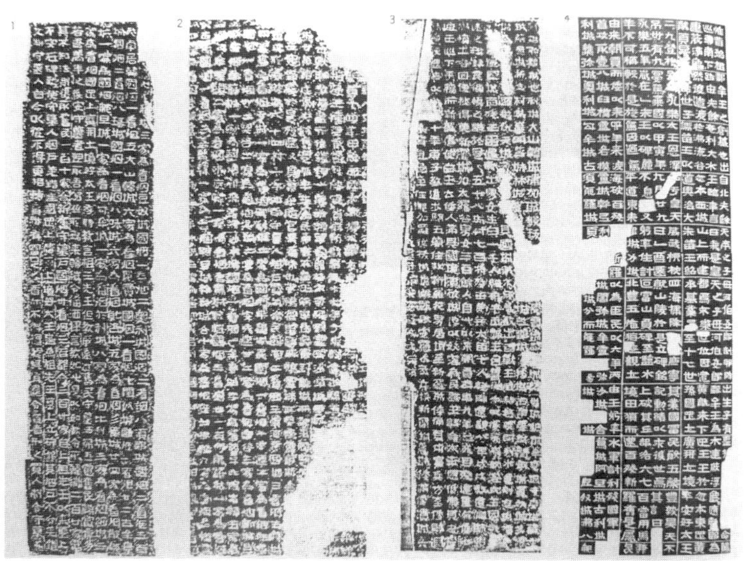

▲ 광개토대왕릉비 탁본 – 1번은 비 4면으로 주운대본. 2번은 3면으로 서울대 소장본, 3번은 제2면으로 국립중앙도서관 소장본, 4번은 제1면으로 주구경신 쌍구가묵본이다.
[출처 : 민족문화 대백과사전]

백제 공격의 전초기지 관미성은 어디인가?

광개토대왕릉비에 보면 영락6년 기사에 "영락6년에는 대왕이 몸소 수군을 이끌고 백제를 공격하여 각미성과 이단성 등 58성과 7백 촌을 공파하고, 아리수를 건너 백제의 도성에까지 육박하였다. 이에 백제의 아신왕이 영원히 신하가 되겠다는 맹세를 하고 항복함으로, 대왕이 은택을 베풀고 백제왕이 바친 생구와 이질 및 세포를 받아 개선하였다"고 하였다.

여기서 말하는 각미성의 위치가 어디인가에 대한 문제이다.

일반적으로 고구려와 백제는 근초고왕 이후 육로를 따라 싸움을 전개해 왔다. '삼국사기'에 의하면 "근초고왕 26년 고구려가 군사를 동원하여 쳐들어온다는 소식을 백제의 근초고왕이 듣고 패하 상류에 군사를 숨겨두고 고구려군이 도착하기를 기다리고 있다가 그들이 도착하자 갑자기 치니 고구려군이 패해 달아났다. 겨울에 근초고왕은 태자와 함께 정병 3만을 거느리고 고구려를 침입하여 평양성을 공격했다. 고구려왕 사유(고국원왕)가 힘을 다해 싸웠으나 화살에 맞아 죽으매 근초고왕은 군사를 이끌고 돌아왔다"고 기록되어 있다.

위에서 보듯이 고구려와 백제는 서로 국경을 맞대고 접해있었다. 따라서 일부러 백제를 공격하는데 있어서 고구려가 수군을 동원할 이유가 없었다. 그러나 광개토대왕은 일부러 수군을 동원하고 백제를 공격하여 천연의 요새라고 할 수 있는 관미성을 점령하였다. 중국대륙을 점령했던 광개토대왕이 육군이 아닌 수군을 동원할 정도로 백제 정벌의 요충지로 기록된 관미성이 어디에 존재하는가는 고구려의 백제정벌의 길을 알 수 있는 중요한 기지이다.

▲ 광개토대왕이 백제와의 전투에서 점령한 또 다른 관미성터로 지목되고 있는 강화 교동도.

▲ 오늘날 관미성으로 알려지고 있는 임진강 하구의 오두산 전망대.

이를 위해서는 삼국사기 기사에 나와 있는 '패하'를 살펴보아
야 한다. 보통 패수라고 일컫는 강은 평양을 흐르는 대동강을 패
수라 부르고 있다. 그러나 삼국사기에 나와 있는 기록을 살펴보면
"패하 상류에 군사를 숨겨두고 고구려군이 도착하기를 기다리고"
이어 "겨울에 평양성을 공격했다"고 나오고 있다. 백제가 고구려
남쪽에 위치하고 있다면 먼저 평양성이 나오고 이후에 패하가 나
와야 올바른 기사가 될 것이다. 그러나 이 기사는 분명 '패하'를
쓰고 이후 공격에서 '평양성'을 쓴 것으로 보아 패하는 평양의 아
래에 위치한 강을 지적하는 것이다.

이를 명확히 해주는 기사는 375년 가을 7월에 고구려가 백제
의 북변에 있는 수곡성을 쳐서 함락시켰다는 '삼국사기' 근초고
왕 30년의 기록이다. '세종실록' 지리지에 수곡성은 신라시대에
단계현, 고려사에는 협계현이었다. 이는 신계현 남쪽 30리 지점
에 위치하고 있으며 지금의 예성강 상류에 있는 신계지방을 말한
다. 즉 백제와 고구려의 경계를 이루는 지점으로 패하는 예성강을
말하는 것이다.

광개토대왕 초기부터 백제와 고구려는 이 패하를 두고 서로 밀
고 밀리는 영토 쟁탈전을 벌인다. 광개토대왕릉비와 삼국사기의
기사는 약간의 시대적 차이는 있지만 고구려의 영토 세력권에 대
한 기사는 일치한다. 두 기록에 의거해 보면 대략적으로 392년에
관미성을 격파하고 394년에 수곡성을 차지한다. 이후 395년에
패수에서 백제를 격파하고 백제와의 접경지대를 강화한 후 395
년에 아리수를 건너 백제의 아신왕에게 항복을 받아낸다.

이 기사의 년대 순으로 따라가면 관미성은 당연히 패수인 예성

강 북쪽이나 또 다른 지역으로 봐야 한다. 그러나 각종 문헌에서 관미성에 대한 기록은 "삼면이 바다로 둘러싸인 높은 절벽위에 있는 성"으로 지칭된다. 이러한 기록을 바탕으로 보면 관미성의 위치는 예성강 북쪽이나 예성강 서쪽의 바닷가로 분석할 수 있다.

따라서 이병도 박사를 비롯한 많은 사람들이 예성강 서쪽의 강화 교동도를 관미성으로 분석하였다. 이는 아리수를 거슬러 올라 백제를 공격하기에 강화 교동도가 매우 중요한 위치였기 때문이었다. 이와는 달리 북한의 일부 학계에서는 황해도의 예성강 중류로 관미성을 분석하기도 하였다.

그러나 고산자 김정호는 다른 지리서나 학자들과 달리 "대동지지"에서 임진강과 한강의 합류 지점인 교하의 오두성(지금의 경기도 파주시 탄현면 오두산)으로 단정했는데, 최근에는 이를 지지하는 견해들이 나오고 있다. 이러한 다양한 견해에도 불구하고 관미성은 임진강과 한강 주변에서 백제의 수도인 하남위례성을 공격하는 수군길 중에 하나임에 분명하다.

고구려의 남부 경계

고구려와 백제가 국경을 맞대고 경계를 가지게 된 것이 4세기 말인 백제 근초고왕 시기이며 고구려로는 고국원왕 시기이다. 당시 고국원왕의 고구려군이 백제를 선제공격하였고 이에 백제의 근초고왕이 반격을 하면서 경계가 예성강 상류의 수곡성이 있는 신계지방에서 대치하게 되었다.

그러나 이 경계는 그리 오래가지 못했다. 광개토대왕릉비에 보면 영락 6년인 396년 백제와의 전쟁을 통하여 58성 700촌을 얻

▲ 강원도 고성의 화진포 앞 거북섬으로 일부 자료에 의하면 광개토대왕릉으로 알려지고 있다. 이곳에서는 문자명왕 2년에 광개토대왕의 망제를 지냈다는 기록이 있다.

었다고 말하고 있다. 영락 10년에는 백제와 가야, 왜의 연합군과 전쟁을 한 뒤 종발성을 비롯하여 일부 성들을 투항시켰다고 적었다. 그리고 마지막으로 영락 17년에 백제와의 전쟁에서 사구성 등 6개성을 공파했다고 지적한다.

광개토대왕릉비에 나타난 성들을 따라 대략적인 고구려의 백제성 탈취지역을 보면 다음과 같다. 먼저, 각미성으로 나오는 관미성은 대략적으로 임진강 하구와 한강이 만나는 지점인 오두산을 얘기한다면 평양에서 한강으로 들어오는 입구인 강화도와 임진강 하구 부근은 당연히 고구려의 영역으로 파악할 수 있다. 여기에 미추성으로 불리는 곳은 고구려가 '매소홀' 이라고 부른 지역으로 지금의 인천 부근으로 알려져 있다. 고모루성은 충청북도 음성의 고산성으로 말하고 있으며, 구모로성은 충청북도 진천의 대모산성으로 확인되고 있다. 이 밖에도 아단성은 철원 인근이나 서울 아차산으로, 모로성은 경기도 용인의 옛 이름인 멸오성으로, 비성은 경기도 김포의 통진의 옛 이름인 비사성으로 각각 확인하고 있다.

이렇게 볼 때 고구려의 세력권은 한강을 중심으로 서쪽으로는 김포 굴포천을 경계로 북으로 임진강과 한강 북부지방에까지 그 세력을 넓혔다. 또한 백제의 동쪽으로는 충청북도 일대가 고구려의 세력권내에 있었다는 반증이다.

그러나 백제와 고구려의 경계가 한강 이북과 충청도까지 이루어졌다고 보기는 힘들다. 광개토대왕릉비에 나오는 대로 해석한다면 광개토대왕에게 백제의 아신왕은 자신을 '노객(천한 신하)'이라고 칭하고 "10명의 대신을 볼모로 보내고, 생구(노비) 1,000명과 세포(가는 새의 삼베) 1,000필을 배상하였다. 이와 함께 58성 700촌을 고구려에 할양하였다"라고 적었다.

이에 광개토대왕이 거두었다고 말하는데 이를 기초로 볼 때 고구려의 남쪽 세력권은 충청도 일대에 까지 뻗쳐있었지만 실제 경계는 김포 굴포천을 연하여 한강과 임진강의 관미성을 지나 임진강의 호로고루성과 은대리성을 연계하여 남으로 내려갈 가능성이 높다. 이는 광개토대왕 이후 장수왕이 남하정책을 실시하면서 광개토대왕의 수로와는 달리 육로를 통해 백제를 침공하게 되며 이 침공로가 바로 연천의 호로고루성으로 내려오기 때문이다.

반면 신라와의 경계는 백제와는 달랐다. 왜의 잦은 출몰로 골머리를 앓았던 신라는 일찍부터 고구려에 인질을 보내 순응하는 태도를 보였다. 따라서 신라는 광개토대왕 전후로 하여 고구려의 속국 형식을 취하고 있었다. 실제로 신라가 백제, 가야, 왜의 연합군으로부터 공격을 당하자 광개토대왕은 이를 물리쳐 주었고 신라의 경주땅까지 진출하기도 하였다. 여기서 신라는 당시 왕이었던 내물왕이 고구려에 가서 속민의 예를 올렸다. 그러나 굳이 고구려와 신라와의 경계를 논하자면 450년 장수왕 시기 국경 주변 성인 하슬라 성주 삼직이 실직 들판에서 사냥하는 고구려의 변장을 살해한 사건이 발생하게 되는데, 여기서 말하는 하슬라 성은 지금의 강릉이나 울진 부근으로 추정되고 있다. 그리고 여기서 말하는 실직들판은 일반적으로 삼척 주변으로 말하고 있다. 이를 추측해 하슬라를 강릉으로 말할 경우 실직들판이 아래쪽에 있기 때문에 고구려의 침입으로 볼 수 있고 울진일 경우 신라의 변경 침경이 된다. 그러나 일반적으로 변경성이 국경 아래에 위치한다고 볼 때 하슬라는 울진으로 추측할 수 있다. 또한 468년 니하성을 쌓았다는 기록이 있는데 여기서 니하란 낙동강을 뜻하는 것으로 추정하고 있다. 낙동강이 태백에서 발원한다고 볼 때 하슬라는 울진으로 실직은 삼척으로 하여 고구려와 신라의 경계를 구분하는 것이 가능하다. 따라서 고구려와 신라와의 경계는 울진에서 낙동강을 따라 경계를 이루었다고 볼 수 있다.

따라서 광개토대왕 당시 고구려의 경계는 서로는 김포를, 북으로는 경기도 파주와 연천을 경계로 하고, 동으로는 강원도 철원, 춘천, 원주를 지나 충청북도 충주로 추정된다.

한반도의 지배자 광개토대왕

'역사에서 만약이란 말은 없다'는 격언이 있다. 그러나 우리는 역사에서 늘 얘기하는 말 중 하나가 바로 '만약'이다. 아마도 역사에서 '만약'이란 말을 가장 많이 들어온 것 중 하나가 "광개토대왕 시절에 고구려가 삼국을 통일했다면"이란 말이다. 그렇다! 만약 고구려가 통일했다면... 그러나 이것은 정말 가정일 뿐이다. 실제로 고구려가 통일했다면 우리민족의 운명이 일반적으로 말하는 것과 같이 더욱 자주적인 국가로 변모할 수 있었을까? 답은 반반이다. 고구려의 광개토대왕이 통일했다면 그의 꿈은 당연히 중국의 중원으로 나아갔을 것이다. 그러면 한민족의 운명은 어떻게 될 것인가? 어쩌면 한민족은 역사속에서 사라져 중국 한족에 동화되었을 수도 있다. 혹은 중국의 어떤 강력한 국가에 의해서 완전히 몰락을 했을 가능성도 있다. 혹은 세계 최대의 제국으로 성장했을 가능성도 있다. 그러나 개인적인 의견으로는 전자일 가능성이 훨씬 높을 것 같다. 그것은 몽고의 역사와 만주족의 역사가 증명해주고 있기 때문이다. 그렇다면 다시한번 가정하자. 광개토대왕이 이 한반도를 통일하고 고구려가 역사 속에서 없어져 버렸다면 지금의 우리는 어떤 생각을 하고 있을까?

광개토대왕 시대에 있어 분명한 사실은 이미 광개토대왕은 삼국에 있어서 황제로 떠받들어지는 존재로 영토적 통일에 굳이 노력할 이유가 없었을 것이라는 점이다.

신라의 내물왕 이사금은 이미 속국의 지위에서

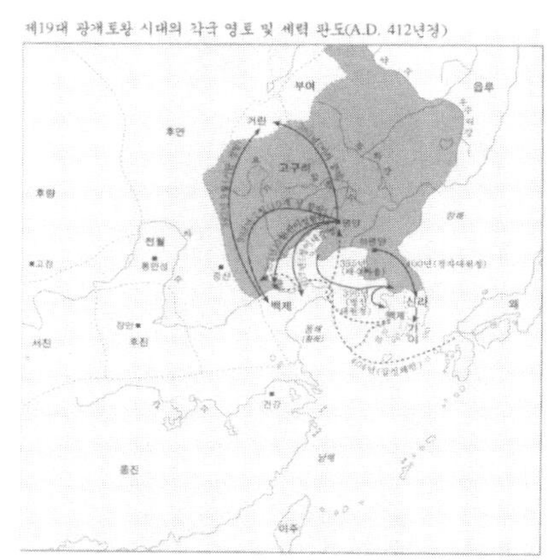

▲ 광개토대왕 당시의 동북아 세력현황 [출처 : 민족문화 대백과사전]

고구려에 조공을 받치고 있었다. 백제 역시 처음에는 광개토대왕과 맞싸웠지만 결국엔 '노객'이란 표현을 써가며 광개토대왕에게 조공을 받치는 신세로 전락했다. 가야는 더 이상의 발전을 할 수 없이 몰락의 길로 접어들었다. 이런 상황에서 영토적 통합은 당시 고구려에게는 큰 실효성이 없었을 것이다.

물론 신라의 내물왕도 광개토대왕에게 그 은공을 기리기 위해 국내성까지 찾아가긴 했지만 신라의 명운이라는 큰 명제 앞에서, 고구려뿐 아니라 왜에게도 왕자를 볼모로 보내 양국 사이에서 줄타기 외교를 펼쳤다. 백제의 아신왕은 고구려에 '노객'이라는 치욕스런 표현을 써가며 항복했지만 항복 이후 전국에 총동원령을 내려 군사와 말을 거두고 복수전을 펼쳐나갔다. 또한 고구려에 대항하기 위해 주요 국경에 성책을 쌓으며 앞날을 도모했다.

그러나 고구려라는 거대한 국가 앞에서 그들의 모습은 아주 작은 모습에 지나지 않았고 광개토대왕은 백제와 신라를 속국으로 하는 한반도의 실질적 지배자였다. 그리고 그 지배의 시작은 강화도와 임진강 하구에서 시작되었다.

2) 장수왕 – 연천의 육로를 개척하다

광개토대왕 이후 고구려는 한반도의 실질적 지배자 위치에 섰다. 이제 한반도에서 고구려에 대항할 국가는 없었다. 오히려 고구려의 힘은 중국의 중원을 넘보게 되었다. 광개토대왕 사후 장수왕은 부왕의 업적을 기리기 위한 광개토대왕릉비를 세우고 중국과 북아시아의 혼란을 틈타 다각적인 외교로 고구려 서쪽의 안정을 취하였다. 또한 북위를 견제함으로서 남방 백제를 외교적으로 압박하기도 하였다.

제위 15년이 되던 해인 427년 장수왕은 수도를 국내성에서 평양성으로 천도하기 시작한다. 평양성 천도를 계기로 고구려는 본격적인 남하정책이 시작되었다. 승려 도림을 백제로 보내 백제를 혼란에 빠지게 한 후 하남위례성을 빼앗고 웅진(지금의 공주)으로 도읍을 옮기게 하였다. 지속적인 백제 공략은 고구려의 남방경계선을 충청도 충주 일대로 넓히게 된다. 신라에 대해서는 우월적 입장에서 평화관계를 유지하였다. 그러나 신라와의 왕권에 대한 과도한 개입과 영토분쟁 등으로 신라가 고구려를 배반하는 계기를 제공하기도 하였다.

장수왕은 DMZ 지역과 한강 일대를 완전히 차지함으로서 실질

▼ 고구려가 임진강 방어선을 확보하기 위해
　설치한 호로고루성.

적인 한반도의 지배자로 군림하였다. 그러나 과도한 남하정책은 신라가 고구려에 반하게 하는 계기로 작용하였다. 백제 역시 수도를 빼앗기고 고구려에 대한 복수의 칼을 갈게 하였다. 장수왕 이후 한반도는 DMZ 지역을 중심으로 뺏고 빼앗기는 전쟁의 시대로 돌입하게 된 것이다.

평양으로 천도하다

장수왕은 427년 본격적으로 도읍을 평양으로 옮기게 되었다. 당시 평양성은 지금의 평양성과 약간의 차이가 있다. 중국 북주서에는 '환인성' 혹은 '평양성'으로 적고 있다. 당시 평양은 '왕이 머무르는 곳'이라는 뜻이다. 당시 평양의 의미는 '지금의 평양성', 혹은 '임금이 머무르는 곳' 두 곳을 지칭할 수 있다. 따라서 당시 '고구려 본기'나 '삼국사기' 등에 나오는 평양은 왕이 머물렀던 곳으로 중국의 '환인성'에 가깝다. 이 평양천도 후에도 장수왕 등은 평소에는 환인성에서 정사를 살폈다. 지금의 평양은 평원왕 이후 장수왕 당시의 평양이었던 대성산에서 지금의 평양에 도읍을 옮기게 되면서 평양으로 확정되게 되었다.

장수왕의 평양성 천도와 관련해서는 이미 동천왕 때에 평양으로 천도를 시도하였다. 당시 동천왕의 평양성 천도는 자의적인 천도가 아닌 중국 위나라의 침범으로 인해 당시 고구려의 수도인 환도성을 빼앗겨 평양으로 일시 천도를 감행한 것이다.

이후 이곳 평양성은 고구려의 왕들이 잠시 머무르는 행궁으로 고국원왕은 이곳에 머무르면서 백제와 싸움을 벌이기도 하였고 소수림왕 역시 백제의 피해를 받은 곳이기도 하였다. 이에 장수왕은 이곳 악학궁지의 능참배를 위해 대성산 아래 안학궁지에 왕도를 하나 더 건설해야 할 필요를 느꼈다. 안학궁지에 장수왕이 머무르면서 '평양성'이 고유명사로 변하게 되면서 일대를 평양으로 부르게 되었다.

일단 두 개의 왕도를 건설하고 평양천도를 실시하면서 장수왕은 세 가지 이점(利點)을 얻게 되었다. 첫째는 교통의 요지를 장악하게 되었다는 점이다. 대동강 일대는 황해로 나가는 길목으로 중국과 강화도를 통해 한반도 남단으로 들어가는 수운의 중심이었다. 또한 육로는 과거 낙랑국의 중심지로 사방으로 연결된 육로교통의 중심지이기도 했다. 과거 일본의 사신이 중국으로 가기 위해서도 이 길을 통과해야만 했다. 그러나 중국과는 멀기 때문에 침입에 효과적으로 대응할 수 있는 곳이기도 했다.

두 번째 이점은 곡창지대를 이루고 있다는 점이다. 대동강 일대는 전형적인 2년 3작의 농업지역이다. 특히 비옥한 충적평야인 재령평야와 평양평야는 논과 밭의 혼합지역으로 각종 작물이 잘 자랄 수 있다. 따라서 쌀이 부족한 고구려는 쌀농사를 지을 수 있는 토지를 가질 수 있었고 일반 평민들의 주식인 보리나 수수 등 확보할 수 있었다. 이로 인해 국가경영에 필요한 경제적 기반을 확대할 수 있었다.

마지막으로 평양천도로 인해 기존 귀족세력을 새롭게 개편할 수 있었다. 장수왕은 대성산성을 건설하고 광개토대왕이 아직 완성하지 못한 왕권 강화에 박차를 가하기 시작했다. 시조인 동명성왕의 능을 이곳 평양으로 이장하여 왕권의 정통성을 확립하고 왕권 강화를 도모하기 시작하였다. 중국 '위서'에 따르면 평양 천도

▲ 임진강변에 설치된 고구려성인 당포성.

후 장수왕은 "대신과 귀족들을 무수히 죽였다"고 묘사하고 있다. 즉 평양 천도를 계기로 이에 따르지 않고 왕권에 저항하는 귀족세력을 하나 둘 숙청하기 시작한 것이다. 또한 귀족회의의 의장인 대대로의 임기를 3년으로 줄이고 부왕인 광개토대왕을 '호태성왕'이라는 극존칭으로 표현하였다. 이와 함께 신라를 '동이'라 호칭하며 고구려 중심의 천하관을 만들어 가기도 하였다.

남으로의 영토 확대

고구려의 천도를 남부지역 영토 확장으로 본 백제와 신라는 동맹관계를 맺기에 이르렀다. 한때 고구려와 신라는 인질을 파견하는 등 불균등한 질서속에서 우호적인 관계를 유지하였으나 그것은 양국의 백제 견제책의 일환이었다. 그러나 고구려의 과도한 내정간섭은 신라가 고구려에 대한 종속적 관계의 변화를 촉진시켰다. 더구나 450년 실직지방에서 일어난 신라 하슬라 성주의 고구려 변장 살해사건 및 이에 대한 양보는 종속적 입장을 극복하려는 신라의 분위기를 반영하였고 백제와의 실질적 군사동맹이 형성되는 계기로 작용하기도 하였다. 반면 고구려는 신라와의 현상유지를 바라는 입장을 보여주는데 이는 중원 고구려비에 잘 반영되어 있다.

〈삼국사기〉에 의하면 고구려의 당시 영토를 소백산맥 이남으로 표현하고 신라의 경우 경주 부근까지 고구려의 세력권이었음을 보여주고 있다. 이러한 형세는 오히려 6세기 이후 신라 진흥왕이 고구려에 대한 공세를 펴는 계기로 나타나게 된다.

광개토대왕에 큰 타격을 입은 백제는 신라와의 동맹을 실현시키면서 고구려의 공세방향이 신라에 편중되는 동안 어느 정도 세력을 만회하게 된다. 이를 계기로 백제는 고구려의 남방을 다시 괴롭히게 된다. 또한 장수왕 60년인 472년에 백제의 개로왕은 북위에 고구려의 압력을 견제할 원병을 요청하였다. 이에 고구려는 본격적으로 백제 토벌에 나서게 된다. 475년 승려 도림을 이용하여 백제의 국력을 약화시킨 후 장수왕이 직접 위례성을 공략하여 개로왕을 살해함으로서 백제로 하여금 웅진으로 천도하지 않을 수 없게 만들었다.

이로 인해 고구려의 세력권은 한강 이남 경기도는 물론 충청도의 북부지역에까지 그 세력권을 확대하였다.

연천의 육로를 개척하라

광개토대왕 당시 고구려가 백제를 공략하기 위한 기본 루트는 평양에서 신계를 거쳐 개성과 관미성을 연결하는 해로를 주로 이용했던 것으로 보인다. 이는 충청도와 경기도 북부 등에서 나타나는 고구려의 성이 경기남부 지역에 거의 보이지 않는다는 점에서도 이러한 설을 뒷받침하고 있다. 그러나 고구려의 남하정책이 본격적으로 시작된 시기인 장수왕대에 고구려의 남하루트는 조금 바뀌게 된다.

일반적으로 개성까지의 길은 그대로 이용되었던 것으로 논의되고 있다. 그러나 개성에서 위례성이 있는 서울의 송파지역을 점령하기 위한 길은 개성에서 직접 고양을 지나 서울로 들어오는 길을 택하지 않았다. 오히려 개성에서 연천을 돌아가는 우회로를 택하게 된다. 이는 당시 고구려와 백제의 싸움과, 한국전쟁에서 조선민주주의인민공화국(이하 북한)이 서울을 점령한 루트와 같다. 한국전쟁 당시 왜 북한은 탱크 등 대한민국보다 월등한 화력을 가지고 개괄지를 돌파하지 않고 연천을 돌아 의정부로 들어오는 산길을 택했을까?

이유는 크게 두 가지로 볼 수 있다.

먼저 탱크 등의 중화기가 임진강을 건너기에 편한 길이 필요하다는 점이었다. 보통 강을 보면 상류에 비해 하류는 유속은 느리지만 강폭이 깊고 넓은 것이 특징이다. 임진강도 예외는 아니다. 고양과 파주 지역의 임진강을 보면 곡류는 없지만 강폭이 상당히 넓은 것을 볼 수 있다. 오두산 전망대에서 바라보는 북한과 대한민국과의 거리는 평균 2Km이상이다. 물론 짧은 곳은 800m 정도의 곳도 있다. 그러나 이 지역은 서해바다에서 들어오는 조류로 인해 밀물과 썰물이 나타나고 갯벌도 발달되어 있다. 따라서 빠른 속도로 남하하기에는 불리한 점이 많다.

반면에 상류로 갈수록 유속이 빠르고 곡류가 발달되어 있지만 반대로 강폭이 좁고 낮은 곳이 존재한다는 점이다. 물론 연천 지역을 흐르는 임진강이 상류는 아니다. 그러나 하류지역에서는 배를 타고 건너지 않아도 되는 유일한 여울목이 나타나는 지점이다. 따라서 북한의 탱크 등 중화기가 별다른 저항없이 강을 건널 수 있었던 곳이었다.

또 한 가지 이유는 개활지의 경우 목진지를 장악할 경우 이곳을 통과하기가 매우 어려워진다. 쉬운 예로 고양시 덕양산의 행주산성에서 고양시와 서울시를 바라볼 경우 누가 어디서 어디로 들어가는지 한눈에 볼 수 있다. 즉 편하기는 하지만 반대편의 입장에서도 매우 막기 쉽게 되어 있다는 점이다. 따라서 전쟁시 나를 노출시키면서 적의 습격을 받을 수 있는 지형을 공격루트로 설정

▲ 한탄강가에 설치된 은대리성.

하기는 매우 어렵다. 조일전쟁 당시 권율장군이 일본군과 싸워 이길 수 있었던 이유도 덕양산의 목진지를 점령할 수 있었기 때문이다. 그러나 연천의 경우는 매우 독특한 지형을 가지고 있다.

먼저, 연천과 의정부 수유리를 거쳐 서울로 들어오는 길은 산악지형으로 몸을 숨기기에 아주 유리한 지형을 갖추고 있다. 그러면서도 서울과 원산까지에 걸쳐있는 구조곡의 지형을 가지고 있다. 지금의 경원선 철길이 바로 그것인데 철원을 거쳐 연천을 지나 서울로 들어오는 산악지형 중에 평탄한 길이 뚫려있는 곳이다. 따라서 대량의 중화기가 서울까지 편하게 올 수 있다는 것이다. 북한이 한국전쟁 당시 서울로 들어오게 된 가장 큰 이유가 바로 이러한 지형적 특성에 있었다.

바로 이 길의 개척자가 고구려의 장수왕이다.

고구려의 막강한 군사력의 중심에는 기마부대가 있었다. 고구려의 기마부대는 다른 나라의 기마부대에 비해 중무장을 하여 속도에서는 다소 뒤처지는 점이 있었지만 돌격력과 상대방에 대한 위압감은 당대 기마부대 중에 최고였다. 따라서 고구려의 기마부대가 이곳 연천지역을 통하여 위례성이 있는 서울로 진격하기에는 최고의 이점을 가진 공격루트가 바로 연천 지역이었다.

이 남하루트에 지어져 있는 고구려의 성들이 호로고루성과 당포성 및 은대리성 등이다. 이 성들은 임진강과 한탄강을 사이에 두고 삼각형 모양으로 건립된 강안평지형 성으로 고구려 남하루트의 최전방 지휘부에 해당된다. 이 성을 지나 의정부를 넘어 서울의 상계동과 연결된 아차산 길을 따라가면 바로 백제 위례성을 한강과 경계로 맞서게 된다. 아차산은 백제 위례성을 한눈에 살필 수 있는 거점지로 이곳을 빼앗기면 백제의 왕도는 바람 앞에 촛불 신세로 전락한다. 따라서 고구려의 장수왕은 연천을 통한 남하루트를 개척한 후 곧바로 아차산성을 점령하기 위해 백제의 개로왕과 일전을 벌인다.

고구려 한강을 차지하다

장수왕은 매우 과감한 성격과 함께 치밀함을 가지고 있었다. 백제는 고구려의 강력한 힘을 자신들만이 감당하기 어려웠다. 따라서 중국을 이용하기로 하였다. 먼저 중국 송나라에 접근하였다. 그러나 송나라는 몰락하고 있는 국력으로 백제를 도와주기에는 힘들었다. 이에 백제의 개로왕은 북위에 접근했다. 그러나 이는 백제의 큰 판단착오였다. 이미 북위는 백제보다 고구려와의 화친을 더 중시하고 있었다. 국제외교에 있어서 고구려의 장수왕이 백제보다 앞서있었다.

장수왕은 즉위하던 해에 남중국의 송과 남제와 외교관계를 유지하기 시작했다. 이것은 즉위 초부터 고구려를 괴롭히던 백제와 북위를 견제하기 위한 외교술의 일환이었다. 이후 북위가 북중국의 최강자로 떠오르자 관계 개선에 박차를 가하기 시작했다. 장수왕 23년에 사신을 파견하여 북위와의 외교관계를 정상화하였다. 그러나 처음부터 북위와 원만한 관계를 가지진 못했다. 장수왕 24년인 436년에 북위에 쫓긴 북연의 왕 풍홍의 고구려 망명을 받아들였다. 이로 인해 440년부터 461년까지 20여년간 긴장 상태가 조성되기도 하였다.

그러나 다시 북위와의 관계를 정상화하여 긴밀한 관계를 유지하였다. 466년 북위의 혼인요청을 거절해 다시 긴장감이 감돌았지만 백제가 북위와 접근한 472년부터는 오히려 북위와 매년 두 차례 이상의 사신을 파견하는 등 지리적 이점을 이용하여 백제보다 더 적극적으로 관계 개선을 시도하였다. 이러한 외교관계를 통해 장수왕은 백제를 압박하기 시작했다.

백제의 개로왕 21년인 475년에 승려 도림을 백제에 간첩으로 파견하면서 백제의 내정을 어지럽히기 시작한다. 도림은 개로왕이 바둑을 좋아하는 점을 이용하여 왕의 신임을 얻은 후 고구려의 남하에 대비하지 못하게 한다. 또한 도림은 개로왕에게 궁궐의 축성 등 대규모 토목공사를 일으켜 백제의 국력을 날로 피폐하게 만들기도 하였다. 이어 장수왕은 그해 9월 3만명의 대병력을 이끌고 남하를 개시한다.

고구려 본기에는 당시 상황에 대해 "9월 왕이 군사 3만 명으로

▲ 호로고루성에서 내려다 본 임진강. 장수왕과 북의 중장비 병력이 서울로 내려 온 여울이 보인다.

백제를 침입했다. 백제의 서울 한성을 함락시키고 백제왕 부여경
(개로왕)을 죽였으며 남녀 8천 명을 사로잡아 돌아왔다"라고 적고
있다.

당시 장수왕은 스스로 병력 3만을 이끌고 연천을 거쳐 백제 위
례성의 북쪽인 아차산까지 아무런 저항없이 내려왔다. 개로왕은
도림이 도망갔을 때 내침이 있을 것이라는 것을 미리 알고 있었
다. 이에 개로왕은 아들 문주를 신라에 파견해 구원군을 요청하였
다. 그러나 백제 본기에 의하면 "백제의 도성은 7일 만에 공파"
당했다고 적혀 있는 것을 보면 이미 태자인 문주가 왔을 때는 패
전을 목전에 둔 상태였을 것이다. 개로왕 역시 문주가 돌아오자
패전을 예견하고 문주에게 "난을 피해 나라의 뒤를 이어야 한다"
고 유언하고 문주와 헤어진다.

문주가 일부 신하들과 남쪽으로 내려가고 개로왕은 성문을 닫
아걸고 신라의 구원병을 기다렸으나 구원병은 오지 않았다. 이에
개로왕은 기약 없는 신라군을 기다리지 못하고 성을 빠져나갔으
나 개로왕을 추격한 백제 출신의 고구려 장수에게 붙잡혀 모욕적
인 행위를 당하며 죽음을 당하게 된다. 이로 인해 연천에서 남하
를 시작한 장수왕은 백제의 위례성을 점령하고 한강을 온전히 고
구려의 강으로 만들었다. 이후 장수왕은 백제를 도운 신라에 대해
481년에 남하를 실시하였다. 이를 통해 장수왕대의 남쪽 경계는
동으로는 경주 부근에서부터 서로는 아산만에 이르는 대제국을
건설할 수 있었다.

3) 진흥왕 – 삼국통일의 기반을 이루다

진흥왕은 법흥왕의 아우 김입종의 아들이며, 지소태후 김씨 소생으로 이름은 삼맥종이다. 534년에 태어났으며, 일곱 살이 되던 540년 법흥왕이 죽자 모후인 지소의 섭정으로 왕에 등극하여 576년까지 37년간 왕위를 지냈다. 진흥왕 재위시기 신라는 법흥왕에 이어 가야를 완전히 정복하였다. 그는 신라의 국력을 향상하기 위한 일환으로 당시 문제가 많았던 원화제도를 폐지하고 화랑제도를 실시하여 신라의 국방력 향상을 도모한다. 이와 함께 불교에 대한 대대적인 중수작업은 신라의 불교를 호국불교로 자리잡게 만든다.

그러나 진흥왕 시대 최고의 업적은 그의 활발한 정복활동이다. 가야를 정복한 진흥왕은 이후 백제와 고구려에 대한 정복활동을 벌이기 시작한다. 가야를 정복한 후 대야주(지금의 합천)를 설치하여 가야를 다스리면서 백제를 견제하게 한다. 또한 백제와 함께 고구려를 공격하여 죽령 부근의 남한강 상류를 차지 한 후, 거칠부 등에게 함경도 이북 지역을 점령하게 하였다. 이후 백제를 공격해 한강 하류지역을 차지하게 됨으로써 한강을 신라의 강으로 만들게 된다. 이를 통해 신라의 삼한을 통합하는데 기반을 갖추게 하였다.

불법의 전도사 진흥왕

신라의 불교는 삼국 중 가장 늦은 시기에 전래되었다. 진흥왕은 법흥왕 사후 7살이라는 어린 나이에 왕위를 계승하게 된다. 진흥왕이 왕위를 계승하는데 가장 큰 역할을 한 사람은 진흥왕의 어머니이자 법흥왕의 딸인 지소태후의 힘이었다. 어린 나이에 왕위에 오른 진흥왕은 국정을 운영하기 힘들었기에 지소태후가 섭정을 하였으며 진흥왕 초기 10년은 지소태후의 영향력 하에서 국가가 운영되었다.

▲ 진흥왕 당시의 새롭게 개척한 신라영토. [출처 : 민족문화대백과사전]

지소태후는 법흥왕 때 전래된 불교의 중흥을 위해 대대적인 공사를 일으켰다. 진흥왕 재위 5년인 544년 흥륜사를 준공하여 신라 불교의 중심지로 삼는 한편 사람들이 불가에 출가하여 승려가 되는 길을 합법화하였다. 또한 재위 10년인 549년 봄에 양나라에 사신과 유학승인 각덕을 보내 부처님의 사리를 요청하여 신라로 가져오게 하였다. 부처님의 사리가 신라로 들어오는 날 진흥왕을 앞세워 왕과 백관이 함께 법륜사 앞에서 부처님의 사리를 모시도록 하였다. 이와 함께 불교를 체계화하기 위해 남조의 진나라를 통해 불서 1천 7백여 권을 받아오기도 하였다. 이런 지소태후의 노력으로 진흥왕 때에 신라의 불교는 날로 성장하게 되는 계기를 맞이하게 된다. 그리고 진흥왕은 이러한 어머니의 뜻을 받들어 불교의 발전에 심혈을 기우리게 된다.

진흥왕 14년인 553년에 신라 서라벌 계림의 월성 동쪽에 왕궁을 짓다가 그곳에서 황룡이 나타나자 왕궁을 고쳐서 새로운 불사를 건립하게 하게 된다. 이 불사가 바로 신라 호국불교의 상징인 황룡사다. 이 황룡사는 13년간의 공사를 거쳐 566년에 완공하고 장륙존상을 건설하게 된다. 삼국유사에 따르면 이 장륙존상은 인도 아쇼카왕이 보내온 황금과 동으로 모형 석가 삼존상을 모델로 하여 단번에 주조하였다고 전해진다. 장륙상의 무게는 3만 5000여 근이 된다고 전해지고 있으며 그 높이가 약 5m에 이르는 매우 거대한 불상이었다.

이 장륙상을 건설한 목적은 신라가 불국토임을 알리기 위해 건립되었다고 한다. 불국토임을 알리게 된 이유는 진흥왕 당시 전쟁에서 죽은 장병을 위로하는 팔관연회를 베풀고 장병의 영혼을 위로하려는 목적이었다. 또한 호국불교를 통해 백성을 다스리기 위한 통치체제의 일환으로 불교를 공인화하게 된다. 이와 같이 진흥왕은 불교의 현실적 필요를 절감하여 적극적인 지원을 아끼지 않았다.

진흥왕의 불교에 대한 적극적인 지원은 그 자신 역시 말년에 직접 머리를 깎고 승복을 입어 여생을 마쳤다고 전해진다. 또한 왕비도 이를 본받아 진흥왕 사후 비구니로 불가에 입적해 여생을 마쳤다고 한다. 진흥왕의 불교는 정치적으로 호국불교의 성격을 띠게 하였고 왕실의 정통성은 유교적인 정치이념을 도입하였다. 왕실의 위엄을 돋보이게 하면서 백성들에게 불교를 통해 나라에 충성할 것을 다잡는 역할을 한 것이다.

화랑도를 세워 인재를 양성하라

화랑도는 화랑을 우두머리로 한 신라의 청소년 수련단체였다. 화랑이라는 말은 '꽃처럼 아름다운 남성'이라는 뜻으로 화랑과 함께 국선, 선랑, 풍월주 혹은 화판이라는 이름으로 불리기도 하였다. 단체정신이 매우 강한 집단으로 사교적 성격과 함께 군사적 기능이 강하였으며 무엇보다 인재 양성에 있어서 매우 중요한 역할을 하였다. 이는 신라의 골품제가 가지고 있는 계급이동의 엄격성으로 인해 사회에서 발생하기 쉬운 계급간의 긴장과 갈등을 조절하고 완화하기 위한 방법의 하나로도 사용되었다.

이런 화랑도의 탄생에 대해서는 의견이 분분하다. 〈삼국사기〉에 따르면 진흥왕 37년이라고 기록하고 있으나 〈삼국사절요〉나 〈화랑세기〉, 〈동국통감〉 등에서는 진흥왕 원년에 창립된 것으로 적고 있다. 그러나 화랑도의 탄생에서 진흥왕의 모후인 지소태후가 깊숙이 관여한 사실을 감안할 때 진흥왕 원년에 탄생한 것이 아닌가 하는 원년설이 다수를 이루고 있다.

이에 중앙에서 입명한 청소년 제도의 최초 형태는 '원화' 였다.

원화제도는 여러 사람을 떼 지어 놀게 하면서 그중 행실이 올바른 사람을 등용하기 위한 제도였다. 그러나 이 원화제도의 후견인이나 우두머리는 여자였다. 그리고 원화는 두 명을 선정하여 제도를 운영하였다. 그런데 이 원화들 간의 시기와 질투로 인해 권력다툼이 생기면서 다른 원화를 죽이게 되는 사태에 이르러 원화제도가 폐지되었다. 원화제도 폐지 이후 새로운 인재 양성을 위한 제도가 필요하게 되자 나타난 것이 바로 화랑도이다.

화랑도의 성격은 군사조직과 놀이로서의 성격이 강하게 나타난다. 화랑도에게 엄격한 군사적 성격은 그 독특한 무사도 정신에 잘 나타나있다. 〈삼국사기〉에 나타나는 화랑들을 보면 화랑 관창이나 반굴 등 삼국전쟁 시기 화랑들이 자신의 목숨을 초개같이 버리는데서 잘 나타난다. 또한 가야와의 전쟁시기에 나타나는 사다함의 일화 등도 이들의 무사도 정신을 잘 보여준다. 이는 단지 화랑뿐만이 아니라 그 아래 낭도나 일반 병졸에 이르기까지 조국을 위해서는 목숨을 아끼지 않는 정신이 화랑을 지배하게 하였다.

이와 함께 나타나는 화랑의 정신은 놀이이다. 화랑의 수련에서 빼놓을 수 없는 것이 춤과 노래였다. 이는 인간을 놀이하는 존재(Homo Ludens)로 규정하는 '호이징가' 나 그 계승자라고 하는 '카이유아' 에 의하면 놀이는 인간의 본질이며 동시에 문화의 근원이라는 것이다. 즉 이 놀이에 포함되는 제식과 주술, 전례 등의 문화적 의식이 놀이의 영역에서 맞아떨어진다는 것이다. 이는 동양적으로는 선도에서 그 의미를 찾을 수 있다.

이 선도가 놀이를 통한 세계관의 형성이라는 성격을 내포하는 것이다. 이는 선도가 바로 화랑의 근본정신임에 잘 나타나 있다. 최치원은 이러한 화랑의 성격을 '풍류' 로 정리하기도 하였다. 여기에 더해진 것이 바로 중앙집권적인 유교와 국가 수호의 호국 불교가 정립되면서 화랑의 가치관을 세워갔다. 이러한 화랑의 최고 수련 장소는 경치와 산수가 뛰어난 곳이었다. 이중 가장 유명한 수련장소가 바로 양구의 두타연 계곡과 금강산 일대인 것으로 알려져 있다.

화랑도는 삼국전쟁이 한창이던 진흥왕 때에 제정되어 삼국이 통일되는 100여 년 간의 시기 동안 활발히 활동하였다. 화랑도는 이 시기 신라가 필요로 하는 인재를 양성하는 양성소의 역할을 한다. 〈화랑세기〉에 따르면 "현명한 재상과 충성스런 신하가 여기서 솟아나오고, 훌륭한 장수와 용감한 병사가 이로 말미암아 생겨

▲ 신라 화랑들의 수련장소로 알려진 강원도 양구의 두타연 계곡.

났다"고 전하고 있다. 이 100년간 화랑도의 전사적 기질은 전쟁 상태의 신라에 매우 커다란 공헌을 하게 된 것이다.

화랑도는 국가적 사태가 중대한 때는 곧바로 군부대에 배속되어 작전에 동원되었고 그 수련기간이 끝나면 정규부대에 편입되어 정식 군인으로 활동하게 된다. 이런 화랑도가 일반 백성들에게도 영향을 주어 신라의 시대정신에 이바지 하게 된 것은 바로 화랑도가 가지고 있는 이러한 특징 때문이었다. 또한 화랑도는 단순한 군사적 기능 이외에도 사회질서의 안녕을 위한 마을의 경찰 역할을 맡기도 하였다.

그러나 화랑도의 가장 큰 특징은 골품제도가 확립되던 시기에 나타나는 계급간의 알력을 완화시켜주는 존재로서의 역할을 했다는 점이다. 이는 화랑도가 진골귀족을 비롯하여 하급귀족, 일반 평민출신 등 여러 신분으로 구성되어 있었기 때문이다. 그리고 집단 자체는 어디까지나 국가에 대한 충성과 애국을 강조하는 집단이었기에 각 계급간의 알력을 조절하는 기능이 가능하였던 것이다. 그 결과 궁극적으로 신라가 삼한을 통일하는 데 커다란 원동력으로 작용하였다.

대제국 건설을 위한 정복활동

고구려 장수왕의 남하로 인한 신라와 백제의 연합은 법흥왕 대에 와서 점차 그 관계가 흔들리기 시작했다. 그 결정적 계기는 가야에 대한 문제였다. 백제는 가야의 일부를 병합하면서 전쟁을 시작했고, 신라는 가야에 대해서 점차적으로 세력을 넓히면서 가야 지역 전체를 병합하기 시작하였다. 신라에 병합된 가야의 왕족과 귀족들은 대거 신라로 귀부하였다. 이러한 결과로 인해 신라는 가야 백성들을 의식하여 백제에 호의적 입장을 취하기 꺼려했다. 그런 가운데 신라와 백제와의 관계는 소원해지기 시작했다.

반면 가야를 점차 장악하기 시작한 신라는 진흥왕대에 영토 팽창에 대한 자신감을 갖기 시작했다. 진흥왕이 왕위에 오른 시기에 고구려는 정치가 어지러워지기 시작하였고, 백제와의 전쟁과 북쪽의 돌궐과의 전쟁 대비로 인해 매우 정신없는 시기였다. 진흥왕 8년인 547년부터 고구려는 백암성을 고치고 신성을 수리하면서 백제를 공격하기 위해 독산성을 공격하기 시작했다.

이때 신라는 장군 주진을 통해 백제에 원병을 보내면서 고구려의 승리를 막을 수 있었다. 또한 550년에는 백제와 고구려가 지금의 청주 부근인 도살성 부근에서 공방전을 벌이고 있는 틈을 이용하여 이사부 등에게 도살성과 금현성을 공격하여 두 성을 신라의 영토로 귀속시킨다. 진흥왕은 재위 12년인 551년에 거칠부 등

을 필두로 백제와 함께 고구려에 대한 대대적인 반격에 나서 백제
는 평양으로 신라는 죽령으로 공격하여 죽령 밖의 10여개 군을
빼앗기 시작했다. 이로 인해 신라는 한강 상류지역에 대한 영유권
을 넓히는 계기를 잡게 되었다.

553년에 백제가 고구려로 부터 탈환한 한강 하류지역에 대해
서도 손을 뻗히기 시작한다. 신라는 이 지역의 전략적 중요성을
인식하여 동맹관계에 있던 백제를 기습 공격하여 한강 하류 지역
을 탈취한다. 그리고 곧바로 이 지역의 지배를 위해 '신주'를 설
치하고 초대 군주로 아찬 김무력을 임명하여 다스리기 시작하였
다. 이러한 신라의 한강 하류에 대한 공격은 곧바로 나제동맹의
파기를 의미하는 사건이었다.

이에 백제의 성왕은 대가야와 연합하여 신라를 공격하다 관산
성(지금의 옥천 부근) 전투에서 오히려 알찬 김무력에게 패하여 죽음
을 당하면서 한강에 대한 백제의 지배력은 멀어지게 된다. 이어
진흥왕은 백제와 고구려 사이에서 새로 얻은 영토 관리에 힘쓰기
시작한다. 555년에 진흥왕은 직접 한강 하류지역을 순찰하며 북
한산에 순수비를 세워 자신의 영토임을 만천하에 알리게 된다. 이
듬해에 지금의 함경남도 안변지역에 비열홀주를 설치하고 사찬
성종을 군주로 파견하였다. 당시 신라에게 한강 유역의 확보는 인
적 물적 자원의 획득 이외에도 중국과의 직접 교역의 교두보를 확
보했다는 점에서 매우 중요한 의미를 가지게 되었다. 신라는 이를
기반으로 거의 매년마다 중국 남조의 진과 북조의 북제 등 두 나
라에 사신을 파견하여 중국과의 외교전에 총력을 기울이게 된다.

진흥왕 대에 이르러 신라의 영토는 가야의 전 지역을, 서로는

한강유역을 병합하였다. 북으로는 함경북도의 마운령 지역까지
점령하여 한반도 영토의 절반 이상을 장악하게 된다. 이런 진흥왕
의 업적은 비록 백제와의 동맹파기 등 신라의 외교술의 일환이기
도 하지만 법흥왕 이래 대내적으로 충실히 준비하였고 대외적 조
건들이 신라에게 유리하게 작용되어 얻어진 결과였다. 진흥왕의
이러한 성과는 당대 금석문에서 진흥왕을 '대왕'으로 표현하게
하여, 장수왕 시절 중원고구려비에서 신라를 '동이'로 낮추던 비
굴의 시대를 벗어날 수 있게 하였다. 이런 진흥왕의 자신감은 거
칠부로 하여금 신라의 역사를 정리하는 '국사'를 편찬하게 하여
왕권의 신성화와 행정관부의 정비를 추진하게 하는 원동력으로
작용하였다.

진흥왕 순수비를 세워 새로운 영토를 알리다

진흥왕 순수비는 진흥왕이 영토를 넓히고 자신이 직접 새롭게
개척한 영토를 순행하고 이를 기념하기 위해 세운 비석이다. 확대
된 영토를 진흥왕이 직접 민심을 살피고 국가를 위해 충성을 바친
사람들에게 포상하고 군신이 함께 이를 경하하기 위해 세운 비석
으로 지금까지 총 4개가 확인되고 있다.

이 중에서 가장 먼저 세운 비석은 서울의 북한산에 세워졌던
북한산 순수비로 추정하고 있다. 이 북한산 순수비의 건립연대는
글자가 지워져 정확한 건립연대는 알 수 없다. 그러나 이 비가 건
립된 북한산 지역은 진흥왕이 551년에 백제의 성왕과 연합하여
고구려 지역이었던 한강 하류지역 차지하게 된다. 그리고 2년 뒤
인 553년에 백제로부터 이 지역을 빼앗고 새로운 군인 신주를 설

치하여 신라의 영토임을 알리고 진흥왕이 직접 이 지역을 순행한 것으로 알려져 있다. 따라서 이 비가 세워진 시대를 이즈음으로 추측하고 있다.

두 번째로 세워진 비는 창녕 지역에 설립된 창녕비다. 경상남도 창녕군 창녕읍에 세워진 비로 건립연대는 561년이다. 554년 관산성 전투에서 대가야와 백제의 연합군에 신라가 승리하여 대가야 마저 실질적으로 복속하게 된다. 555년에 비화가야와 아라가야 지역의 점령지인 비사벌인 지금의 창녕에 완산주를 설치하였다. 561년에 이 지역을 순행하면서 민심을 살피고 그 기념으로 세운 비석이 바로 창녕비이다.

세 번째는 황초령비다. 황초령은 함경남도 함주군과 장진군 경계에 있는 고개로 진흥왕 순수비 중에서 가장 먼저 알려졌으며 19세기 추사 김정희에 의해 본격적으로 연구되기 시작됐다. 이 비석은 원래 황초령 정상에 위치하였으나 조선 철종 때 함경도 관찰사였던 윤정현이 비석의 파손을 방지하기 위해 고개 남쪽인 중령진

▲ 진흥왕 순수비(1. 창녕비. 2. 북한산비. 3. 황초령비. 4. 마운령비) [출처-한국민족문화대백과사전]

부근으로 옮기고 비각을 세웠다고 한다. 이 비는 진흥왕이 함흥지역을 순시하고 군신이 모여 이 지역 순행을 경하하기 위해 세운 것으로 알려져 있다.

마지막으로 황초령비가 세워진 같은 해에 마운령비도 건립되었다. 이 마운령비는 함경남도 이원군 마운령에 건립된 비석으로 다른 비와 똑같이 이 지역을 진흥왕이 순시한 뒤에 세워졌다.

이 네 개의 비석은 모두가 비슷한 내용을 담고 있다. 먼저 진흥왕을 수행한 신료의 명단을 기록함에 있어서 소속부명과 관계명 및 관직명을 기록하여 진흥왕 시기 중앙관제가 체계화 되어 있음을 알려주고 있다. 두 번째로 지방 관직을 기록하여 지방통치의 효율성을 보여주고 있기도 하다. 세 번째로는 왕의 측근신하 직명이 기록되어 왕의 직속기구에 대한 구성을 살필 수 있게 되어 있다. 마지막으로 순수비에는 '제왕건호' 나 '짐' 이라고 하여 제왕적 존엄성을 과시하는 용어를 사용하여 제왕으로의 자부심을 표현하고 있다. 이는 신라가 영토를 넓힘으로써 신라의 자존심이 확대되었음을 의미하고 있는 것이다. 그러나 순수비의 가장 큰 특징은 신라의 영역이 광대하게 넓어졌음을 만방에 알리는 계기로 작용하였다는 점이다.

삼국 전쟁의 중심지에 조성된
임진강변의 성곽들

삼국시대-고구려, 백제, 신라의 한강을 둘러싼 쟁탈전 하면 무엇보다도 백제와 고구려의 200여년에 걸친 싸움을 머릿속에 떠올린다. 백제 근초고왕 때부터 시작한 이 싸움은 광개토대왕과 장수왕을 이어 신라 진흥왕과 백제가 멸망한 660년까지 계속된다. 이 싸움의 주무대는 한강을 중심으로 한 싸움이었다. 한강과 함께 고구려의 남진루트에서 가장 중요한 임진강변은 한강과 서해안 확보를 위한 가장 중요한 싸움 중에 하나로 남아있다. 그러나 아쉽게도 이 기록과 유적지들은 분단의 장벽 속에서 일반인들에게 잘 알려져 있지 않다. 최근 이 유적지들은 군부대의 이동과 각종 사서를 통해 조금씩 그 모습이 알려지면서 파주와 연천 지역의 성들이 고구려와 백제의 치열한 전쟁속에서 얼마나 중요한 역할을 했는지 밝혀주고 있다.

많은 사람들이 고구려와 경기도가 어떤 연관성이 있기에 경기 북부 지방에 고구려의 옛성들이 남아있을까 의아해 하는 사람이 많다. 삼국 중 가장 먼저 발전을 이룩한 나라는 백제였다. 백제는 수도를 위례성, 현재의 송파, 강동구 일원에 두고 한강과 서해안 뱃길을 이용해 중국 남조와 연결하면서 발전을 이뤄왔다. 4세기

후반 근초고왕 때는 고구려의 평양성까지 올라가 고구려의 고국
원왕을 죽이고 경기도와 황해도 일대를 장악하는 대제국을 형성
하였다.

이후 고구려는 소수림왕 때부터 그 기반을 다지고 백제에 대한
복수를 다짐한다. 소수림왕 시기 백제와 무수한 전투를 벌이고 이
어 등극한 광개토대왕 때는 북방을 평정함과 동시에 한반도의 실
질적 패자로 등극하면서 백제에 대한 정치, 군사적 압박을 가한
다. 그리고 이어 장수왕 때는 수도를 국내성에서 평양으로 천도하
고 실질적인 백제 정벌에 나서게 된다. 이 때 고구려의 남하 루트
가 바로 파주와 연천에 걸쳐 흐르고 있던 임진강변이었고, 이 지
역은 고구려와 백제가 국운을 걸고 치열한 전투를 벌였던 역사의
장소이다.

경기 지역의 고구려 성곽 유적은 고구려가 최전성기를 구가하
던 5~6세기에 축조된 것으로 한탄강과 임진강 유역, 천보산과 불
곡산을 중심으로 한 양주 일원, 그리고 한강 유역의 아차산 일대
등 크게 세 지역으로 나뉘고 있다.

이들 유적은 대부분 특정 교통로상에 집중되어 있으며 넓은 지
역에 분산되지 않는 특징을 보여주고 있다. (각 유적들은 100~500m 정
도 간격을 유지해 한강 유역에서의 정부를 지나 임진강에 이르는 간선도로변에 위치
해 있는데, 이는 고대 교통과 지방통치체제의 일면을 엿볼 수 있는 매우 중요한 자료
이다.)

임진강 상류 지역과 한탄강 하류 지역은 백제의 서울인 하남 위
례성으로 들어오는 매우 중요한 길목에 위치해 있다. 따라서 임진
강 상류에 강서리보루, 고성산보루, 무등리 1,2보루, 우정리성이

산재해 있고, 한탄강 유역에는 은대리성과 성동리산성, 대전리산성 등이 위치한다. 또 한탄강과 임진강이 합류하는 임진강 중하류 지역에는 당포성과 아미리보루 호로고루성이 배치되어 나타난다.

이 성들은 그동안 군사지역 안에 위치해 방치되어 있다가 2006년 들어서야 문화재청에 의해 은대리성이 사적 469호, 당포성이 사적 468호, 호로고루성이 사적 467호로 지정되었다.

은대리성은 연천군 전곡읍 은대리 577번지 일대 한탄강과 그 지류인 차탄천이 합류되는 지점에 위치해 있다. 두 하천에 의해 침식되어 형성된 삼각형 대지위에 축조된 강안평지성이다. 발굴 조사에 의하면 성의 평면은 삼각형 형태로, 남벽과 일부 북벽은 한탄강과 차탄천이 형성한 자연단애를 이용하고 있으며 동쪽 평탄지에는 토석혼축으로 축조되었음을 밝혀냈다.

은대리성은 외성과 내성의 이중 구조로 되어 있다. 외성의 전체 규모는 동서로 400m, 남북으로 130m로 둘레가 총 1005m의 작지 않은 성이다. 내성이 있다는 점은 당포성과 습사하지만 유물이 수습되지 않아 내성과 외성의 선후 관계는 확인되지 못했다. 출토된 유물은 대부분이 토기편이고 철제유물도 소량 발견되었다. 그러나 삼국시대 성에서 흔히 발견되는 기와는 단 한점도 출토되지 않았다.

은대리성에서 출토된 고구려 토기는 양식적으로 한강 유역의 출토품과 유사한 점을 가지고 있다. 그러나 출토품이 대형의 호류 위주로 구성되어 있고 다른 유적에 비해 흑색이나 회색을 띠고 있어 출토 된 토기가 고구려 토기의 특징으로 나타나고 있다.

현재까지 조사결과만 보면 은대리성의 축조는 고구려에 의한 것으로 추정된다. 이것은 토기의 특징이나 고구려가 이 지역에 진출했던 역사를 보면 5세기 이후에 축조되어 백제와 맞닿아 연천 지역의 넓은 농지를 보호하기 위한 역할을 했던 것으로 추측된다. 그러나 이 성이 자리잡은 위치에 도강을 위한 시설이나 방법이 없다는 점에서 다른 지역 성들에 대한 후방 보급 역할을 했을 가능성이 크다. 이런 이유에서 은대리성은 신라 유물이 거의 출토되지 않아 고구려 시대 이후 곧바로 폐지되었을 것이라고 전해진다.

또 하나의 고구려 성인 당포성은 한탄강이 합류하는 임진강 중류 지역인 연천군 미산면 동이리 778번지 일대에서 발굴됐다. 현재 전곡읍의 서북쪽인 임진강 북안과 그 지류에 형성된 천연절벽을 이용하여 축조한 은대리성과 같은 강안평지성이다. 서쪽 부분이 뾰족한 모양인 삼각형의 형태로 동쪽은 성벽을 높게 구축했지만 단애지대를 따라 구축된 남북성벽은 낮게 축조되었다.

이곳에 서면 주변 강의 풍경이 한눈에 들어온다. 성 아래 흐르는 강물은 한반도 5,000년 역사를 안고 고구려과 백제의 싸움터를 기억하며 흐르고 있다. 당포성 주변에는 군부대 참호가 곳곳에 파여 있어 은대리성에 비해 전략적 가치가 높음을 입증하고 있다.

발굴조사를 통해 밝혀진 특징으로 보충벽이 3~4중이며 높게 쌓았다는 점과 성벽 밖에 폭 6m, 깊이 3m의 대형 해자를 팠다. 또한 성벽 성단부위에 이른바 기둥구멍이 발견된 것과 함께 성벽에 일정한 간격으로 수직홈을 팠다는 점등이 고구려의 축성술과 같아 남한 지역 고구려 성 연구에 중요한 자료로 평가받고 있다. 이러한 수직홈은 중국 지역의 고구려성에서도 발견되는데 그 용도에 대해서는 확실하지 않다.

성 내부는 현재 밭으로 경작되고 있다. 또한 내부의 토지 매입이 안돼 발굴조사가 제대로 이뤄지지 못하고 있다. 그러나 동벽을 발굴한 결과 많은 양의 유물이 출토되고 있으며 그 중 와편이 많이 발굴되었다. 와편 중에는 승문와편도 발견되는데 이 승문와편은 승문이 선명하게 나타나 인근 호로고루성과 무등리1보루에서 발굴된 고구려 기와와 동일한 모양이다.

이밖에도 신라계 기와가 많이 발견되고 있는데 이는 신라가 이 지역을 차지한 이후에도 전략적으로 중요하게 이 성을 이용하였다는 증거를 보여준다. 당포성이 관할하는 당개나루는 수철성과 아미성 사이에 개설된 간파천로의 초입에 해당된다. 특히 당포성의 배후에는 개성으로 향하는 길목인 마전현이 자리잡고 있어 양주에서 북상하는 백제군을 막는데 매우 중요한 역할을 했다.

호로고루성은 연천군 장남면 원당리의 고랑포 북쪽에 위치한다. 한탄강과 임진강이 만나는 삼각형 평야에 형성되어 있는데 이 지역은 여울이 발달해 고대부터 교통의 중심지였다. 성은 임진강 북안의 넓은 벌판에 솟아 재미산 혹은 재미성으로 불린다. 현재는 북쪽에 있는 것을 호로고루라 하고 남쪽의 것은 이잔미성으로 구별하여 부른다.

호로고루의 '호로'는 고구려 말로 '성'을 뜻하는 홀이 변형된 이름이다. 2000년부터 발굴되기 시작한 이 성은 군부대가 위치하고 있어 발굴에 여간 어려움이 있는 게 아니었다. 최근에는 군에서 발굴에 많은 신경을 써 고구려성의 비밀을 밝히는 매우 중요한 자료로 활용되고 있다.

성벽은 평지로 이어지는 방향에 조성했고 나머지 두 벽은 암벽의 윗 부분에 4~5m 높이까지 편축식으로 쌓았다. 남벽은 임진강에 연해 있어 30도 정도의 기울기를 보이며, 북벽은 이보다 약한 60도 정도의 기울기를 가지고 있다. 동벽은 하단부 폭이 약 40m이고, 길이가 90m 정도이며 높이는 장대지 부분이 10m 정도로 가장 높다.

마을 사람들은 이곳 동벽을 '재미산'이라 부르고 있다. 성벽의 정상부 부터 동사면에 이르는 구간은 한국전쟁 이후 계속되는 진지 구축으로 훼손되어 현재는 군부대의 참호가 설치되어 있다. 또한 동벽 남단은 절개되어 도로로 사용되고 있는데, 성의 전체 횡단면이 그대로 노출되어 관리가 시급한 실정이다.

여기서 발견된 기와류는 전형적인 고구려 양식을 보여주고 있는데 숫기와의 경우 표면 문양이 없으며, 암기와의 경우에는 승문과 거치문, 횡선문 등이 세겨져 있다. 이는 당포성과 마찬가지이다.

1차 발굴과정에서 금동불상 한 점이 출토되었는데 현재까지 출토된 적이 없는 특이한 형태였다. 중앙의 불좌상 좌우에 보살상이 한구씩 배치되어 있으며 그 사이에 합장한 인물상이 하나씩 서 있는 독특한 양식의 삼존상이다. 크기가 작아 몸에 지닐 수 있어 고구려 불교의 특이점을 보여주고 있다. 이어 2차 발굴조사에서는 석축 성벽이 만들어지기 전에 고구려가 이 지역의 지리적 이점을 얻고자 목책을 먼저 세웠다는 흔적을 발견하였다. 또한 기와를 사용한 건축물과 지하식 벽체건물 등이 발굴돼 고구려와 백제간의 전투에서 고구려가 이 지역을 얼마나 중요하게 여겼는지 알려주고 있다.

이 호로고루 성은 4세기 말경 백제와의 전투 과정에서 이 지역에 처음으로 목책을 설치하고 고구려가 본격적으로 남하하는 과정에서 지금의 성벽이 구축되었음을 알 수 있다. 고구려가 멸망하기 전까지 고구려 영역에 속하면서 북진하는 신라에 맞서 최후까지 저지하다 고구려의 멸망과 함께 신라의 주요한 북진 거점 성으로 활용되었다. 고구려가 긴 안목을 가지고 만들었던 호로고루성은 이제 남북의 대치속에서 군인들의 참호와 막사로 성의 장구한 역사를 대신하고 있다.

3. DMZ 한반도 통일의 중심

    선사시대 이래 한반도는 수많은 씨족, 부족 연맹체를 거쳐 고대국가로의 발전을 거듭해 온다. 한반도 최초의 국가라는 고조선이나 부여, 옥저나 동예, 마한 등은 고대국가로의 발전에서 뒤처지면서 주변의 강력한 국가인 중국이나 고구려 백제에 점차 복속되는 과정을 거치게 된다. 우리는 흔히 삼국시대라고 하며 고구려, 백제, 신라를 고대국가로 부르고 있지만 이들 고대국가 시기에도 부족연맹체 형태의 국가인 부여나 가야 등은 그대로 잔존해 있었다. 그러나 이들 국가는 삼국이 율령체제를 세우고 강력한 중앙집권적 국가로 발전하는 시기에 이들 세 나라에 의해서 소멸되어 버린다.

    이들 세 나라의 역사는 한반도 고대 사회의 중심에서 서로 물고 물리는 전쟁 속에서 한반도 DMZ의 마지막 주인이었다. 신라에 의해 세 국가가 통합되고 역사는 삼한을 통합한 나라인 신라에게 그 임무를 맡기게 된다. 신라에 의한 삼한 통합은 여러 가지 한계점을 노출하고 있었다. 외세에 의한 통합과 국토의 대부분을 잃은 통합 등등 많은 문제점을 야기시키지만 한가지 확실한 점은 영토적으로 삼한을 하나의 나라로 통합했다는 점에서는 이의가 있을 수 없다. 물론 이후 고구려계 유민들의 나라인 발해가 세워져 한반도는 다시 남북국이라는 분단의 시대로 돌입하게 된다. 이 분단의 시대는 신라와 발해의 대결구도 속에서 소멸되지 못하고 각자 내부의 혼란을 겪으면서 서로 소멸되는 과정을 거치게 된다.

그리고 이 두 나라는 소위 후삼국이라는 새로운 혼란의 시대를 거치면서 진정한 의미의 한반도 최초의 통일국가인 고려에 의해 복속되고 한반도는 새로운 왕권국가를 맞이하게 된다. 고려는 개성지역의 해상 상업세력을 기반으로 일어난 나라다. 그러나 그 시작은 철원 지역의 궁예 세력을 기반으로 성장한다. 궁예의 태봉이라는 국가의 무장이었던 왕건은 궁예를 몰아내는 쿠데타를 거쳐 태봉을 대체한 고려를 건국하여 자신의 기반이었던 개성으로 돌아와 신라와 견훤의 후백제를 차례로 복속시키고 발해 유민을 받아들이면서 실질적인 한반도 통일을 완성한다.

한반도를 통일한 고려는 500년을 이어오다 정치적으로는 유학을 받들고 군사적으로는 함흥지역의 무장인 이성계에 의해 국가를 물려주고 '왕' 씨 왕권에서 '이' 씨 왕권으로 권력을 넘기고 자신의 운명을 마치게 된다. 고려를 이은 이성계는 수도를 지금의 서울로 옮기면서 개성의 신흥세력을 자신의 편으로 끌어들이면서 다른 한편으로는 개성의 구세력을 억누르는 방법을 통해 새로운 나라 조선을 건국한다.

이들 나라의 통일을 보면 서로의 건국의 중심지는 달라도 한가지 공통점을 보이고 있다. 바로 DMZ 지역을 장악하면서 대국의 조건을 조성해 나갔다는 점이다. 오늘날 분단 시대를 사는 우리에게 DMZ가 얼마나 중요한 의미를 주는지 알려준다.

1) 매초성 – 당을 내쫓고 통일을 이룩하다

　수세기에 걸친 삼국간의 전쟁은 중국세력이 가담하는 국제전의 양상을 띠며 고구려와 백제의 멸망과 신라와 당의 연합군의 승리로 삼국시대는 막을 내렸다. 그러나 당은 고구려와 백제땅을 차지하고 급기야는 신라마저 지배하려는 야욕을 드러내기 시작했다. 이에 신라는 끝임 없는 저항으로 결국에는 당을 몰아내고 한반도 최초의 독자적 주인이 된다.

　이 통일로 인해 신라는 한반도 최초의 지배자로 군림했지만 역사적으로 만주와 요동은 더 이상 한민족의 역사에서 중심이 되지 못하고 주변으로 물러나야 했다. 따라서 신라의 통일은 반쪽 통일로 기억할 수밖에 없는 아픈 역사를 가지고 있다. 신라의 통일 이후 고구려계 유이민들이 세운 발해가 잠시 만주를 차지하고 신라와 대립하는 남북국의 형세를 이뤘으나 발해의 역사는 그리 오래가지 못했고, 발해의 멸망 이후 고려가 이를 계승하기는 했어도 영토적인 계승을 하지 못하는 비참함 속에서

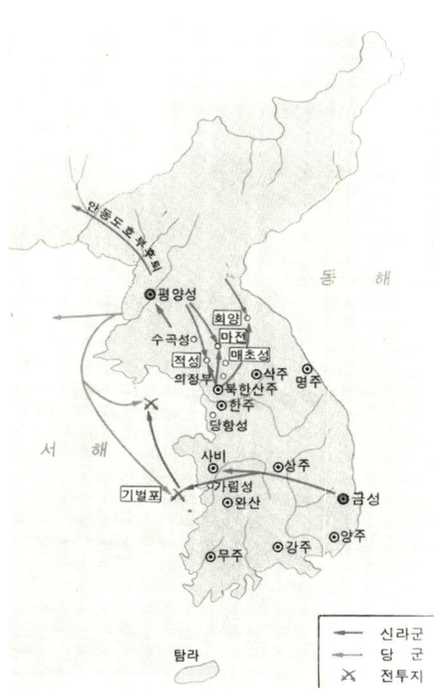

▲ 나당전쟁 확전도. 신라는 DMZ 지역의 매초성과 칠중성 전투의 승리를 계기로 당나라를 한반도에서 축출할 수 있었다. [출처–민족문화대백과사전]

한민족의 역사는 한반도로 국한해야 했다.

그러나 신라의 통일이 비록 반쪽이기는 했으나 한민족에 있어서 최초의 통일이었고 삼한으로 나누어진 나라가 하나로 됐다는 점에서는 큰 의미를 가진다. 그리고 외세의 개입이라고 하지만 외세를 축출하는 과정에서 보여준 모습은 외세에 전적으로 의존해서 나라를 이끌어가는 조선이나 최근의 우리 모습과는 대조적인 모습을 보인다는 점에서 신라의 통일을 다시 생각해 봐야 할 것이다.

나당연합과 신라의 통일전쟁

수나라에 이어 중국을 통일한 당나라는 건국 초기에 고구려와 국교회복을 위해서 도교사를 파견하여 '노자'를 강론하는 등 고구려의 환심을 사며 수나라와 고구려와의 전쟁에서 붙잡힌 포로의 교환을 요구하였다. 고구려 또한 이에 화답하여 포로를 송환하는 등 당나라와 고구려와의 관계는 별다른 이슈가 없는 듯 했다.

그러나 고구려 영류왕 24년인 641년 당나라 사신인 진대덕은 고구려의 강산 등을 다니며 군사적 지형물을 파악하려 했던 일이 알려지고, 고구려는 이에 당나라가 고구려를 침입하려 한다는 구실로 요하유역에 천리장성을 쌓으면서 당과의 사이가 벌어지게 된다. 이어 고구려는 대당 강경파인 연개소문이 영류왕을 죽이고 권력을 잡자 당에서는 이를 구실로 고구려에 대한 침입을 준비하게 된다. 그리고 때마침 신라는 당과 동맹을 청하게 되고 이를 기화로 당태종은 고구려의 항전태세를 알아보게 하였다.

당시 신라는 백제와의 동맹이 깨지고, 백제가 고구려와 동맹관계를 설정함으로 인해 양방면에서 들어오는 협공을 받자 국가적

으로 매우 위중한 위기에 놓여있었다. 당시 선덕여왕의 밀사로 고
구려로 들어간 김춘추는 고구려와의 동맹을 맺으려 하였으나, 신
라로 인해 국경도 접하지 않은 백제가 고구려의 적이 될 수 없다
는 이유로 동맹을 거절하게 된다. 이에 신라는 고구려와 백제의
협공으로 고립되게 되고 이에 대한 대책으로 중국의 당나라에 구
원을 요청한 것이다.

이에 응답한 당나라가 고구려를 공격하기로 결심하고 신라와
협공으로 고구려를 공격하기로 한 것이 바로 644년의 고구려와
당나라간의 전쟁이었다. 이로써 신라는 고립무원에서 벗어날 수
있는 계기를 맞이하게 된 것이다. 이후 신라는 더욱 적극적으로
대당 외교를 강화하기 시작하였다.

백제 무왕에 이어 등극한 의자왕은 642년 백제 내부의 귀족층
을 정비하면서 백제의 귀족간 분쟁을 정리하였다. 이는 의자왕의
왕권 강화책의 일환으로 커진 귀족세력을 견제하면서 내부 단속
을 강화한 것이다. 의자왕의 개혁은 일시적으로 성공을 거두면서
신라의 일부 영토를 백제로 편입하는 등의 성과를 거두게 된다.
그러나 뿌리 깊은 귀족의 분열과 귀족들의 왕권 견제를 끝까지 버
티지 못한 의자왕은 집권 후반기에 접어들면서 점차 사치한 생활
을 통해 왕권의 위엄을 갖추는 것에 위안을 삼기 시작한다. 이로
인하여 충신들이 귀향가고 투옥하는 일이 발생하기 시작하면서
백제 내부는 다시 혼란에 접어들게 된다.

이러한 백제의 내분을 눈치 챈 신라는 660년 당나라와 함께 백
제를 공격하기로 결정한다. 신라는 대장군 김유신을 비롯한 5만
의 병력이었고, 당나라는 소정방을 필두로 한 13만의 대군이었

다. 신라의 진출로는 탄현을 넘어 백제로 나아갔고, 당나라는 산둥반도를 출발해 지금의 금강인 백강으로 들어왔다. 다급해진 의자왕은 귀향 간 흥수에게 의견을 물었고, 흥수는 탄현과 백강을 막으라는 얘기를 하였다. 그러나 이미 신라군이 탄현을 넘어 황산으로 들어왔고, 당은 백강으로 들어와 더 이상 손쓸 여유가 없어졌다. 결국 계백의 결사대가 끝까지 저항했지만 신라와 당의 군대를 막을 수 없었고, 신라와 당은 사비성으로 진군하였다. 의자왕은 태자와 함께 사비성을 버리고 웅진성으로 도망을 가고, 왕자 태가 왕이되어 항전하였으나 성이 함락되면서 백제는 건국 678년 만에 멸망하고 말았다.

문무왕 최초의 통일국가를 이룩하다

나당연합군은 백제를 점령한 뒤 곧바로 고구려 원정길에 오른다. 661년 김유신의 신라군과 소정방 등의 당나라 군대는 남북으로 고구려를 협공하기 시작했다. 그러나 신라군은 백제부흥운동으로 인해 발이 묶이고 당 군대만이 평양성을 공격하게 된다. 7개월에 걸친 싸움을 하였으나 고구려군의 막강한 저항은 당나라를 고구려에서 후퇴하게 만들었다. 그러나 고구려는 이 싸움으로 인해 국력이 소멸되기 시작하였다. 요동의 여러 성들이 싸움으로 인해 많이 파괴되었으며 권력 내부에서는 대막리지 연개소문의 죽음으로 인해 내분이 시작되었다.

연개소문에 이어 대막리지에 오른 장남 남생이 지방순행길에 오르자 내부에서 연개소문의 다른 두 아들에게 남생이 남산과 남건을 죽일 것이라는 소문을 내어 형제간에 모함으로 권력내부가 분열되게 만들었다. 결국 남생은 평양으로 돌아오지 못하고 동생인 남건이 대막리지가 되어 고구려 내분은 끝을 모르는 내전으로 나아가게 된다. 남건의 군대가 남생을 공격하고 남생은 국내성으로 들어가 전열을 정비하면서 고구려를 공격한 당나라에 구원군을 요청하기에 이르게 된다. 그러나 남생은 남건의 공격을 버티지 못하고 결국은 당나라에 망명을 하게 되고, 남생을 도왔던 연개소문의 동생 연정토 역시 신라에 투항하게 된다.

나당연합군은 이 기회를 이용하여 다시 고구려 원정길에 오른다. 668년인 문무왕 8년 김인문이 거느린 신라군과 이세적이 거느린 당군은 남북으로 고구려를 공격하기 시작한다. 문무왕은 이때 평양으로 가는 길목인 한성주(지금의 황해도 재령 지방)까지 나와 신라군을 독려하였다. 신라군과 당나라의 협공을 받은 고구려는 내분으로 인해 제대로 싸워보지도 못하였다. 나당연합군의 공격 한 달 만에 평양성이 함락되고 보장왕이 항복하여 건국 705년 만에 멸망하고 만다.

백제와 고구려가 멸망하였지만 700년을 이끌어온 두 나라는 신라와 당나라에 그대로 항복하고 나라를 빼앗긴 것은 아니었다. 두 나라 모두 신라와 당나라에 대항하여 각자 부흥운동을 꾀하기 시작한 것이다. 먼저 멸망한 백제는 이후 4년여에 걸친 부흥운동을 시작하였다. 신라와 함께 백제를 자국의 영토로 포함시킨 당나라는 백제 전역에 5도독부를 설치하여 각각 그 지방의 세력가들에게 백제를 다스리게 하면서, 유인원과 왕문도의 군대를 백제의 사비성과 웅진성에 각각 주둔시켜 5도독부를 감독하게 하였다. 그리고 소정방 군대의 본대는 김유신의 신라군과 함께 백제지역

▲ 파주의 칠중성. 고구려 부흥군이 당나라와의 전투에서 승리했으며, 나당전쟁에서 신라군이 당나라에서 승리를 거둔 지역이다.

에서 철군을 하게 된다. 그러나 이들의 철군과 함께 백제에서는 부흥군이 곧바로 일어나게 되어 당나라의 5도독부는 실시도 못하고 나당연합군과 백제 부흥군과의 전쟁으로 돌입하게 된다.

백제 부흥군은 먼저 왕족이었던 복신과 스님이었던 도침이 현재의 충청남도 한산인 주류성을 기반으로 부흥운동을 일으킨다. 이어서 백제의 장수인 흑치상지는 지금의 충청남도 대흥인 임존성을 근거로 부흥운동을 이끌게 된다. 이 두 부흥군의 발기는 백제 전역에서 이에 호응하는 200여 성이 함께 부흥운동에 동참하게 된다. 복신과 도침은 일본으로 건너간 왕자 풍을 다시 백제로 모시고 와 왕위를 계승하게 하고 당나라의 주둔지인 사비성과 웅진성을 공격하게 된다. 당나라가 부흥군의 공격으로 위태로운 지경에 이르자 신라군은 당군을 지원하기 시작하였고 이로 인해 당주둔군은 위험한 상황은 모면하게 된다. 그러나 부흥군은 고구려와 왜국의 지원 하에 지속적인 성장을 하게 되자 당나라 역시 본국에서 지원군을 파견하면서 양측의 공방전은 더욱 치열하게 전개되기 시작한다. 그러나 부흥군 내부에서 일어난 내분으로 인해 당군은 주류성을 함락하고 백제 부흥운동은 4년 만에 끝나게 되고 만다.

평양성 함락 이후 고구려 역시 전국 각지에서 부흥운동이 일어나기 시작하였다. 검모잠이 궁모성을 근거로 고구려 잔존 세력을 규합하여 왕자 안승을 왕으로 추대하고 당군과 싸우면서 신라에 도움을 요청하였다. 그러나 당군의 세력을 꺾지 못한 안승은 부흥운동 1년 만에 신라에 투항하게 된다. 신라는 안승의 투항을 받아들여 지금의 전라북도 익산인 금마저에 정착시키고 보덕국왕에 책봉하여 고구려 유민을 다스리게 하였다.

안승이 남하한 뒤에도 고구려 유민들은 고구려 전 지역에서 일어나 당군을 공격하였다. 안시성이 671년까지 항전하였으며, 백빙산을 근거로 한 유민들이 신라의 지원을 받으며 672년까지 항전하였다. 또한 673년에는 칠중성에서 당나라의 이근행 군대와 항전을 하게 된다. 이러한 고구려 부흥운동은 왕조의 부흥까지 이뤄내지 못하고 흩어졌다. 그러나 고구려의 부흥운동은 평양에 당나라가 설치한 안동도독부를 요동의 신성으로 옮겨가게 하였고, 이후 신라와 당나라간의 전쟁에서 당나라 세력을 한반도에서 축출하는데 큰 도움을 주게 된다. 또한 고구려를 계승한 발해를 건국하는데도 일부 기여를 하게 된다.

당의 야심과 삼국민의 당 축출전쟁

당은 멸망한 백제에 그들의 신민통치기구인 5도독부를 일방적으로 설치했다가 다시 웅진도독부와 7주로 개편하였다. 이어 663년에는 신라를 일방적으로 계림도독부로 칭하고 문무왕을 계림도독으로 임명하게 된다. 고구려가 멸망한 이후에도 평양에 안동도호부를 설치하여 백제와 신라의 도독부를 분리 지배하려는 야욕을 노골적으로 드러내기 시작한다.

신라가 이러한 당의 야심을 알게 된 것은 이미 소정방의 백제공격때 부터였다. 그러나 당시 신라는 백제 부흥군과 그와 연결된 고구려군에 대한 전쟁 준비로 인해 당나라의 군사력에 의존해야 하는 처지에서 당을 적으로 만들 수는 없는 신세였다. 당시 당나라는 소정방에게 백제에 이어 신라마저 멸망시키라는 밀명을 내렸으나 신라의 힘을 쉽게 제압할 수 없었던 당군은 그대로 회군하였다. 신라는 당의 계획을 간파하고 백제부흥운동을 진압하면서도 당나라 군대의 백제 증파를 최대한 억제시키려고 노력하였으며, 고구려 원정에는 소극적으로 응하였다. 그리고 이후 일어난 고구려 부흥운동에는 오히려 당이 아닌 고구려 부흥군을 지원해 당군을 공격하기도 하였다.

백제지역에 설치된 당의 식민통치기구는 백제 부흥군의 저항으로 인해 큰 효과를 보진 못하였다. 이에 당은 백제 의자왕의 아들인 부여융을 웅진도독으로 삼아 백제 유민들을 회유하여 신라에 대립시키고자 하였다. 또한 백제 부흥군의 항복을 계기로 백제와 신라와의 동맹을 강행시켜 신라군이 백제지역에서 완전 철군하도록 하려는 시도를 하였다. 이에 신라는 당과의 일전을 준비하

▲ 연천의 한탄강가에 위치한 대전리 토성. 최근 나당전쟁의 최후 격전지인 매초성으로 주목받고 있다. 이 곳은 최근까지 군대가 주둔하고 있던 지역으로 군부대 초소들이 남아있다.

였다. 그러나 당과의 일전은 고구려와의 대치 상황이라는 정치적 이유로 고구려 정복 이후로 연기하고 당에 대한 군사적 지원을 계속해야 했다.

당에 대한 신라의 공격은 668년 고구려가 멸망한 이후에 점차적으로 나타나기 시작했다. 고구려 멸망 후 당은 고구려에 대해 안동도호부를 설치하는 등 백제 멸망 이후 정책과 똑같은 식민화 정책을 진행시켰다. 이에 신라는 먼저 남부의 백제를 점령하고 북으로는 고구려 유민들을 적극적으로 받아들이기 시작했다. 따라서 신라는 고구려가 망명정부를 수립하자 이를 승인하고 뒤에서 고구려의 안승을 후원하기 시작했다.

670년부터 신라는 당군에 대한 공격을 감행하기 시작한다. 또한 백제 지역의 웅진도독부와 화친을 맺는 척하면서 그곳을 공격하여 백제 지역 82개성을 되찾게 된다. 이러한 신라의 공격으로 백제 지역에 대한 신라의 영유권을 확보한 시기는 백제가 멸망 한 뒤 12년이 지난 671년에 백제 지역에 소부리주(지금의 부여)를 설치 함으로 인해 완성되었다. 이후 신라는 고구려 부흥군을 적극적으로 도우면서 당 축출에 대한 고삐를 더욱 당기기 시작했다. 672년과 673년에 한산주의 주장성과 서형산성을 쌓아 당에 대한 대비를 강화하기 시작했다.

당은 당에 대해 적대적이었던 문무왕을 인정하지 않고 그의 동생인 김인문을 신라왕으로 봉하여 신라 내부 분열을 확대시키기 시작했다. 그러나 신라는 당이 파견한 유인궤의 군대를 당으로 쫓아내는 성과를 거두며 당에 대한 전쟁을 수립하였다. 이 과정에서 백제의 유민과 고구려의 유민은 신라군과 함께 통일신라군을 형성하여 맞서 싸우기 시작했다. 이로써 삼국의 군대가 단일한 지휘체계 속에서 하나의 군대로 형성되기 시작한 것이다.

매초성! 나당전쟁을 승리로 이끌다

당시 당나라는 신라의 북진에 맞서 중국인으로 구성된 한병을 거느린 고간과 말갈병을 거느린 이근행을 한반도로 보내 평양과 황해도 방면에서 북상하는 신라군을 저지하게 하였다. 이리하여 임진강 이북에서 격돌하던 신라와 당나라 양국의 전투는 675년에 접어들면서 점차 국제전 양상으로 번져나가게 되었다.

당나라는 이근행을 안동진무대사로 임명하고 20만 명의 군대를 동원하여 신라로 남하하였다. 반면 설인귀는 신라인이었던 숙위학생 김풍훈을 길 안내자로 삼아 신라로 침입하였다. 신라의 장

▲ 양주의 대모산성으로 신라가 당군에게 대승을 거둔 매초성으로 알려져 있다.

군 문훈은 이에 대적하여 1,014명을 죽이고 병선 40여척을 빼앗고 말 1천 필을 얻는 대승을 전해왔다. 이로 인해 당군은 칠중성으로 후퇴해야만 했다. 신라는 당나라 군대가 주둔하던 매초성 일대에서 명운을 건 최대의 전쟁을 벌이기 시작한다.

이 매초성 전투에서 신라는 고구려 유민들과 함께 당나라를 공격하여 많은 수의 무기와 함께 말 3만 필 이상을 획득하는 대승을 거두며 당나라를 패퇴시켰다. 이 매초성 전투를 계기로 신라와 당나라의 전쟁은 신라 쪽으로 기울게 되었다. 이후 당나라는 말갈병과 함께 칠중성을 공략하려 하였으나 다시 패퇴. 북으로 퇴각하고 신라군은 계속 북상을 감행하였다.

당나라는 이에 최후의 방법으로 소부리주의 기벌포로 공격을 감행하여 왔으나 676년 기벌포에서 패하면서 나당전쟁이 끝나게 된다. 당나라는 웅진도독부를 건안성으로 옮기고 안동도호부를 요동으로 옮겨야하는 치욕을 겪어야 했다. 반면 신라는 국경을 임진강에서 함경남도 덕원을 연결하는 영토를 회복하게 된다. 이후 735년부터는 영토를 대동강까지 확대하게 되었다.

신라가 한반도의 주인으로 등장하게 된 계기를 가져온 매초성은 아직 그 위치가 확실하게 알려지고 있지 않다. 일반적으로 매초성을 얘기하는 곳은 경기도 양주의 대모산성을 이야기 하고 있다. 그러나 최근 들어 신라의 매초성을 연천의 대전리 산성으로 얘기하는 견해도 많이 들어서고 있다.

삼국통일이 가지는 의미

신라는 675년 매초성 전투 이후 676년 기벌포에서 당군을 격퇴하고 백제와 고구려 이남지방을 회복하는 통일신라를 만들었다. 신라의 삼한통합은 최초의 한반도 단일 국가라는 의미를 가진다. 물론 이러한 의견에 발해라는 또 다른 국가의 성립으로 한반도 최초라는 의미를 퇴색시키고 있기는 하다. 그러나 발해의 건국은 698년의 일이기에 기벌포 승리 이후 22년간의 시기는 한반도에 신라 이외에 어떠한 국가도 형성하지 못한 시기임은 부인할 수 없는 사실이다.

따라서 신라의 통일은 이전의 신라와 구분하여 통일신라로 불리기에 무리가 없다. 다만 698년 발해의 건국은 한반도에 또 다른 두 개의 국가가 상존하게 하였기에 이 시기를 남북국 시대로 불러야 할 것이다. 그러나 신라로 한정하여 구분한다면 분명히 신라는 이전 신라와 통일신라로 나눌 수 있다.

또한 일반적으로 만주를 잃은 통일의 의미가 반쪽으로 귀결된다는 인식이 많다. 그러나 신라의 입장에서 만주는 처음부터 없었던 것으로 보인다. 김춘추는 당태종과의 밀약에서 그들의 통일된 영토의 수립을 패강 이남으로 한정짓고 있었다. 즉 신라의 통일은 한반도 내에서의 통일이라는 신라인의 세계관을 보여준 통일이었다. 따라서 신라의 통일은 삼한을 하나로 만드는 것이지 영토 수복을 중점에 두지 않았기에 신라의 통일에 불완전성이 있다고 하더라도 그들의 통일을 부인하기 어렵다.

신라의 입장에서 분명 고구려의 고토를 회복하지 못하고 발해의 건국으로 한반도가 남북국으로 나눠지는 고초를 겪었지만 신라의 입장에서는 분명한 삼한일통이었다. 신라의 입장만이 아닌 민족적인 입장에서도 신라의 통일은 삼국의 문화가 하나로 어우러지는 계기를 갖게 하였다. 그리고 민중들 사이에서 당과의 전쟁은 고구려, 백제, 신라가 하나의 민족이라는 단일의식을 싹트게 하는 기회를 가져온 것이었다.

삼국은 문자, 언어, 풍습, 의복 등에서 매우 유사한 특징을 가지고 있다. 종교 역시 불교라는 공통의 종교를 영유하고 있었고, 유학은 국가 정치의 수단으로 작용하였다. 또한 정치나 군사적으로도 통치수단이 매우 흡사하였다. 그러나 문화적으로는 지역적 편차로 인해 서로가 약간은 상이한 차이를 가지고 있었다. 통일은 이러한 문화적 차이를 계승 발전시키면서 새로운 문화적 성장을 가져오는데 기폭제 역할을 하였다.

고구려의 거문고는 신라에 전해져 가야에서 전해진 가야금과 함께 신라 음악을 더욱 발전시켰고, 백제의 불탑양식 가람양식도 신라에 계승되어 신라 불교문화를 더욱 세련되게 발전시켰다. 신라의 고승들 또한 대부분 고구려계로 사상계와 학계에서 백제와 고구려계 유민들이 신라 사회에 활발하게 참여하였음을 보여주는 일례라 하겠다. 이로 인해 통일신라는 이후 한반도 민족문화의 근간을 이루며 발전할 수 있었다.

대당 전쟁에서 초기 백제와 고구려의 유민들이 당나라에 대해 저항한 것은 신라와의 동질성에서 나온 것이라고 보기 어렵다. 그러나 그들은 대당 전쟁을 치르는 과정에서 서로에 대한 민족성을 확인하는 과정으로 나아갔을 것이라고 추론하기에는 어려움이 없다. 초기 대당 적대 의식은 나라를 빼앗긴 망국인으로 느끼는 설움이 컸을 것이다. 또한 신라의 대당 의식도 고구려와 백제의 유민들과의 민족의식보다는 신라의 위태로움이 컸을 것이다. 그러나 삼국이 공통의 과제를 수행하는 과정에서 민족의식은 하나로 자리 잡았을 가능성이 크다.

언어와 의복, 풍습, 정치 등에서 유사성을 가지고 있던 삼국이 그들과 다른 당나라의 지배방식에서 가지는 박탈감은 이들 삼국의 민중이 느끼는 이질감으로 다가 왔고 그들의 모멸감이 커졌을 것이다. 따라서 그들은 당나라와 싸움을 통해서 서로간의 동질감을 회복할 수 있는 계기를 가져왔을 것이고, 이후 신라가 하나의 국가로 다스리게 되자 이들 민중들의 의식은 신라로 고착되어 갔다. 따라서 민족의식은 신라의 통일로 싹텄다기 보다는 이후 대당 전쟁 과정에서 싹터 이후 한반도 민중의 의식 속에 단일민족의식으로 커왔다고 볼 수 있다.

2) 왕건 – 최초의 통일국가를 세우다

통일신라가 삼한일통이라는 이념을 실천하면서 삼국을 통일했지만 실제 당나라를 한반도에서 내몰고 통일을 차지한 시기는 고작 22년밖에 되지 않는다. 오히려 당나라를 중국으로 몰아낸 뒤 한반도 북부지방과 만주지역에서는 고구려를 계승한 발해가 건국되어 한반도는 다시 남북국으로 갈리는 분단의 시대를 맞이하게 된다. 신라 역시 발해를 고구려의 계승자로 인정하고 발해와 정치적 관계를 맺으며 관계를 재정립하기에 이른다. 따라서 신라의 통일을 한반도 유일의 통일민족 국가로 보기에는 무리가 따른다.

오히려 한반도 최초의 통일국가는 고려라고 봐야 할 것이다. 삼국이 대치하고 발해와 신라가 남북으로 나뉜 이후 한민족의 통일을 이룩한 국가는 고려였다. 더욱이 신라 후기에는 성주와 지방군주들이 할거하는 지방호족 세력이 강력하게 작용하여 중앙통제 기능이 마비된 시기였다. 이런 지방 호족들은 저마다 자신의 힘을 바탕으로 새로운 국가로 성장할 가능성이 높았고, 일부 지역은 새로운 국가의 이상을 내걸고 중앙정부에 대항하였다. 고려는 이러한 세력들을 완전히 중앙정부에 소속시켜 민족 통합을 이룩했다. 또한 고려는 발해 멸망 이후 발해의 유민들을 받아들이면서 한민족을 단일한 국호 아래 하나의 국가로

▲ 개성의 고려 역사박물관에 전시된 고려 황궁 모형도. 정문의 문이 조선의 삼문과 다른 오문형식의 정문을 볼 수 있다.

만들어냈다.

고려는 신라의 통일과는 달리 처음부터 자주민족 국가를 지향하였다. 신라는 문무왕이 당나라로부터 계림도독이라는 치욕의 멍에를 가지고 삼국을 통일하였지만, 고려는 제도와 용어를 제후의 격식이 아닌 천자국에 걸맞게 만들어 나갔다. 이는 개성에 고려 궁궐을 지으면서 제후의 격을 나타내는 '삼문'이 아닌 '오문' 형식을 만들었던 것에서도 잘 나타나있다.

고려는 이름 역시 고구려의 맥을 이어 받아 이름을 고려로 정하고 지속적인 북방정책을 발전시켜 나갔다. 요나라와 금나라에 맞서 때로는 전쟁을 불사하고 때로는 타협을 시도하면서 한반도의 영역을 압록강과 두만강 너머로 경계 지으려는 노력을 지속하였다. 비록 몽고의 침입으로 몽고의 부마국을 자처한 적이 있으나 압록강과 두만강 아래로 한반도의 영역을 확대하면서 한반도를 굳건히 지켜나갔다.

따라서 한반도 최초의 통일국가는 고려로 귀결된다. 고려의 통일국가의 힘은 왕건이 개성을 중심으로 한 해양세력으로 임진강과 연결된 서해를 장악한 강력한 해상력을 기반으로 하고 있다. 또한 태봉의 궁예가 이룩한 철원 지역의 풍부한 물류와 함께 내륙 통행의 길목을 확고히 잡은 힘에 기인하고 있다. 한반도 중심지역을 장악한 왕건의 힘은 한반도 최초의 통일국가 고려를 건국하게 만들었다.

지방호족 세력의 난립

호족세력이라 함은 신라 말에 나타나 고려 초까지 잔존하던 지방의 세력을 말한다. 신라 말에 귀족세력 내부의 정쟁이 나타나고 유민들이 발생하면서 중앙정부의 통제력이 약화되어 지방에서 점차 독자적인 세력화를 시작한 지방 귀족이 발호하게 된다. 이들은 점차 자기의 세력을 키우면서 중앙정부를 배척하고 스스로 성장하여 천년왕국 신라를 붕괴시키는 촉진제 역할로 작용했다. 이들은 그들의 출신성분에 따라 몇 가지로 분류된다.

첫째로 진골이나 육두품 등 중앙의 귀족들이 정권다툼에서 패배하여 지방으로 내려가 정착한 경우이다. 그 대표적인 예가 지금의 강릉인 명주를 중심으로 성장한 호족세력인 김순식을 들 수 있다. 둘째로는 지방의 토착세력이던 촌주들이 점차 성장하여 호족으로 발돋움한 경우이다. 이들은 신라의 지방사회에서 지방의 실질적인 지배자로 활동하면서 일정한 범주 안에서 지역민을 관할하였다. 이들이 지역세력으로 성장할 수 있었던 이유는 왕권경쟁이 치열해 지면서 중앙의 통제력이 지방에 미치지 못하면서 자연스럽게 성장한 세력이다. 셋째로 청해진의 장보고 세력이나 견훤의 아버지인 아자개의 지방군사세력, 그리고 지방의 도적을 기반으로 군사세력을 가지고 성장한 세력인 상주의 원종과 애노, 죽주(지금의 죽산)를 기반으로 성장한 기훤, 북원(지금의 원주)을 기반으로 한 양길을 들 수 있다.

이들 호족들은 스스로 성주나 장군이라 호칭하면서 지방사회를 통치하였고, 중앙정치기구를 모방한 독자적인 지배기구를 만들어갔다. 또한 이들은 독자적인 군사를 가지고 있으면서 지방의 행정을 장악하고 독자적으로 조세 등을 부과하여 경제력을 확장하기도 했다. 이들은 사상적으로는 당시 새롭게 전래되기 시작한 선종불교를 받아들이고 이를 후원하였다. 이는 선종사상이 개인주의적인 성향이 강하게 나타나는 점에 기인한다.

신라의 선종은 불립문자를 주장하며, 경전에 의하지 않고 자기 내에 존재하는 불성을 깨치고자 한 것이었다. 따라서 선종은 밖으로 부터의 인연을 끊고 깊숙한 산에 들어가 수행하는 이른바 좌선을 행한다. 이들은 절대적인 불타에 귀의하는 것이 아니라 각자가 가진 불성의 개발을 중요시 하였다. 따라서 이러한 선종불교는 중앙정부의 간섭을 배제하려 하는 지방호족들의 이해요구와 일치하게 된 것이다. 또한 민중들에게 있어서도 불법을 경전이 아닌 수행에서 얻을 수 있다는 면에서 귀족불교와 다른 민중불교로 호응을 받을 수 있었다.

왕건의 세력은 바로 개성인 송악지역에서 해상무역을 통해서 성장한 지방의 호족세력이었다. 왕건 아버지인 왕륭은 송악군의 사찬으로 있었는데 궁예가 국가를 세우자 자신의 세력이었던 송악일대를 궁예에게 받쳐 금성태수가 되었다. 이들 왕건 부자는 선종구산문 중 한 일파인 수미산문의 후원자로 일대 지역 호족들을 장악하고 있었다.

특히 왕건 집안은 선박 제조업에서 탁월한 능력을 보였다고 한다. 고려사에 따르면 "왕건이 만든 선박은 그 크기가 매우 커서 갑판위에서도 말이 달릴 정도"라고 전하고 있다. 이는 왕건 가문이 당시 얼마나 발달한 선박 제조업을 가지고 있었나를 반증하여 보여준다. 실제로 한 연구에 따르면 당시 왕건이 만든 배는 15세기 미대륙을 발견한 콜롬버스의 산타마리아호와 비슷하다고 전하고 있는데, 이를 보면 왕건 가문의 해상장악능력이 당대 최고 수

준이었음을 알 수 있다.

왕건! 궁예의 부장이 되다

왕건이 궁예와 처음으로 만난 것은 그가 20세이던 896년이다. 궁예가 왕을 칭하며 한수 이북지역에서 세력을 넓히자 송악지역의 세력가이던 왕건의 아버지인 왕륭이 자진해서 궁예를 찾아가 그의 밑으로 귀부하였다. 이에 궁예는 왕륭을 금성태수로 삼았고, 왕륭이 궁예에게 "대왕이 만약 조선, 숙신, 변한 지역에서 왕 노릇을 하려면 먼저 송악에 성을 쌓고 나의 맏아들을 그 성주로 삼는 것이 가장 좋습니다"라는 제안을 한다. 이 제안을 받아들인 궁예는 송악에 성을 쌓도록 하고 왕건을 송악 성주로 삼게된다. 이후 궁예는 898년에 송악으로 도읍을 정하게 된다.

당시 왕륭 부자는 궁예에게 자신의 세력을 모두 내주고 자신들의 근거지로 불러들였다. 자신의 본거지를 궁예에게 내어주고 자신들은 궁예의 부하로 들어가 세력을 확보한다는 것은 당시로는 굉장히 큰 모험이었을 것이다. 그러나 모든 것을 걸었던 모험은 이후 모든 것을 차지하는 큰 성공으로 되돌아왔다.

이같이 왕건이 성공을 이룬 배경에 대해서는 그의 군사적 능력, 해상장악력 등과 함께 그의 인물됨에서 찾고 있다. 그의 인물됨을 보면 곧은 성품과 함께 덕을 쌓아 민심을 장악하였다고 한다. 또한 자제력이 뛰어나서 자신의 감정을 억제하면서 사람들의 인심을 얻는데 많은 관심을 기울였다. 그러나 그는 의외로 우유부단함도 함께 가지고 있었던 것 같다. 고려사에 따르면 왕건은 궁예를 내쫓는 쿠데타를 펼치기 직전에 "신하로서 임금을 치는 것

을 혁명이라 하는데, 나의
부덕함으로 어떻게 탕왕이
나 무왕의 일을 본받겠는
가. 후세 사람들이 이를 구
실로 삼지 않을까"라며 머
뭇거렸다. 그러나 부인인
유씨가 갑옷을 가지고 나와

▲ 개성에 있는 왕건왕릉. [통일뉴스 자료사진]

손수 입혀서 쿠데타를 독촉하였다고 한다. 즉 그는 민심을, 자신의 세력과 함께 민심을 쫓는 선택을 항상 염두에 둔 것이다. 이는 흡사 유비가 세력을 얻고 촉나라를 세우는 과정과 매우 유사한 측면을 많이 가지고 있다.

유비와 비교했을 때 왕건 부자가 송악을 내준 건 유비가 여포에게 서주를 내준 것과 비슷하며 궁예의 밑에서 민심을 얻는 과정이 유비가 서주를 내주면서 민심을 얻고 조조의 휘하로 들어가면서 민심을 얻어가는 과정과 비슷하다고 볼 수 있다. 따라서 왕륭 부자는 당시 민심을 얻을 수 있고 자신의 세력을 최대한 보호하는 과정으로 송악을 궁예에게 내어주고 후일을 기약한 것 같다.

왕건은 궁예의 휘하로 들어가 각종 전투에서 눈부신 성과를 올리기 시작한다. 900년 고아주, 충주, 청주의 3주와 당성, 괴양 등의 군현을 쳐서 이를 평정하고 그 공으로 아찬에 제수된다. 903년에는 수군을 이끌고 서해로부터 금성군을 공격하여 10여 군, 현을 빼앗는다. 이후 금성을 고쳐 나주라 일컫고 군사를 나누어 지키게 하니 견훤의 발목을 잡아 견제하는데 성공한다. 뒤이어 양주가 위급해지자 궁예의 명으로 양주를 구원하고 궁예에게 변방을 안정시키고 경계를 개척할 계획을 말하여 궁예의 신임을 얻어 알찬으로 승진하게 된다.

906년에는 왕건이 군사 3천을 이끌고 상주 부근에서 견훤과 싸워 수차례나 승리하게 된다. 이에 궁예의 영토는 점점 넓어져 삼한의 반 이상을 차지하게 된다. 909년 왕건은 궁예가 날로 포악해지자 외방으로 나가기를 고하게 된다. 당시 궁예는 나주가 견훤의 공격으로 항시 근심거리였기에 왕건으로 하여 견훤세력을 진압하게 하고 벼슬을 한찬 해군대장군으로 격상하였다. 당시 왕건은 나주로 내려가 병사를 위무하고 은혜를 베푸는 민심안정화 대책으로 민심을 잡고 자신의 이름을 근방에 알리게 된다.

나주의 성공으로 913년 궁예는 왕건을 다시 파진찬 겸 시중으로 삼아 자신의 주변으로 불러들인다. 이로 인해 왕건의 지위는 백관 중 가장 높게 되었다. 그러나 수군 장수가 견훤을 공략하는 데 어려움을 겪자 다시 왕건을 해군장수로 삼게 된다. 이로 인해 왕건은 다시 궁예에게서 벗어나 새로이 자신의 세력을 다잡는 기회로 삼게 된다.

성공한 쿠데타! 고려의 건국

궁예는 세력이 확대되자 중앙집권화에 박차를 가하기 시작하였다. 새로운 도읍인 철원에 궁궐을 크게 짓고 세금제도를 과하게 징수하기 시작했다. 당시 세금은 대부분이 토지 소유자에게 부과한 것으로 이것은 토지제도의 변화를 통해 호족의 경제적 성장을 억압하려는 것이었다. 그러나 호족들에게 가장 강한 반발력을 가져온 것은 군사제도였다. 당시 호족들은 사병을 거느리고 있으면서 전쟁시 자신의 사병을 거느리고 전투를 행하며 자신의 세력을 형성하였다. 그러나 궁예는 이런 사병을 순군부 아래로 귀속시켜 호족들의 사병을 없애도록 한 것이었다. 이 일로 호족과 궁예와의 사이는 갈수록 벌어지게 된다.

이런 호족과의 갈등이 궁예에게 호족을 제어할 강력한 왕권을 요구하였고 궁예는 자신의 왕권을 이용해 반대자들에게 강압적인 정치를 하게 한다. 이러한 강압적인 정치는 호족들이 역모로 몰려 죽음에 이르게 하였고, 호족들은 궁예에 대한 불안감이 계속적으로 증가하게 되었다.

918년 6월 왕건의 부장인 홍유, 배현경, 복지겸, 신숭겸이 왕건을 찾아온다. 이들은 왕건에게 왕으로 추대할 것임을 말하였다. 왕건은 처음에는 거절하였으나 이 모의를 엿듣던 유씨 부인이 직접 갑옷을 가지고 나와 왕건에게 입히고 사람을 시켜 "왕공이 이미 의기를 들었다"고 소리치게 하여 쿠데타를 하도록 지원하였다. 이를 들은 사람들이 왕건을 따라 거리로 뛰쳐나오고 함께 소리를 지르기 시작했다.

이 소리를 들은 궁예는 "왕공이 이미 차지하였으니 나의 일은 다 끝났다"고 말하고 궁궐을 버려 왕건은 순조롭게 쿠데타를 성공하게 된다.

그러나 왕건의 쿠데타 성공이 쉽게 된 것만은 아니었다. 왕건의 쿠데타에 반발한 세력들이 하나 둘씩 늘어나게 된다. 쿠데타 4일 만에 마군장군 환선길이 최초로 반란을 일으키게 된다. 환선길은 쿠데타 모의에 함께 하였으나 자신이 왕이 되고자 왕건의 침실까지 들어왔으나 왕건이 태연해 하자 복병이 있는 줄 알고 도망쳐

▲ 왕건이 궁예를 내쫓고 왕위에 오른 철원의 궁예도성. DMZ 안에 궁예도성은 갇혀있다.

동생과 함께 역모로 몰리어 죽게 된다.

이후 청주인들이 역모를 도모하게 된다. 청주 출신인 임춘길, 배총규, 강길아차, 경종 등이 반역을 도모하고 청주에서 반란을 일으킬 계획을 세웠으나 복지겸에게 사전에 발각되어 실패하게 된다. 또한 웅주(지금의 공주)의 성주인 이흔암은 궁예가 왕건에 의해 실각되었다는 소식을 듣고 웅주 성주직을 버리고 철원으로 상경한다. 이로 인해 웅주가 비게 되어 견훤의 손에 넘어가게 된다. 이흔암의 상경으로 웅주가 견훤에게 들어가게 되자 웅주 주변의 홍성, 서산 일대의 성주들이 대거 견훤에게 투항하게 된다. 이외에도 강원도 명주(지금의 강릉)의 김순식, 명지성(지금의 포천)의 성달, 문소(지금의 경북 의성)의 홍술 등이 왕건의 휘하로 들어가는 것을 거부하였다. 이로 인해 궁예 시절 삼한의 반 이상을 차지했던 태봉은 왕건의 쿠데타로 한동안 고전을 면치 못하게 된다.

918년 궁예를 내쫓고 새로운 나라를 건립한 왕건은 궁예를 따르던 무리들에 대해서는 가차없이 민심이반의 책임을 물었다. 한편 민심 안정을 위하여 궁예와는 달리 관용을 보이려는 정치를 실시하였다. 조세와 부역을 3년씩 면제해주고, 매매노비를 모두 양인으로 풀어주고, 도둑에 대해서는 회유를 통해 살길을 열어주었다.

궁예와는 반대로 관제에 있어서는 거의 대부분 신라의 관제로 환원시켜 신라 왕족과 벼슬아치들의 환심을 사려는 노력도 기울였다. 그리고 919년 왕건은 다시 천도를 감행하여 궁성을 철원에서 송악으로 이전하였다. 도읍을 옮긴 왕건은 도성에 절을 짓고 평양에 성을 쌓아 서경으로 삼으면서 전쟁보다는 내실을 기하는 일을 실시하였다. 이런 고려의 정책들은 삼국 사이에 잠시나마 평화의 기운을 드려주었다. 견훤 역시 왕건이 나라를 세우자 축하사절을 보내 우호의 뜻을 밝혔다.

백제는 잠시 평화가 감도는 가운데 신라와의 전쟁을 다시 일으키게 된다. 920년 견훤은 군사를 이끌고 직접 신라의 대야성을 함락시키고 옛 가야 땅 대부분을 차지하게 된다. 이에 신라는 왕건에게 구원을 요청하고 왕건이 신라와 백제 사이의 전쟁에 참여하자 견훤 또한 군사를 물러 화해의 모양을 취하게 된다.

그러나 이 문제로 인해 건국 이후 1, 2년 간의 평화는 깨지게 됐다. 백제와 고려 간의 신라에 대한 정책적 차이가 나타난 것이다. 고려는 신라를 평화적인 방법으로 스스로 무너져 고려에 귀의하도록 하는 전략이었으나, 백제는 무력으로 신라를 무너뜨리려는 계략이었다. 따라서 이 차이는 고려와 백제가 다시 전쟁을 할 수밖에 없는 이유가 된 것이다.

925년에는 왕건이 먼저 전쟁을 시도하게 된다. 견훤이 북진한다는 정보를 입수하고 유금필로 하여금 연기군 일대를 쳐서 빼앗고 그 여세를 몰아 임존성까지 탈환하였다. 임존성을 빼앗은 왕건은 계속 남으로 내려가지만 백제군의 저항으로 더 이상 진출하지 못하고 백제와 화의를 맺는 선에서 전쟁을 끝내게 된다. 이 임존성 전투는 고려와 백제의 힘의 우위가 어디에 있는가를 보여준 전투로 임존성을 잃은 백제는 점차 고려에 비해 열등하게 된다.

그러나 당시 백제의 전투력은 한 번의 전쟁으로 힘이 기우는 그런 군대는 아니었다. 927년 견훤은 대군을 이끌고 신라의 고도인 서라벌로 진격하였다. 왕건은 매우 초조할 수밖에 없었다. 그동안 신라에 대한 우호정책으로 다 쓰러진 신라가 곧 고려로 귀부해 올 것이었기 때문이었다. 견훤은 서라벌을 정복한 뒤 경애왕을 죽이고 문성왕의 후손인 김부에게 왕위를 물려준다. 이로 인해 백제는 신라에 대한 우위를 점유하는 것으로 보였다. 그러나 견훤은 서라벌을 점령한 뒤 신라의 귀족과 왕족을 모욕하고 백성들을 죽이는 보복으로 인해 신라인들이 견훤에 대한 적의를 가지게 하는 계기를 주었다.

왕건은 신라가 견훤에게 점령당했다는 소식을 듣고 곧바로 대구 팔공산으로 내려가 백제군과 전투를 벌이게 된다. 그러나 이 전투에서 왕건은 자신을 왕위에 올린 일등공신인 신숭겸을 잃고 백제군에게 대패하여 밀리고 만다. 이 전쟁으로 백제는 다시 자신감을 찾게된다. 승세를 몰아 견훤은 나주 일대를 평정하면서 고려

의 대 신라 통로를 끊었다. 이어 충청도의 괴산과 옥천지방을 탈
환하고, 경상도 내륙의 의성 지방까지 진출하게 된다. 이로 인해
고려와 신라와의 교통로는 전부 막히게 된다.

그러나 견훤의 몰락은 내부에서 일어났다. 견훤은 첫 번째 부
인과의 사이에서 세 명의 아들을 두었으며, 백제를 건국한 이후
처첩을 통해서 열 명의 아들을 두게 된다. 이중 4남인 금강은 용
력이 뛰어나고 지혜가 출중해 후임으로 견훤이 정하려고 하였다.
그러나 이를 눈치 챈 첫째 아들 신검이 935년 반란을 일으킨 것
이다. 이로 인해 견훤은 왕위에서 내몰려 금산사에 위폐되고 백제
의 왕권은 큰 아들인 신검에게 넘어가게 된다. 아들에 의한 친위
쿠데타가 성공한 것이다.

신라는 이 시기 이미 국가로서 존립할 수 있는 근거조차 잃고
있었다. 세금은 거두지 못하였고 귀족은 왕의 말을 듣지도 않았
다. 이에 경순왕은 대신들과 함께 고려에 귀의할 뜻을 비치게 된
다. 의견이 분분한 가운데 왕자인 마의태자가 반대하였지만 이미
기울어진 운명은 어쩔 수 없었다. 경순왕은 935년 왕건에게 사신
을 통해 귀순을 요청하고 신라를 왕건에게 바치면서 992년의 신
라는 역사의 뒤안길로 사라지게 된다.

금산사로 위폐된 견훤은 몰래 탈출에 성공하여 왕건에게 귀순
하게 된다. 견훤의 귀순을 맞이한 왕건은 견훤을 상부로 부르며
견훤을 위로했다. 이로써 백제는 자체적인 혼란 속에서 국력이 급
속히 약화되기 시작했다. 견훤은 936년 직접 왕건에게 백제를 공
격할 것을 건의하고, 왕건이 이 건의를 받아들이면서 백제와의 전
쟁을 시작하게 된다. 처음 일선(지금의 경북 선산)에서 시작한 전투는

고려의 대승으로 그 전선이 점차 완산주까지 백제를 좁혀나가기 시작한다. 완산주를 점령한 고려군은 황산(지금의 논산)까지 진격해 오자 신검은 자진해서 항복하기에 이른다. 이로써 후백제 역시 44년 만에 고려에 무너지게 된다.

중앙집권제의 실시, 통일을 이루다

왕건은 후백제의 항복으로 삼한통일을 이뤄냈으나 전국적으로 중앙통제권이 미치는 것은 아니었다. 지방에는 여전히 반독립적인 호족들이 자신들의 세력을 뽐내고 있었다. 따라서 새로운 통일국가인 고려의 왕건에게는 지방 호족을 자기 기반 안에 흡수하는 것이 급선무였다. 통일국가 초기의 혼란기를 수습하기 위해서는 이들 호족의 도움은 절대적인 것이었다. 이를 위해 왕건은 지방의 유력한 호족과 혼인을 통해 인연을 맺기 시작한다. 이러한 혼인정책으로 왕건은 지방 호족 세력의 딸들과 결혼하여 수 십명의 왕비를 두게 된다. 또한 호족들에게 왕 씨 성을 내려 왕건과 같은 가문으로 묶어두는 정책도 겸행하였다.

호족과의 유화정책과 함께 호족세력을 통제하는 정책도 함께 진행하였다. 우선 태봉의 관제를 답습하여 여러 정치기구를 설치하고 호족을 중앙관리로 등용하여 관료의 지위로 전환시켰다. 또한 전국에 아직 지방관이 파견되지 않아 중앙통제력이 미치지 못하였으므로 지방호족들에게 자치권을 부여하고 그 자제들을 송악으로 불러들이는 기인정책을 실시하였다. 또한 개국공신이나 고관들에게 자기 지역의 부호장 이하의 임명권을 주어 지방을 다스리는 사심관제도로 지방을 통제하였다.

▲ 한강하구 수역. 강화도 북쪽 수역으로 강화도 넘어 예성강 하구이다. 한강, 임진강, 예
성강이 강화 북부에서 만난다.

그리고 왕건은 그의 만년에 신하로서 지켜야할 규범으로 '정
계' 1권과 '계백료서' 8편을 만들어 알린 것 역시 왕권의 안정도
모를 위한 왕건의 처세였다. 이 두 책은 중앙관료와 지방호족들에
게 군주에 대한 신하의 도리를 일깨워 중앙집권화의 정신적 기반
으로 삼으려 한 것이었다. 이와 함께 그의 자손들에게 '훈요십조'
를 만들어 군주로서 지켜야 할 도리를 깨우치게 하였다.

이로써 고려는 918년 건국 이래 18년만인 936년에 삼한을 통
일하고 지방 호족을 다스리게 됨으로서 한반도 최초의 통일국가
를 완성하게 된다. 왕건의 삼한통일의 힘은 그가 바로 임진강과
예성강을 기반으로 한 강력한 해군력을 가지고 있었다는 것이었
다. 또한 철원을 중심으로 한 기병 및 강력한 보병 역시 왕건을 군
사적으로 뛰어난 무장으로 만들었다.

왕건의 통일이 신라의 통일과 다른 점은 신라가 사대 외교로 통일을 이룩하고 제후국가로 스스로를 낮추게 되지만, 고려는 스스로 '천수'라는 연호를 사용하여 중국과는 다른 황제임을 천명하였다. 이외에 황실의식에서도 왕건은 황제에 걸 맞는 용어를 사용하였다. 왕이 자신을 부를 때 '짐'이라는 표현을 썼고, 신하들이 임금을 부를 때는 '폐하'라 하였다. 물론 왕비는 '황후'로 올렸고, 아들 역시 '세자' 대신 '태자'로 올려 자주적인 국가임을 알렸다.

또한 신라는 스스로 자신들의 영역을 대동강 이남으로 줄였으나 고려는 건국 이후 버려졌던 평양을 '서경'으로 올리고 백제와의 싸움과 함께 북으로의 진출 기회를 만들었다. 이곳 평양에 대규모로 인구를 이동시켜 활성화하고 발해의 몰락으로 들어온 유민들에게 서북지방을 개척하도록 하였다. 이러한 그의 노력으로 고려의 실제적인 영향력은 압록강 이남까지 미치게 되었다.

로마 건국 이후 모든 도로는 로마로 통하게 하였듯이, 고려 역시 모든 도로를 개성으로 통하게 만들었다. 개성은 임진강과 예성강의 수운을 이용하여 활발한 해상활동을 할 수 있었다. 또한 강화도는 예성강과 임진강 하류를 지키고 있기에 개성의 외곽 방어에도 유용하였다. 육로 역시 개성과 평양을 통하는 길을 만들고 북진을 위한 교두보로 평양을 발전시켰다. 북위 37°에 위치한 개성은 한반도의 중심으로 신라의 경주나 백제의 공주, 부여에 비해 한쪽으로 치우침 없이 반도의 중심에서 한반도를 지배할 수 있는 위치에 서게 된 것이다.

이로써 고려는 철원에서 탄생하여 개성으로 도읍을 정한 뒤 삼국통일과 함께 자주적 국가로 중국에 대항하는 한반도 최초의 통일국가로 탄생한 것이다.

3) 이성계 - 최영의 목을 베다

이성계는 1335년 함경도 영흥지역에서 태어났다. 당시 이성계의 아버지인 이자춘은 고려 공민왕 시절 원나라의 쌍성총관부를 공격하여 고려의 영토로 탈환하는데 결정적인 공헌을 하였던 무장출신이었다. 이런 가문에서 태어난 이성계는 어려서부터 무예에 뛰어났다고 전해진다. 당시 고려는 원나라의 몰락과 고려 공민왕의 자주정책으로 매우 혼란한 시기였다. 이런 혼란을 틈타 이성계는 각종 전투에서 왜구를 섬멸하고 홍건족을 물리쳐 공을 세우면서 무장으로 주가를 올렸다.

고려 말의 혼란상황은 이성계를 변방의 무명 장수에서 일약 고려 제일의 무장으로 만들었다. 계속되는 승전으로 이성계는 백성들의 신망을 얻었고 벼슬도 올라갔다. 이런 젊은 무장 이성계에게 당시 젊은 유학자들이 몰려들었다. 젊은 유학자들은 고려의 변화를 요구하였고, 그 변화는 불교중심의 고려에서 유학중심의 새로운 국가의 탄생을 예고하였다.

이성계에게 1388년 위화도 회군은 구세력을 몰락시키고 새로운 세력이 탄생하는 결정적인 계기를 가지고 왔다. 위화도 회군으로 구세력의 상징인 최영을 몰락시키고 권력을 장악한 이성계는 우왕을 폐위시키고 창왕을 옹립하였다. 이로써 이성계는 군사와 정치에 있어서 최고 실권자로 자리매김하였다.

이듬해 자신이 내세운 창왕을 내쫓은 이성계는 공양왕을 내세워 허수아비 권력을 만든 후 전제개혁을 통해 구세력의 경제적 기반을 박탈하였다. 새로운 정치세력의 중심에 선 이성계는 정치, 군사, 경제적 기반을 다진 후 허수아비 권력인 공양왕을 폐위시키고 새 왕조를 건립하여 이름을 '조선'으로 명명하였다. 이로써 그는 500년 고려를 몰락시키고 새로운 왕조를 건립한 것이다.

그의 조선 건립에 있어서 가장 중요한 사건은 위화도 회군이었다. 구세력의 중심인 최영과의 경쟁은 새로운 세력인 이성계에게 꼭 넘어야 할 산이었다. 평양에서 자신을 지휘하던 최영의 명을 거역하고 단행한 위화도 회군은 이성계가 사느냐 최영이 사느냐 매우 중요한 사건이었다. 회군 이후 최영과 이성계의 목적은 개성의 탈환이었다. 한반도의 중심인 개성을 누가 먼저 탈환하는가는 향후 운명이 누구의 손에 의해 결정되는가 하는 문제였기 때문이

▲ 이성계가 출사를 위해 동북면에서 개성으로 나오는 길이었고, 왕위를 물려준 뒤 동북면의로 가는 길도 이곳 경원선 길이었다.

다. 이 개성 탈환에서 앞선 이성계는 최영을 목 베었고 한반도의 새로운 주인으로 등극한 것이다.

신흥 무인세력 이성계의 등장

이성계의 등장은 원나라 말기 등장한 홍건족의 출현이 계기가 되었다. 홍건적은 원나라 말기에 등장한 한족 반란군의 하나로 그 세력이 커지면서 허난성과 산서성 등지로 세력을 확장하면서 국호를 송이라 하였다. 그중 일부가 만주 등지로 세력을 확장하면서 요동을 정벌하고 원나라에 쫓기게 되자 고려를 침범하게 된다. 공민왕 9년인 1359년 홍건적은 고려에 대해서 1차 침입을 하게 된다.

1차 침입 당시 고려는 당시 철주와 서경(지금의 평양)이 함락되는 등 어려움을 겪었지만 곧바로 홍건족을 압록강 이북으로 몰아내게 된다. 그러나 2차 침입 당시에는 개성이 함락되어 공민왕이 경기도 광주를 거쳐 안동까지 피난을 가는 등 극심한 어려움을 겪게 된다. 개성을 점령한 홍건족은 개성을 거점으로 주변 군현에 유격대를 파견하여 각종 노략질을 일삼으며 마을을 유린하였다. 그러나 이들은 오랜 전투와 추위로 인해 매우 지친 상태에 빠져들고 있었다.

이에 고려군은 복주(지금의 안동)에서 공민왕을 중심으로 정세운을 총병관으로 삼아 개성을 탈환하기 위한 계획을 짜게 된다. 당시 정세운은 전국 각지에 흩어져 있던 군사 20만 명을 불러 모아 개성을 포위하였다. 이 때 이성계 역시 군사 2천과 함께 전투에 참가하게 된다.

이 전투에서 고려군은 홍건족 10만 명을 죽이고 나머지는 개성에서 내쫓는 대승을 거두게 된다. 여기서 이성계는 적장 두 명을 베면서 고려의 신흥 무장으로 일약 발돋움하게 된다. 물론 이성계의 개성 탈환 전투에서의 공과가 과장된 면이 있다. 하지만 그가 고려 중앙정계에 처음으로 이름을 알리게 된 계기가 된 점에서 홍건족의 침입은 함경도 지방의 일개 무인에서 중앙정계의 무인으로 그 변화를 가져다 준 계기가 된 사건임은 틀림없는 사실이다.

홍건적의 난으로 인해 그 피해 복구가 안되고 있던 1363년 홍건적 난에 함께 참여했지만 아무런 공적을 세우지 못했던 김용이 총병관 정세운의 갑작스런 비명횡사에 난을 일으키게 된다. 이 난으로 개성으로 환국하던 공민왕은 가까스로 목숨을 건지고 이 난을 평정한 최영과 오인택 등이 정국을 장악하는 계기가 되었다. 그리고 이때 개성 수복에 공을 세운 이성계 역시 중앙에 부각되기 시작한다.

1364년에는 최유가 원나라에 있던 덕흥군을 왕으로 옹립시키기 위해 원나라에서 들어와 의주를 점령하고 평안도로 들어오게 된다. 이 사건에서 이성계는 최영을 도와 최유를 압록강 밖으로 몰아내는 공을 연달아 세우게 된다.

이무렵 여진족 역시 고려의 동북면을 침범하여 한때 함주(지금의 함흥)까지 함락시키는 등 고려의 국경은 매우 혼란스러웠다. 이에 이 지역 출신인 이성계가 여진족을 무찔러 동북면의 평온을 찾게 하고 밀직부사의 벼슬과 함께 단성양절익대공신이라는 호를 하사받게 된다. 이성계는 동북면 원수지문하성사와 화령부윤 등의 벼슬을 역임하게 된다.

이후 이성계는 가히 눈부실 정도로 뛰어난 활약을 펼치게 된다. 우왕 3년인 1377년 왜구를 경상도와 지리산 일대에서 대파하고, 1380년에는 양광도(지금의 경기도)와 전라도, 경상도 도순찰사가 되어 아기바투가 지휘하던 왜구를 운봉에서 섬멸한다. 1382년 다시 여진족이 동북면으로 들어오자 이성계는 동북면 지휘사가 되어 이듬해 이지란 등과 함께 출전하여 호바투의 여진족 군대를 궤멸시킨다. 1384년에는 동북면 도원수문하찬성사가 되었고, 이듬해 함주에 들어온 왜구를 대파한다.

젊은 유학자가 꿈꾸는 이상사회

고려 후기에 들어오면서 고려 내부에서는 권력의 교체를 꿈꾸는 새로운 세력이 등장하게 된다. 이른바 신흥사대부로 불리는 사람들이 그들이다. 이들 신흥사대부의 출현은 최씨 무인정권 시기에 조금씩 형성되기 시작했다. 신흥사대부는 당시 지배세력이었던 권문세가의 정치권력에 대한 독점과 농장의 확대에 따른 정치, 경제, 사회적 혼란을 시정하기 위한 개혁정치를 주장하였다.

그들의 등장은 최씨 무인정권이 점차 안정화됨에 따라 최씨 정권이 자신들의 권력을 유지하기 위한 수단으로 학문적 교양이 높고 행정실무에 밝은 문인들을 기용하면서 점차 중앙요직에 들어가기 시작한 것이다. 이들은 유교적 지식이 부족한 무신정권에 대하여 학문과 행정 능력을 보충하여 주는 대신에 경제적, 정치적 기반이 작은 자신들이 중앙에 진출하는 가교 역할을 무신정권에 기대면서 서로 상생의 효과를 발휘하면서 정계진출을 시작한 것이다.

이들 신흥사대부는 권문세가와 달리 그 가문이 낮은 지방의 향리층 출신이 많았다. 고려의 향리층들은 고려후기 사회, 경제적 변동 속에서 중소지주로 성장하였고 그 자제들은 과거를 통해 중앙관리로 진출하게 된 것이다. 이러한 까닭에 이들 신흥사대부들은 당시 정치, 경제적 권력을 장악한 권문세가와는 필연적으로 대결적 구도로 갈 수 밖에 없었다. 더구나 최씨 정권이 무너지고 개성으로 돌아간 이후에 권문세족들은 원나라와 결탁하여 다시 자신들의 권력을 강화하였다. 이에 반해 신진사대부들은 자신들의 사상적 기반인 성리학에 입각한 중화 정통주의를 주장하면서 원나라에 대한 적대적 의식을 가지고 있었다.

그러던 와중에 이들이 다시 세력을 넓힐 수 있는 기회를 잡은 것이 공민왕의 개혁정책이었다. 이때 신진사대부들은 수적으로 많이 성장하였고, 또한 대륙에서 한족인 명나라가 일어나 원나라의 세력이 쇠퇴하여 공민왕이 이들 사대부를 기반으로 한 개혁이

▲ 살곶이 다리는 이성계가 이방원에게 왕위를 인정한 장소이다. 또한 서울에서 함흥으로 가는 시작이 되는 길이다.

가능한 조건이 형성되었다. 이런 공민왕 개혁의 첫째는 원나라 세력을 축출하고 권문세가들을 억압하는 것이 기본이었다. 따라서 신진사대부의 이해득실과 정확히 맞아 떨어졌다.

그러나 공민왕의 개혁정책은 아직까지 권세를 가지고 있던 권문세가의 즉각적인 반발을 가져오게 된다. 권문세가는 공민왕의 반원정책과 혁신정치로 자신들의 기반이 무너지는 것을 두려워한 나머지 보수적인 정책을 실시하며 급기야 공민왕을 암살하기에 이른다. 이어 등장한 이인임 세력은 신흥사대부와 권문세가의 중간에 서있던 중립파로 원나라와 명나라에 걸치는 양면정책을 추구하였다. 이때 명나라는 고려가 원나라와 국교를 회복한 것에 불만을 품고 일방적으로 무리한 공물 요구와 함께 철령위 설치를 강행하였다.

당시 최영과 우왕 등은 명나라의 이러한 조치에 강하게 반발하였으나 신진사대부와 신흥 무인 세력이었던 이성계 일파는 최영의 명나라에 대한 반발에 반대하게 된다. 여기서 신진사대부와 신흥 무인세력간의 가교 역할을 한 사람이 바로 정도전이다.

정도전은 이인임 일파의 원나라에 대한 사대 정책으로 권문세가들과 맞서다가 전라도 땅으로 유배되어 지방에서 후학을 가르치는 일에 몰두하게 된다. 이후 정도전은 유배 생활을 끝내고 1383년 동북면 지휘사로 있던 이성계를 찾아 함주 막사로 가서 그와 친교를 맺기 시작하면서 다시 중앙 정계에 등장하기 시작한다. 정도전은 성균관 시절 동문이었던 정몽주 등과 함께 이성계로 대변되는 신흥 무인세력의 정치 사상적 기반을 제공하고, 우왕과 최영의 요동정벌에 반대하여 위화도 회군을 일으키는 데에 주도적인 역할을 하게 된다. 이를 통해 권력을 장악한 후 이들 사대부는 지배사상을 불교에서 성리학으로 바꾸고 농업기술을 발달시키면서 새로운 한족 정통국가인 명나라를 받드는 국가로 변화를 꾀한 것이었다.

위화도 회군! 최영 목을 베다

조선의 건국에 있어서 결정적인 역할을 한 사건은 이성계의 위화도 회군이다. 위화도 회군은 구세력을 대표하는 최영과 신세력을 대표하는 이성계간의 명운을 건 싸움이었다. 이는 신세력의 사상적 기반인 성리학과 그 대의명분인 대명사대주의 대 고토회복과 함께 고려의 자주성을 회복하고자 하는 최영의 명분론과의 싸움이기도 하였다.

고려는 이인임의 양면외교를 통해 어느 정도 양대국 사이에서 자신의 자주성을 지켜나가려는 몸부림을 치고 있었다. 이와 함께 공민왕 시기부터 시작한 개혁을 완성시키기 위한 작업도 함께 수행하여야 했다. 그러나 이인임은 이러한 시대적 요구를 거부하였고 점차 대원 중심적인 사고와 함께 자신의 세력 확대에만 몰두하게 된다. 이에 최영과 이성계는 1388년 이인임 일파를 정계에서 축출하는데 성공했다. 이로써 고려 정국의 주도권은 최영의 손아귀에 들어갔다.

이무렵 명나라는 고려의 철령 이북땅을 자신들의 요동부에 귀속시키겠다는 통보를 해옴으로 인해 고려와 명나라 간에 긴장감이 감돌기 시작한다. 마침내 명나라가 요동부에 관리를 보내 철령위를 설치하고 그 지역을 명나라의 영토로 편입시키자 최영은 우왕에게 청하여 요동정벌을 실시하게 된다. 이 요동정벌에 최고 책임자는 당연히 최영이었다. 그러나 군대의 실질적 통수권은 이성계가 맡게 된다.

최영은 전쟁을 준비하면서 그의 딸을 우왕에게 시집보내 친정체계를 확실히 구축하고 요동정벌에 반대해온 이자송을 죽여버린다. 그리고 우왕과 함께 평양에 주둔하면서 이성계를 불러 요동정벌을 명하게 된다. 그러나 이성계는 최영에 반대하여 요동정벌의 불가함을 주장한다.

이성계가 주장한 요동정벌의 불가함은 다음과 같다.

첫째는 소국이 대국을 거역하는 것은 불가한 일이다. 둘째는 여름에 군사를 동원하는 것은 농사에 지장을 초래하니 불가한 일이다. 셋째로 원정을 틈타 왜적이 침입할 우려가 있으니 불가한 일이다. 마지막으로 장마로 인해 활에 먹인 아교가 풀릴 염려가 있고 군사들이 병에 걸릴 우려가 있으니 불가한 일이라고 최영과 우왕에 반대의 뜻을 전한다. 그러나 최영과 우왕은 이성계의 반대에도 굴하지 않자 이성계는 다시 가을에 출병하겠다고 뜻을 전하나 이 의견 역시 묵살되고 만다.

그리고 이성계는 마지못해 부장인 조민수와 함께 요동정벌을 위해 압록강을 건너게 된다. 압록강에 있는 위화도에 이르자 뜻하지 않은 일이 벌어졌다. 갑작스런 장마로 인해 위화도에 물이 넘쳐 군사들이 주둔하기 힘들게 된 것이다. 이에 이성계와 조민수는 최영에게 회군을 명해 줄 것을 부탁한다. 그러나 최영과 우왕은 그들의 요구를 묵살하고 오히려 진군을 독촉하게 된다. 장마로 인

▲ 일반 무덤과 다르게 이성계의 건원릉에는 함흥의 억새로 릉을 장식하였다.

해 더 이상의 진군이 곤란해 진 상황에서 이들은 우왕과 최영을 명을 무시하고 회군을 결정하게 된다.

회군을 결정한 이상 이성계과 조민수는 명백하게 반란을 획책한 사람이 된다. 따라서 그들에게 남은 길은 우왕과 최영보다 먼저 개성을 점령하고 우왕과 최영을 제거하는 일이었다. 개성은 한반도의 중심이었다. 또한 개성은 고려의 수도이다. 한반도의 중심을 장악하고 수도를 장악하는 것은 반란 세력에게 명분을 가져다 줄 수 있는 가장 확실한 방법이었다. 최영 역시 이를 모를리 없었다. 이성계가 회군을 결정한 것을 안 최영은 우왕과 함께 개성을 장악하기 위해 평양에서 개성으로 말을 돌려야 했다. 이제 그들에게 가장 중요한 것은 누가 먼저 도착하는가의 싸움이 되었다.

그러나 민심은 이성계에게 있었다. 이성계의 회군에 가능성 없

는 전쟁에 목숨을 잃을 것 같았던 군사들이 이성계 편을 들어줬
다. 또한 자식과 남편을 군에 보낸 민심이 이성계에게로 쏠리기
시작했다. 평양에서 개성으로 돌아오는 와중에 군심은 최영을 이
탈하여 이성계에게로 가기 시작했고 최영과 우왕이 개성에 도착
했을 때 그들을 따라온 병사들은 고작 100명이 되지 않았다.

이미 변한 민심은 최영에게 도움이 되질 못했다. 개성에 도착
해 이성계와 조민수를 처형할 것을 명했지만 대규모의 병력을 이
끌고 들어온 이성계를 잡을 수 있는 방법은 없었고 최영은 궁지에
몰리게 되었다. 비록 최영보다 늦게 개성에 도착했지만 민심은 이
성계에게 최영과 우왕을 쉽게 생포할 수 있게 하였다. 생포된 최
영은 귀향을 보내고 우왕은 허수아비 임금으로 전락했다. 이성계
는 최영을 대신해 고려의 실질적인 권력을 장악하게 되었다.

이미 위화도 회군을 할 무렵 이성계는 반란군이라는 멍에를 짊
어지고 가야 했다. 따라서 우왕은 마땅히 폐위되어야 할 인물이었
다. 권력을 차지한 이성계는 우왕을 폐위하고 창왕을 새로운 왕으
로 추대하였다. 그리고 우왕의 상징적 존재인 최영을 참수시켰다.

그러나 창왕을 즉위시키는 과정에서 이성계는 조민수와의 새로
운 싸움을 하게 된다. 우왕을 폐위시키고 누구를 차기 왕위로 올
릴 것인가 하는 문제에서 조민수는 이색의 도움을 얻어 우왕의 아
들인 창을 왕으로 세운 것이다. 이는 이성계가 주장한 '우왕이 신
돈의 아들이기에 왕으로 적당하지 못하다' 라는 그의 주장에 위배
되는 일이었다. 그러나 당시 신망이 있던 이색의 도움을 받은 조
민수는 창왕을 왕위에 올렸다. 이로써 순간 권력이 조민수와 이색
에게 몰리는 듯하였으나 이미 권력의 중심에는 이성계와 뜻을 같

이하는 정도전과 조준 등이 이성계와 함께 개혁을 단행할 준비를 하고 있었다. 조민수는 이들의 개혁에 부정적인 뜻을 보이다가 결국 이인임과 친족관계로 부정한 짓을 하였다는 이성계 일파의 탄핵으로 유배형을 받게 되고 정국은 이성계 일파가 장악하게 된다.

이색은 명나라의 도움으로 정권을 유지하기 위해 창왕에게 명나라 입조를 요구하지만 이 일이 실패로 끝나면서 낙향을 하게 된다. 이로써 이성계 일파는 완전히 자신들 만으로 정권을 온전히 획득하게 된다. 창왕을 폐위하고 정창군 왕요가 고려의 마지막 왕으로 등극하게 된다. 이로써 이성계 일파는 역성혁명을 위한 준비가 완비되게 된다.

새로운 이상사회를 위한 혁명

위화도 회군의 대외적 명분은 외적의 침입과 전쟁준비로 인해 도탄에 빠진 백성을 구한다는 것이었다. 이러한 명분을 위해서 이성계 일파는 백성들에게 보여줄 만한 새로운 일을 진행해야만 했다. 따라서 그들이 가장 먼저 단행한 일은 경제개혁이었다. 이 경제개혁은 그들에게 명분을 완성시켜주는 효과와 함께 자신들의 경제적 기반을 다져줄 두 마리 토끼를 잡을 수 있는 가장 확실한 일이었다. 경제개혁은 국가재정과 민생에 직결될 뿐만 아니라 정치를 하기 위해서 돈이 필요했기 때문이다.

이성계는 회군한 이상 어차피 친원파들을 비롯한 권문세가들을 제거해야 했다. 그러나 권문세가들은 국가 관료조직의 요소요소에 자리 잡고 있었다. 거기다 무력에 의한 진압은 가능했지만 그들에게는 토지를 비롯한 경제력이 있었다. 따라서 언제든지 이성계 일파를 재반격할 수 있는 힘이 있었다. 이성계 일파는 이런 위험을 방지하고 민심을 얻기 위해 권문세족에게 집중되어 있는 경제력, 즉 토지개혁을 단행해야 했다.

고려시대 토지를 자신의 재산으로 만드는 방법은 두 가지였다. 첫째는 토지의 소유권을 확보하는 것이었다. 토지를 매입하거나 황무지를 개간하여 힘으로 빼앗거나 하여 자신의 토지로 늘리는 것이었다. 두 번째는 토지에서 세금을 거둘 수 있는 권한, 즉 수조권을 확보하는 방법이었다. 전통적으로 국가는 모든 토지에서 수확량의 10분의 1을 세금으로 걷을 수 있는 권한이 있었다. 국가재정은 이 토지에서 거둬들인 세금으로 운영되었다. 그런데 고려시대에는 이 수조권을 관료들에게 주어 관료들이 직접 세금을 걷어 생활하도록 하였다. 이른바 전시과란 토지제도였다. '전'은 경작지이고, '시'는 산지였다. 권문세가들은 이 전시과를 통해 받은 수조권을 사유화했던 것이다.

관료제도가 정상적으로 작동하기 위해서는 이 전시과를 퇴직하면서 국가에 반환해야 하지만 권문세가들은 온갖 방법을 동원하여 수조권을 장악하여 국가에 반환하지 않았다. 따라서 국가재정은 바닥나고 이들 권문세가에게 경제적 부가 집중되는 것은 당연한 결과였다.

조준과 정도전은 이들 권문세가의 손아귀에 들어간 수조권을 장악하기 시작했다. 이들은 토지조사 사업을 실시하고 기존의 토지문서를 불태워 버렸다. 대신에 새로운 토지문서를 만들었다. 그리고 1390년 이른바 '과전법'을 실시하였다.

과전법은 개별 수조권을 국가에 귀속시킨 것이었다. 따라서 기

▲ 이성계가 낙마한 뒤 정몽주 일파가 정권을 잡았으나 이곳 선죽교에서 정몽주가 이방원에 의해 쓰러지면서 고려가 몰락한 자리이다.

존의 개인 토지가 본래의 소유자인 개인에게 존속되지만 대부분의 토지가 국고로 환수되었다. 그리고 중앙 관료에게는 과전을 주어 일부를 제외하고는 세습할 수 없도록 하였다. 이러한 과전법은 농민에 대한 배려도 포함되었다. 농민은 토지분배에서 제외되었지만 농민의 경작지에 대한 소유권은 토지를 황폐화하지 않는 한도 내에서 보장되었다. 권문세가에 의해 농민의 소유권이 빼앗긴 경작지의 경우 농민에게 다시 돌려주고 10분의 1에 해당하는 세금을 국가가 환수하도록 한 것이다.

이를 통해 이성계 일파는 자신들의 경제적 부를 확대하고 국가의 재정을 확충시킬 수 있었다. 또한 부수적으로 토지를 빼앗겨 노비로 전락한 농민들이 다시 양인으로 신분이 상승되었다. 신분이 상승한 농민들은 자연스럽게 이성계 일파를 지지하게 되었고, 이성계 일파는 자신들의 입지를 강화하는 일거양득의 이익을 올릴 수 있었다.

이런 와중에 이성계 일파 사이에 또 다른 갈등이 싹트기 시작하였다. 정도전 등을 중심으로 한 급진적 개혁파는 이성계를 중심으로 새로운 왕조를 만들기 위한 역성혁명을 주장하였고, 정몽주 등의 온건 개혁파는 고려를 중심으로 변화를 모색한 것이다. 이성계 일파의 역성혁명에 공양왕의 운명이 바람 앞에 촛불같이 흔들리는 시기에 정몽주는 한줄기 빛이었다. 공양왕은 정몽주에게 힘을 실었고 공양왕의 비호를 받은 정몽주는 이성계 일파를 제거할 시기를 엿보게 되었다. 마침 명나라에 다녀오던 세자 석을 마중 나갔던 이성계가 낙마하여 도중에 병환으로 눕게 되자 정몽주는 조준과 정도전을 유배보내고 이성계 세력을 제거하게 된다.

그러나 정국의 동향이 정몽주에게 쏠리는 것을 눈치 챈 이성계의 아들 이방원이 정몽주를 죽임으로 인해 고려의 마지막 희망의 불은 사라지게 된다. 그러나 정몽주의 머리를 효수하여 저자거리에 내걸자 토지개혁으로 인기를 얻었던 이성계 일파의 민심이 일순간에 멀어지게 되는 계기로 작용했다. 따라서 이를 잠재우기 위한 역성혁명은 더욱 빨리 진행할 수밖에 없었다.

이제 허울만 왕으로 남은 공양왕을 자리에서 내쫓는 일은 시간문제였다. 이성계는 다시 시중이 되었고 조준과 남은 등은 지방 절제사로 내려가 군대를 점검하였다. 유일하게 남은 정몽주계의 상징인 이색은 모든 재산을 빼앗기고 빈털터리가 되어 지방으로 낙향하였다. 이에 남은 등은 이성계를 임금으로 추대하기 위한 준비를 진행하였다. 공양왕은 모든 것을 포기하고 서로 해치지 않는다는 맹약을 맺자고 부탁하였고, 배극렴이 왕대비 안씨에게 폐위 교서를 받아냈다. 이로 인해 고려는 그 생을 끝내고 정도전, 조준 등이 주동이 되어 옥새를 받들고 이성계에게 즉위를 권고하게 되었다.

이들 세력은 조선의 창업 이념과 방법론을 성리학적 이념에 따라 진행하였다. 그리고 국가와 사회의 조직을 성리학에 입각하여 조직하기 시작했다. 경제적으로는 농업을 위주로 한 농본정책을

실시하였고, 외교적으로는 명나라와 사대외교를 맺고 새로운 나라 조선을 제후국으로 자처하며 명나라를 섬겼다. 고려의 지배사상이던 불교를 배척하고 유학을 중심으로 삼아 국가의 근본이념으로 만들었다. 즉 숭유억불과 중농주의, 사대교린의 통치 이념을 중심으로 한 나라를 건국한 것이다.

이성계의 길은 동북면의 지방 군벌에서 개성으로, 한반도를 동서로 횡단하면서 중앙권력에 등장하게 되었다. 이후 개성을 중심으로 남북을 오가며 왜구를 격퇴한 후 그는 다시 한반도의 동서를 횡단하여 동북면에서 자신의 세력을 확대하였고, 위화도 회군을 통해 북에서 남으로 말을 돌려 개성에서 권력을 찬탈하였다. 그의 길은 바로 한반도 DMZ를 종횡으로 자신의 세력을 확대하는 과정 속에서 창업의 혁명을 성공하게 된 것이다.

통일의 길을 지나는 철도 경원선

경원선은 용산을 출발해서 한강변을 따라 지금의 국철 구간인 왕십리를 거쳐 의정부, 동두천, 연천, 철원을 경유하여 원산까지 가는 노선이다. 그러나 전쟁과 함께 철도도 끊겨 지금은 의정부와 신탄리 까지만 운행한다. 경원선만큼 불쌍한 역사를 가지고 있는 철도가 있을까?

철도의 끝에서 우리는 철마는 달리고 싶다는 표지판과 함께 철도 종단점을 만나게 된다. 현재 경원선의 끝인 신탄리역에도 예외 없이 철도 종단점과 함께 의정부에서 출발한 기차는 여기서 멈춰 서야 한다. 신탄리역에서 내려 차를 타고 철원 대마리로 가다보면 옛날 원산으로 달리던 철길이 논밭과 개천을 사이에 두고 앞서거니 뒤서거니 하고 있다.

경원선은 이렇게 끝만 끊어진 철도가 아니다. 과거 용산에서 출발하던 기차는 지금은 국철로 바뀌어서 의정부로 달리고 있고 철도는 의정부 지역에 있는 미군부대 통제로 더 이상 나아가지 못한다.

경원선 철도를 타면 각양 각색의 사람들을 만날 수 있다. 동두천 미군부대로 가는 이어폰 낀 미군 병사들과 나물 캐러 나온 아

▲ 경원선의 최북단 연천 신탄리역. 최근 철원까지 복원사업이 진행중이다.

줌마들, 동두천 소요산을 가기 위한 등산객들 등 최근에는 동두천에서 일하는 동남아 여성들까지 다양한 세계인들을 조그만 객찬 안에서 만나게 된다.

경원선을 끼고 있는 소요산은 신라의 고승인 원효대사와 요석공주의 전설이 서려있는 곳이다. 규모가 크지는 않지만 산세가 수려하고 아름다워서 경기의 소금강(小金剛)이라고도 한다. 이곳에서 원효는 입산수도에 정진하였고 그 곁에서 요석공주는 원효대사를 지극정성으로 모셨다고 한다. 그래서일까 이곳 소요산에는 두 사람과 얽힌 지명이 많이 보인다. 요석공주가 머물렀다고 전해지는 별궁터와 원효가 수도했다는 원효대가 있다. 정상인 의상봉 옆에는 공주대가 있는데 원효가 요석공주를 위해 이름을 지었다고 한다. 사랑하는 공주를 옆에 두고 면벽수도한 원효와 그 원효를 옆에서 아무

말 없이 도운 두 사람의 사랑이 현대인의 세속적 사랑과 비교된다.

동두천의 소요산을 지나면 연천을 지나 철원과 연천의 경계인 신탄리역에 다다르며 열차는 더 이상 나가질 못하고 멈춘다. 과거 민통선이 이곳 신탄리에서 시작되었기 때문에 신탄리를 지나 철원으로 들어간다는 것은 생각지도 못했다. 다만 철원으로 들어가는 사람들은 미리 군부대에 신청하고 신탄리역에서 버스를 타고 안보관광이라는 목적으로 백마부대와 철의 삼각전적지, 전망대, 노동당사 등을 보는 것으로 만족해야 했다. 기차가 더 갈 수 있다면 철원역을 지나 평강으로 가야하지만 더 이상 가지 못한다.

차로 달려간 곳에서 철원역은 더 이상 들어갈 수 없는 민통선 안에 위치하고 있다. 처음 철원역을 건설할 당시만 해도 서울역과 맞먹을 정도로 큰 규모를 자랑하는 대형역이었다고 한다. 그러나 지금 가본 철원역은 과거 이곳에 멈춰 사람들을 내리고 태우던 플랫홈과 여기가 철로였다는 흔적만 남아있을 뿐이다. 건물은 흔적 없이 사라져 안내표지판 없이는 과거 위용을 자랑하던 흔적을 찾아보기 힘들다. 다만 외로이 남은 철도 차단기만이 과거의 모습을 기억하게 한다.

이곳 철원역에서 갈리는 지선이 바로 금강산 철도이다. 금강산 철도는 1921년 착공하여 1926년까지는 창도까지만 운행되었다. 철도를 부설한 회사는 철춘철도 일본인이 운영하는 회사였다. 이 철도는 당시 일본이 창도에서 생산되는 풍부한 중석을 흥남의 제련소를 경유하여 일본으로 반출할 목적으로 만든 산업철도였다. 그 후 일제는 1926년부터 1931년까지 창도에서 내금강까지 50Km에 이르는 철도를 연장해 가설하고 전기철도로 전환하여

▲ 경원선의 중간 기착지인 철원역사의 모습. 이곳에서 금강산 철도가 갈라진다.

금강산 관광용 열차로 바꾸어 해방전까지 운행하였다.

금강산 철도는 협궤열차로 하루 네 번의 왕복운행을 하였다고 한다. 철원에서 경원선과 갈라져 출발한 금강산 열차는 노동당사 옆 사요역 터를 지나고 철원 대위리 검문소 앞에 가면 조그만 교각만 남아 '금강산 가는 철길'이라는 글자와 함께 지나가는 길손을 잡는다. 철길을 가까이서 보기위해 철길로 가면 구 철원시가지까지 일자로 뻗은 논두렁을 볼 수 있다. 바로 이 논두렁이 여기 금강산 가는 철길까지 차와 함께 온 금강산 철로이다. 여기서 김화, 창도, 단발령을 넘어 내금강까지 80Km를 나가면 금강산과 이어져 있지만 이 곳 금강산 철도는 해방과 함께 멈춰서 80년이 지나도록 흔적만 남아 외롭게 서있다.

끊어진 철도인 경원선과 금강산선은 바로 궁예가 태봉을 건설한 길이고 왕건이 고려를 건국한 길이었다. 그리고 이성계가 세상에 출사하기 위해 나왔던 길이며, 왕위를 물려준 이성계가 고향으로 돌아간 길이었다. 경원선이 연결되는 날 한반도는 철의 실크로드의 시작으로 다시 통일을 안고 대륙으로 웅비할 수 있는 날이 될 것이다.

4. 조선 성리학을 꽃피우다

조선은 유학의 나라였다. 따라서 유학자들은 관직에 나아가 자신들의 뜻을 펴고 성리학에 입각한 새로운 나라를 만들기 위해 노력을 다하였다. 초기 이성계를 도와 역성혁명에 성공한 사람들과 이후 권력을 장악한 유학자들을 훈구파라고 한다면 이와 달리 고려에 충성을 받치고 조선에 출사를 거부하고 향리로 낙향한 사람들을 사림파로 구분할 수 있다.

이들 사림파는 조선 초기에는 중앙관직에 나오는 것 자체를 거부하였고, 일부는 산으로 들어가 나오지 않았다. 그러나 새로운 나라에 필요한 인재를 모으는 과정에서 이들이 점차 세상으로 나오게 되고 그들은 성리학적 대의명분에 입각한 도학정치를 실현하기 위한 노력을 하게 된다. 따라서 이들 사림파는 기존의 훈구파와 대립하면서 성장과 후퇴를 거듭하는 과정속에서 선조 이후 조선의 권력을 완전 장악하게 된다.

최초의 사림파는 두문동에서 출사한 황희를 원조로 볼 수 있다. 이후 성종대에 이르러 김굉필과 김종직을 필두로 한 영남출신이 다수를 이루다가 중종대에 이르러 조광조를 중심으로 한 기호지방 출신의 사림파가 권력의 중심에 자리 잡는다. 그러나 이들은 기존의 훈구파와 대립하는 과정에서 사화로 된서리를 맞게 된다. 그러나 끝임없이 훈구파와 대립하면서 자신들의 권력을 장악하기 시작하여 드디어 선조대에 이르러 조선의 정치 권력을 완전 장악하면서 조선 정치의 중심에 서게 된다. 권력을 장악한 사림파는 성리학을 조선에 맞게 해석하는 과정에서 이황을 중심으로 한 '주리론'과 율곡을 중심으로 한 '주기론'으로 대립하면서 동인과 서인으로 나눠지게 되는데, 율곡을 중심으로 한 서인 세력은 인조반정을 계기로 조선 중기 이후 조선말까지 권력을 장악하는데 성공한다.

그러나 이들의 권력은 조선 말기에 들어와 기호지방 출신의 실학자들에 의해 한때 위기를 맞게 된다. 기호지방을 중심으로 한 실학자들은 대의명분만을 강조하던 조선 성리학계에 민중의 실생활에 필요한 새로운 학문의 필요성을 강조하였다. 이 후 정체된 조선사회에 새로운 변화를 모색하면서 조선을 새로운 시대로 이끌게 된다. 비록 짧은 실험으로 끝나지만 그들의 실험이 훗날 한국사회의 근대화에 사상적 기반을 제공하게 된다.

이들은 비록 정치적 입장에서 차이를 가지고 있었으나 그들의 기본에는 성리학이라는 뿌리를 가지고 있었고, 이 성리학은 조선 사회의 정치 문화를 꽃피우는 데 커다란 기여를 하게 된다.

1) 조선의 정권을 장악한 사림파

조선 성리학은 정도전에 의해 확립됐다. 그러나 정도전은 왕권 강화를 주장하는 태종 이방원에 의해서 된서리를 맞았다. 태종 이방원은 정도전 등 개국 공신을 처형하고 새롭게 왕권을 강화하면서 강력한 왕권중심 국가를 실현하기 위한 세력이 필요했다. 이 과정에서 출사한 인물이 바로 황희였다.

황희는 고려 말 과거를 통해 처음 관직에 올랐으나 고려 멸망 이후 두문동으로 들어가 고려에 대한 충성으로 조선에 출사를 거부했다. 그러나 이성계의 설득으로 두문동에서 유일하게 조선으로 출사하여 태종과 세종을 거치면서 문치주의를 확립하는 데에 기여했다.

세종의 문치주의는 성종 대에 이르러 기반을 잡게 되면서 점차 향촌의 사림들이 중앙으로 나오는 계기가 되었고, 사림파에 대한 문호가 넓어졌다. 성종 대에 영남지역 사림파인 김굉필과 김종직 등이 출사하면서 이들이 기존의 훈구파와 대립하면서 권력을 양분했다. 그러나 연산군 대에 이들 사림파는 사화를 통해 권력에서 밀려났다. 그리고 다시 중종반정 이후 새로운 정치의 필요에 따라 조광조를 필두로 한 기호지방 출신의 사림파가 다시 권력의 중심에 설 수 있었다. 이들 기호지방 사림들은 도학정치를 실시했는데, 기존의 훈구파가 사익 추구로 공신전을 차지하고 토지를 장악하자 공신들에 대한 위훈삭제를 주장하며 혁신정치를 시도했다. 그러나 이들 사림 역시 기묘사화로 축출되고 말았다. 사림들은 이후에도 끊임없이 중앙 진출을 시도, 마침내 16세기 이후 선조 대에 이르러 중앙권력을 장악하는 데 성공했다. 이로써 조선은 기존의 훈구파 중심의 척신정치를 종식시키고 사림을 중심으로 성장해 나가게 됐다.

고려가 망하고 고려 조정에서 관직을 이어오던 대부분의 유학자들은 이성계의 역성혁명에 반대하며 죽음을 맞이하거나 낙향하여 '불사이군'의 대의명분을 쫓아 성리학자의 자존심을 살려갔다. 그중 경기도 개풍군 광덕산 서쪽의 골짜기로 들어간 두문동 72현은 죽음을 불사하면서 고려에 대한 충절을 끝까지 지켰다.

조선을 건국한 태조 이성계는 나라를 이끌어갈 인재를 모으기 위해 경덕궁에서 과장을 열어 인재를 모집했다. 그러나 이들 고려의 유신들은 아무도 이 시험에 응시하지 않았고, 더구나 경덕궁 앞 고개인 부조현을 넘어가면서 관복을 벗어버리고 두문동 계곡으로 들어가 이곳에 모여 살았다. 황희 역시 동료들과 함께 두문동 계곡으로 들어갔으나 태조 3년인 1394년 새로운 정부에서 이들 두문동 학사들에게 계속해서 출사할 것을 요구하자 두문동 72

▲ 황희가 정계에서 은퇴하고 파주에 지은 반구정. 임진강가에 지은 반구정 멀리 북한 땅이 보인다.

현들은 자신들 중 가장 나이가 젊은 황희를 천거하고 나머지는 모두 두문동 계곡에서 죽임을 당했다. 이때 나온 황희는 성균관 학관으로 제수되면서 조선의 신하로 들어갔다.

황희는 태종 이방원이 등극한 이후 조정에서 육조참판을 차례로 역임하며 이방원의 왕권강화와 개혁정치에 참여하면서 그 이름을 알리기 시작했다. 그러나 황희는 1418년 이방원이 세자인 양녕대군을 파하고 셋째 충녕대군에게 세자의 자리를 물려주자 이에 반대하다 교하지방으로 유배된 후 곧바로 남원부에 이치되고 말았다. 이후 세종이 왕위에 오르고 치세가 계속되고자 당시 상왕이었던 이방원의 황희에 대한 노여움이 풀리면서 1422년 참찬으로 복직될 수 있었다.

복직된 황희는 세종과 함께 민생의 구휼과 세종 치세의 조언자로 활약했다. 1423년 강원도에 기근이 들자 강원도 관찰사로 파견되어 그들을 구휼하게 된다. 1426년에는 좌의정으로 평안도도제찰사로 파견되어 약산을 답사하고 이곳이 요충지라 여겨 영변대도호부를 설치한 뒤 평안도도절제사의 본영으로 삼게 했다. 이러한 황희의 선견지명으로 인해 이곳은 이후 4군과 6진을 개척하는 중심이 될 수 있었다.

황희는 태종대에 왕의 최측근으로서 농사개량에 유의하여 곡식종자를 배급하고 각도에 뽕나무를 심어 의복개량을 활성화했다. 또한 조선의 기본법인 '경제육전'이 원집과 속집으로 분리되어 있어 내용이 중복되거나 누락되어 있는 점을 수정하고 현실과 동떨어진 내용을 보완한 새로운 '경제육전'을 편찬하여 법의 기본을 만들었다. 특히 그는 국방에 관심을 기울여 북방의 양인과 남방의 왜에 대한 방비책을 강화했다. 예법에 있어서도 고려 말에 들어온 원나라 예법을 일소하고 당시의 예법을 명나라와 비교하여 조선에 맞게 보완했다. 그는 인권에도 관심을 가졌다. 그는 천첩 소생에게 천역을 면제하여 태종대의 국가기반을 확립하는 활약을 했다.

세종대에 이르러 다시 복권된 황희는 20여년 동안 의정부의 최고 수반으로 세종을 보필했다. 특히 4군과 6진을 개척하고, 외교와 문물제도를 정비하여 집현전을 중심으로 한 문화의 진흥을 직접 지휘하고 감독했다. 세종 말년에는 세종의 숭불과 관련, 궁중 안에 설치된 내불당으로 인한 유학자와 세종간의 마찰을 해소시켰으며, 세종을 보필하여 치세를 이룩하는 중심에 섰다. 따라서 황희는 조선 역사에 있어서 가장 명망 있는 재상으로 칭송됐다.

황희의 출사는 사림파 최초의 조선 출사로 기록되지만 사림파

▲ 조선 최초의 사림이었던 황희의 무덤. 경기도 파주에 있다.

가 본격적으로 조선으로 출사한 것은 아니어서, 사림파들의 집단적 파벌이 만들어지지는 않았다. 그러나 사림들로부터 황희는 사림의 종중으로 추앙받았다. 그리고 이후 사림들이 출사하는데 그가 직접적으로 도움을 주지는 못했지만, 간접적으로는 사림 출사의 표본의 역할을 했다. 황희는 개성 출신으로 고려에서 관직을 얻었고 두문동으로 들어갔으나 다시 세상에 나와 덕망을 얻어 사림의 기개를 보여줬다. 이후 황희는 자신의 고향 주변인 파주에서 말년을 보내면서 세종에게 국정자문을 하며 말년을 보내다 파주에서 세상을 떴다.

사림의 출사와 사화

사림은 성종대에 이르러 중앙관직에 대거 진출하기 시작했다. 당시는, 조선 정계의 주류였던 훈구파와 척신들의 횡포로 인해 중소지주가 몰락하고, 훈구파들이 지방관과 연계되어 농민들이 대규모 농장의 노비로 몰락하던 시기였다. 따라서 사림은 자신들의 경제적 기반이었던 지방의 농지기반이 흔들리면서 경제적으로 훈구파와 대립하기 시작했다.

이는 고려 말 신진사대부와 권문세가와의 대결 구도와 비슷한 현상이었다. 당시 신진사대부는 권문세가들의 대토지 소유로 인해 자신들의 경제적 지위가 붕괴되는 가운데 중앙관직에 진출하면서 권문세가의 경제적 지위를 빼앗기 위한 투쟁적 위치에 섰었다. 그런 신진사대부가 조선이 성립된 이후 다시 고려 말의 권문세가와 같은 위치에 놓이게 된 것이다. 반면 사림파는 신진사대부 중 일부가 조선의 건국에 반대하면서 지방으로 낙향해 향촌에 자리 잡고 후학을 가르치면서 자신들의 경제적 지위를 확보한 사람들이었다. 이런 사림파가 세종을 거치고 성종대에 이르러 조선의 문치주의가 강화되면서 점차 중앙으로 진출하게 된 것이다.

새롭게 진출한 사림파와 기존에 중앙 관직을 독차지하던 훈구파의 대립은 예정된 수순이었다. 여기에 경제적으로 대토지 확대를 추구한 훈구파와 지방의 중소농장을 유지하려던 사림파의 경제적 대결 또한 역사의 수레바퀴처럼 숙명적인 것이었다.

훈구파가 사림파를 척결하기 위해 일으킨 사화는 '사림의 화'에 대한 준말로, 연산군 4년에 일어난 무오사화부터 시작하여 명종 즉위년에 일어난 을사사화까지 크게 총 4번의 사화가 일어났다. 사화는 당초에는 훈구파에 의해서 '난'으로 규정되었으나 점차 사림들이 정치권력을 장악한 선조대에 이르러 '정인들인 현사들이 죄 없이 당한 사림의 화'라는 의미로 사화란 표현이 직접적으로 쓰이기 시작했다.

조선 초기인 15세기 말과 16세기 초의 조선사회는 경제적으로 다음과 같은 변동이 일어나고 있었다. 우선 농업부분에서 연작이 가능해지면서 관개기술이 새로 보급되고, 서남해안을 중심으로 간석지 개간이 크게 일어나면서 농업 경제력이 크게 발달했다. 이렇게 향상된 경제력은 상업에 있어서도 발전을 가지고와 지금의 5일장에 해당하는 지방의 장시가 장문 혹은 향시라는 이름으로 처음 나타나기 시작했다. 수공업 역시 면포의 생산력이 증가하면서 국내유통이 원활해지고 대외 수출품의 주요 품목으로 면포가 대량생산되어 교역의 발전에 있어 일익을 담당했다. 이 면포의 경우, 중국으로부터 원사를 수입하면서 은으로 결제하고 일본에 대해서는 면포를 수출하여 은을 벌어들이는 국제무역으로도 발전하였다. 또한 은화의 결제가 높아지자 국내적으로 은광의 개발이 활발히 이루어졌다.

사화는 이러한 경제적 변동기에 사회질서 문제를 두고 일어난 훈구파와 사림파의 마찰이었다. 사림파는 훈구파의 권력이 경제적 부를 점차 사적인 치부에 활용하려는 과정에서 훈구파의 행동을 비판하면서 정치적으로 대결하는 양상으로 변모했던 것이다.

연산군 대에 일어난 무오사화는 김종직이 사초에 쓴 "조의제문(의제를 조상하는 글)"이 사단이 되었다. 이 조의제문은 세조가 단종을 내쫓고 왕위를 찬탈한 문제를 지적한 것이었다. 그러나 이 무오사화의 더욱 근본적인 원인은 향촌사회의 질서 확립 문제를 둘러싼 이해관계의 상충이라고 할 수 있었다.

성종 즉위 후 특채로 중앙관계에 진출한 김종직은 영남사림의 대표로 그 문도들과 함께 세조대에 혁파된 유향소 제도를 부활할 것을 건의했다. 고려 말에 형성된 유향소는 왕권을 약화시킨다는 이유로 태종 때 혁파되었다가 세종이 향풍을 바로 잡는 일에만 한정시키며 부활시켰었다. 그런데 세조가 등극한 뒤 권력의 중앙 집중화에 유향소가 방해가 된다는 이유로 다시 혁파되었고, 이를 1488년 성종이 다시 부활시켰던 것이다. 성종이 부활시킨 유향소 제도는 사림에게는 정치적 기반이 되었다. 따라서 훈구파 세력은 중앙권력을 기반으로 지방의 경제적 부를 자신들에게 치부할 기회를 상실하게 되면서 김종직 일파에 반발했던 것이다.

연산군 대에 일어난 갑자사화는 사림의 일부가 피해를 입었으나 전적으로 사림들의 화로만 보기에는 무리가 있다. 오히려 갑자

사화의 경우에는 연산
군 주변의 권신들이 기
존의 훈구파의 경제적
부를 자신들이 취하려
했던 과정에서 일어난
사화였다. 즉 당시 공
신전을 비롯한 토지와
막대한 재산을 소유하
고 유향소를 장악한 훈

▲ 조선 초기 사림에 가장 친화적이었던 인종의 효릉. 세계
문화유산임에도 농림부에 팔려 일반인들의 출입이 자유
롭지 못하다.

구파를 연산군의 측근들이 제거하는 과정에서 일어난 사화였던
것이다. 그러나 공교롭게도 유향소 제도로 향권을 장악한 일부 사
림들이 이에 연루되면서 훈구파와 함께 처벌됐던 것이다.

위의 두 사화는 김종직과 그의 문하생들이 주요 대상이 되었다.
그리고 이들 사림의 경우 영남학파가 주류를 이루고 있었다. 그러
나 기묘사화는 조광조 등 신진 사림들이 대거 축출된 사화였다.

조광조를 필두로 기호지방(지금의 경기도와 충청도 일대)의 사림들은
중종대에 대거 중앙정계에 진출했다. 이들 기호사림들은 중종반
정에 참여한 훈구파에 대해 그 공로가 부당하다고 주장하며 위훈
삭제를 요구했다. 또한 영남사림들에 의해서 부활된 경제소와 유
향소가 본래의 취지와 달리 훈구파들의 경제적 부를 축적하는 제
도로 전락하자 이를 폐지하고 향약을 시행하자고 주장했다. 특히
향약의 경우 이들의 지방적 근거지인 경기도와 충청도 일대, 그리
고 영남권과 서울 등지에서 대대적으로 시행되면서 훈구파로부터
강력한 도전을 받기에 이르렀다. 향약의 시행으로 지방의 경제력

을 상실하게 될 위기에 처한 훈구파가 조광조 일파를 제거하기 위해 일으킨 사화가 바로 중종 10년에 일어난 기묘사화였던 것이다.

을사사화는 중종대에 있었던 기묘사화 이후 중종이 자신의 잘못을 인정하고 다시 사림들을 기용하게 되고 인종대에 사림이 대거 진출하게 되면서 기존의 훈구파가 자신들의 자리를 지키기 위해 일으킨 정치적 대립이었다.

인종은 문치주의를 표방하면서 사림을 대거 기용했다. 또한 인종의 외척인 윤임 역시 사림들을 비호하면서 사림의 성장에 도움을 주었다. 그러나 인종이 일찍 죽고 명종이 즉위하자 명종의 외척인 윤형원이 권력의 중심으로 등장하면서 윤임과 윤형원 간의 권력 암투가 벌어졌다. 여기서 윤임의 비호를 받은 사림파와 윤형원을 지지하는 훈구파가 대치했던 것인데, 명종의 외삼촌인 윤형원이 윤임을 제거하면서 사림파 역시 권력에서 밀려나게 되면서 사화가 일어났고 이것이 바로 을사사화였다. 그러나 당시 정국은 사적인 이익추구의 성향이 강해져 있었다. 이런 가운데 권력의 중심을 장악한 외척은 관료사회에서 절대적인 지위를 누릴 수 있었다. 그러다 명종 이후 선조가 즉위하면서 외척 중심 정치가 종식되면서 사림파는 자연스럽게 중앙정계의 중심으로 급부상할 수 있었다.

사림, 조선의 권력을 장악하다

명종대 외척의 발호와 대립으로 왕이 제대로 자신의 역할을 하지 못했다. 사림은 이런 틈바구니에서 자신의 목숨을 부지하기 어려웠다. 그렇다고 그들의 맥이 끊긴 것은 아니었다. 다음 시대를 준비하기 위한 노력을 지속적으로 하고 있었다. 바로 서원의 건립을 통해 자신들의 세력을 결집하고 후세를 양성했던 것이다.

조선시대 서원은 사림세력의 향권 주도와 향촌교화를 위한 결집체로 유향소, 향교 등과 더불어 지역에서 가장 중요한 향촌운영기구로 발전했다. 이런 서원 건립의 주체는 사림세력이었다. 자신들의 기반을 지방의 향촌에 두고 있었던 사림은 중앙권력의 대토지 소유 강화로 지방의 중소농민이 몰락하였기에 지역에서는 향촌자치를 강력히 실행하여 훈구세력의 경제력을 조금씩 잠식해 나갔다. 즉 지방 사림들은 경제소와 유향소, 향약 등을 실시하면서 지방권력을 유교적인 향촌질서로 꾸준히 재편해 나갔던 것이다. 이러한 지방자치 제도를 훈구파로서는 더 이상 두고 볼 수 없었다. 따라서 그들은 사림파의 제거를 위해 사화를 일으켰던 것이고, 이에 사림파는 지방의 권력을 재편하면서 그에 맞는 새로운 사학교육기관인 서원을 설립했던 것이다.

최초의 서원은 1543년 경상도 풍기군수인 주세붕이 유학자 안향을 모시고 후학을 가르치기 위해 만든 백운동 서원이었다. 이 백운동 서원은 영남감사의 물질적 지원과 지방유지의 도움으로 각종 서적과 토지 등을 구입하고 확충하여 서원의 물적 토대를 강화했다. 이를 기초로 하여 주세붕은 유생을 교육하여 여러 명의 제자를 내게 하는 등 교육기관으로의 서원체계를 갖추기 위해 노력했다. 그러나 백운동 서원은 어디까지나 제사적 기능을 가진 사묘가 위주였다. 서원은 다만 유생이 공부하는 건물만을 지칭하며 사묘에 부속된 존재에 그쳤다. 이러한 서원이 독자성을 가지고 정착 보급되게 된 계기는 이황과 이이의 노력이었다.

특히 이황은 교화의 대상과 주체를 일반백성과 사림으로 나누고, 교화의 실효를 거두기 위해서 이들을 담당할 주체인 사림의 교육 강화를 통하여 학문의 방향을 잡는 선행 작업이 필요하다고 역설했다. 이를 위해서 서원제도가 이 나라에 필요한 것이며, 존재해야 한다고 강하게 주장했다. 따라서 이황은 자신이 풍기군수로 있었던 백운동의 서원을 널리 알려야 했고, 이 서원을 알리기 위해 백운동 서원에 대해서 국가가 지원할 수 있도록 사액서원으로 만들었다.

이렇게 만들어진 서원은 명종대에 18개가 만들어져 전국에 보급돼 나갔다. 그렇게 만들어진 서원은 영남권을 시작으로 경기도와 황해도 등 점차 전국 각 지역으로 뻗어나가 사림의 지방통치의 주요 거점으로 활용되기 시작했다. 그리고 사림파를 대거 등용한 선조대에 이르러 서원은 향촌사회의 중요한 교육기관으로 대규모로 전파되기 시작했고 사림파의 정치적 토대로 활용되었다.

사림의 각계 약진과 붕당정치

선조 즉위 이후 크게 달라지기 시작한 것은 기묘사화로 위축된 사림이 정계에 대거 진출했다는 것이다. 명종이 부를 때는 좀처럼 움직이지 않던 이황이 선조가 즉위하자 예조판서 겸 지경연사로 중앙정계에 진출했다. 또 을사사화 당시의 명인으로 사림에게 존경받던 백인걸이 71세의 나이에 교리를 거쳐 직제학이 되었다. 반면에 명종대의 권신이었던 심통원 등의 관직은 삭탈되었다.

더구나 사림세력이 결정적으로 승리를 장담하게 된 것은 조광조 등 기묘사화로 목숨을 잃은 사림들에 대한 사후 복직이 이루어

▲ 사림의 붕당시기 서인에 합류하여 율곡과 함께 서인 붕당의 사상적 원류를 형성한 우계 성혼의 묘.

지면서 부터였다. 사림은 조광조 등을 죽인 남곤에 대해서는 모든 관직에서 물러나게 만들었다. 이로써 사림은 선조 대에 이르러 정치의 중심으로 자리 잡을 수 있었다.

훈구파와 외척을 비롯한 권신들이 중앙정치 무대에서 사라지면서 더 이상의 적대세력을 가지지 않게 된 사림은 스스로 분열하여 붕당을 이루었다. 초기에는 명종대의 외척인 심의겸의 도움으로 관직을 얻은 선배 사림과 사림정치 아래서 중앙정계에 들어온 후배 사림과의 대립이 있었다.

심의겸은 다른 권신들과는 달리 사림에 대해서 매우 우호적인 사람이었다. 그러나 심의겸 역시 외척으로 모든 정치적인 문제를 외척의 입장에서 전개했다. 따라서 후배 사림의 입장에서 볼 때 심의겸은 도학정치에 충실한 사람이 아니었다. 심의겸의 도움으로 정계에 진출한 선배 사림들에 대해 후배 사림들이 '선배들이 도학정치에 충실하지 못했다'고 비난한 것은 이들로서는 당연한 것이었다. 후배 사림들은 선배들이 개혁에 적극적이지 않다며 선배들을 '속물'이라고 몰아붙이면서 소인으로 치부했다. 이에 선배 사림들은 후배들의 이러한 공격에 대해서 시대적인 당위성을 역설하였고 선후배 간의 대립은 점차 심화되기 시작했다.

선후배 사림간의 대립이 심화되는 가운데 이조 전랑 자리를 놓고 벌어진 심의겸과 김효원 간의 알력이 사림을 동서 붕당으로 나뉘고 말았다.

이조전랑직은 품계상으로 그렇게 높지는 않지만 인사와 관련해서 정승과 판서를 제재할 수 있었으며 재야인사에 대한 추천권을 가지고 있던 막강한 자리였다. 이조전랑은 전임자가 후임자를 추천하는 형식으로 자리가 임명되는데, 이 자리에 전임이었던 오건이 자신의 후임으로 김효원을 추천했다. 김효원이 추천된 자리에 대해서 척신중 한명인 심의겸이 김효원을 반대하고 나섰다. 당시 심의겸은 김효원이 대표적인 척신인 윤원형의 집에 식객으로 머물렀다는 이유에서 였다. 그러나 당시 김효원은 정치에 입문하기 전이었고. 이후 장원급제로 정계에 입문하여 몸가짐을 청렴하게 하고 맡은 일을 잘 처리하여 당시 신진 사류의 모범이 되고 있었다. 반면 김효원에 반대했던 심의겸은 외척으로 비록 사림에게 친하게 대해 주었다고는 하나 외척정치의 원죄를 가지고 있던 사람이었다. 따라서 선배 사림들은 심의겸에게서 받은 도움에 힘입어 심의겸의 주장을 지지한 반면, 후배 사림들은 대의와 명분을 중시하면서 김효원을 지지했다.

나이대로 보면 선배와 후배의 대립이었지만 이들의 지역적 편향성으로 보면 경상도 사림과 경기도 사림의 대립이었다. 또한 이들은 사상적으로 주리론을 주장한 이황과 경상도의 주기론자인 조식의 제자들 대, 주기론을 주장한 이이와 성혼의 제자들의 대립이었다.

나이는 젊고, 지역적으로는 경상도를 기반으로, 사상적으로 이황의 제자로서, 주리론자인 사림들은 김효원이 한양의 동쪽인 건천동에 산다는 이유로 동인이라 불렸다. 한편, 서경덕의 제자들은 주기론자였지만 김효원을 지지하여 동인으로 불렸다. 이후 곧바로 동인은 이황의 남인과 개성을 중심으로 한 서경덕의 북인으로 나뉘게 된다.

이에 반해 서인은 지역적으로 정릉동에 살았던 심의겸을 지지한다 하여 서인이라고 불렸다. 이 서인은 주로 경기도 지방을 중심으로 한 사림으로 나이로는 선배 사림에 속했다. 그리고 사상적으로 주기론을 지지하였고 주로 율곡 이이와 성혼의 제자들이 모여들었다. 이들 이이와 성혼의 제자들은 경기도 파주를 중심 근거지로 분포했다. 이들 사림의 대립은 이후 조선왕조가 무너지는 시기까지 지속됐다.

2) 율곡 이이 – 조선 최고의 천재

율곡 이이는 조선을 넘어서 한반도 역사상 최고의 천재라 해도 과언이 아니다. 아버지는 좌찬성을 지낸 이원수고 어머니는 사임당 신씨다. 신사임당의 꿈에 흑룡이 바다에서 집으로 날아들어 왔다고 하여 아명을 현룡이라고 불렀다. 그는 8세에 화석정에 올라 화석정가라는 시를 지었다. 16세에 진사시에 합격하고 19세에 성혼 등과 교분을 맺어 학문적 깊이를 더했다. 잠시 금강산에 들어가 불교를 공부하고 1년 만에 하산하여 유학 공부에 전념했다고 한다. 23세 때 경상도 도산으로 퇴계 이황을 찾아가 공부한 후 이황과 편지를 통해 각자의 학문을 논했다. 당대 최고의 학자였던 이황 역시 이이의 학문적 깊이에 감동했다고 한다. 이때를 전후해 이이는 아홉 차례의 과시에서 모두 장원급제, '구도장원공' 이라고 불렸다.

그의 사상 중에서 가장 중요한 주기론은 이미 그의 나이 30대에 성혼, 이황 등과의 논쟁을 통해 체계가 확립됐다. 이 논쟁에서 이이는 이기, 사단칠정, 인심도심 등을 논하였다. 이 논의는 이후 붕당을 형성하는데 사상적 기반으로 작용했다. 즉 이이와 성혼의 주기론은 서인세력의 사상적 기반이, 이황의 주리론은 동인 중 남인의 사상적 기반이 됐다. 이러한 논쟁은 실학의 발전에 있어서도 매우 중요한 사상적 기반으로 자리매김했다. 즉 주기론은 본성의 발현으로 파악하고 상업의 중요성을 강조하는 조선적 중상주의인 북학파를 형성시켰던 것이다. 이이의 사상은 조선 중기 이후 조선에서 매우 중요한 위치를 차지하면서 발전해 나갔다. 또 한편으론 제자인 김장생과 김집 등에 의해 예학과 보학으로 발전되면서 조선 성리학을 생활적 측면보다는 명분적 측면으로, 대의명분적 가치로 경도시키는 오류를 낳기도 했다. 그러나 이이의 사상은 실학에서 다시 부활하고 이후 개화기와 근대 한국의 건립에도 매우 중요한

▲ 금강산 가는 길. 율곡은 부모님을 잃고 이 곳 금강산에 들어가 스스로 머리를 깍고 중이되어 1년간 수도 생활을 하게 된다.

사상적 근원을 제공했다. 이이의 사상은 임진강과 한강이 만나는 지역인 파주라는 지역을 기반으로 탄생했다. 이이는 어린 나이에 파주에서 자라면서 임진강의 흐르는 물을 바라보면서 세상의 도를 파악하기 시작했다. 이어 10대에 모친을 여의고 금강산으로 입산 수도 하면서 조선사회에서 가장 천한 계층인 불가에 스스로 귀의하면서 불도를 깨치고 다시 세상에 나왔다. 그의 사상적 뿌리와 연원은 금강산과 임진강을 모태로 탄생했다고 할 수 있겠다.

율곡 사상 형성의 사회적 배경

1545년 을사사화가 발생하면서 수많은 사림들이 죽거나 유배 생활을 하게 된다. 사림은 더 이상 출사하기가 힘들었기에 각자

▲ 해주는 해주향약을 통해 지방자치를 실현한 곳이고 그가 말년에 가족과 함께 살기를 원했던 곳이다. 그런 율곡을 위해 만들어진 해주 서현서원 모형.

자신의 고향에서 학문을 닦고 후학을 기르면서 훗날을 기약할 수밖에 없었다. 그러나 1565년 문정왕후의 죽음과 20년간 전권을 휘두르던 문정왕후의 동생 윤원형의 퇴출과 죽음으로 인해 조선 사회의 정세는 다시 한번 역전됐다. 을사사화로 내쫓긴 사림들이 다시 복귀하기 시작했던 것이다. 이때가 바로 이이가 30세의 나이로 세상에 나온 지 1년 되는 해였고, 사림은 본격적으로 정계에 복귀하기 시작했던 시기다. 두 해가 지난 1567년 사림의 대부인 이황이 한양으로 상경했다. 이황이 상경한 그해 명종이 죽고 사림에 친화적인 인물인 선조가 즉위했다. 선조는 즉위와 함께 을사사화로 내쫓긴 노수신, 유희춘 등을 관직에 기용하기 시작했다. 그리고 다음 해인 1568년에 기묘사화로 죽은 조광조에게 영의정을 추서하고, 명종의 출사 요구를 거부해 왔던 이황을 대제학에 임명했다. 이로써 사림은 정계의 중심으로 자리 잡게 됐다. 선조는 이와 함께 사림을 내쫓는데 앞장섰던 남곤을 삭탈관직, 정계에서 퇴출시켰다. 이 때 이황은 '성학십도'를 지어 선조에 바치고 이이는 1년 늦게 '동호문답'을 지어 선조에게 바치면서 조선을 성리학 국가로 만드는 초석을 다졌다. 선조에게는 1565년부터 조일전쟁 전인 1592년까지 약 30년간 국정을 쇄신하여 민생과 국력을 회복할 수 있는 기회가 있었다고 할 수 있다. 이 시기에 이이와 같은 이들이 조정에 나와 국정 수습책을 논할 수 있었던 것이다. 이이는 이 시기를 '중쇠기'로 판단하여 일대 변화가 요구되는 시대로 보고 있었다.

변화의 필요와 그 가능성은 이미 중종대에 조광조도 강조했던 바이지만, 이이의 시대에는 더욱 절실한 변화가 필요했다. 이이는 '만언봉사'에서 "시의라는 것은 때에 따라 변화하여 법을 만들어 백성을 구하는 것"이라고 말했다. 그는 조선의 역사에 있어서도 "태조가 창업하였고 세종이 수성하여 경제육전이 비로소 제정되었으며, 세조가 계승하여 경국대전을 제정하였으니 이것이 '인시이제의(시대에 따라 제도를 개혁한 것)' 한 것이요, 조종의 법도를 변란함이 아니었다"라고 주장했다. 그의 입장은 시대의 변함에 따라 법을 고치는 것은 당연하다는 것이었다. 이이에게 성리학은 단순한 사변적 관상철학이 아니었다. 성리학은, 언제나 시세를 알아서 그 시대에 강조되는 대의에 따라 옳게 현실을 이끌어가는 것이었다. 따라서 그는 언제나 '실(實)공'와 '실(實)효'를 강조하였다. 또 정치를 하면서 시세를 아는 것이 중요하고 실지의 일을 힘쓰는 것이 중요한 것이라 강조했다. 따라서 정치를 하면서 시의를 제대로 알지 못하고 일에 당하여 실공에 힘쓰지 않는 것은 실효를 거둘 수 없는 것이라고 강변했다. 이이는 항상 위로부터 기강을 잡는데 힘쓰고 시의에 맞게 폐법을 바꿀 것을 요구했다. 또한 사화로 죽은 선비들의 원혼을 풀어주고, 위훈을 삭탈함으로서 정의를 밝힐 것과 함께 붕당의 폐해를 씻고 화합할 것을 후학들에게 부탁했다. 이이에게 진리란 현실문제와 직결되는 것으로 현실을 떠나서 별도로 구하는 것은 아니라고 보았다. 이이는 시대의 요구를 사화로 인해 곡해된 사림의 기를 펴는 것, 구법으로 인한 민생의 폐해를 살피는 것으로 인식했다. 훈구파의 각종 문제점을 사림의 시대를 맞이하여 개혁해야 했기에 그의 정치 치부책은 현실 개혁책이 될 수밖에 없었던 것이다.

율곡의 사단칠정론과 이기론

율곡의 사단칠정론은 성리학을 이해하는 데 있어서 가장 근본이 되는 사상이다. 사단이란 유학의 근본으로 인.의.예.지를 기본으로 한다. 이는 유학의 근본으로 이성을 뜻하고 이황 등은 이를 근본으로 삼았다. 즉 '이(理)'란 인간이 갖는 기본적인 본성으로 사단의 성격을 뜻한다. 이란 바로 이성을 나타내는 것이다. 따라서 '이성'을 거꾸로 하면 '성리'가 되고 그것을 연구하는 학문이 성리학이다.

반면에 칠정은 이성과 상반되는 개념으로 본성을 뜻하는데 이는 희.노.애.락.애.오.욕을 뜻하고 인간의 본성을 나타낸다. 이것이 바로 성리학에서 말하는 '기'의 기본개념이 된다. 그러므로 조

▲ 파주 화석정은 율곡이 어린 시절 이곳에 올라 화석정가를 지었던 곳이다. 조일전쟁 당시에는 율곡이 선조의 몽진을 미리 예측하여 화석정 기둥에 기름칠을 하여 선조의 몽진을 도왔다는 전설이 내려온다.

선 중기 성리학의 사상논쟁에서 가장 중요한 개념인 '이기일원론'과 '이기이원론'은 사단론의 개념에서 출발한 정치, 경제사상의 중심 개념이었다. 그리고 이러한 논쟁은 조선시대 각 붕당의 사상적인 기원을 형성했다. 조선사회에 있어서 성리학이 중국에 비해 더욱 발전하고 조선에 맞게 변화 발전하여, 조선의 성리학으로 꽃을 피게 된 것은 이황과 이이의 덕분이었다. 특히 이황은 기대승과 논쟁을 통해 '이기호발설'을 확고히 했다. 이기호발설에 따르면, 사단은 이가 발하여 기가 그것에 따르는 것이며, 칠정은 기가 발하여 이가 그것에 타는 것이다. 즉 이황은 사단과 칠정을 각각 이와 기에 분속시키고 사단은 순선무악한 것으로, 칠정은 유선유악한 것으로 봤던 것이다. 나아가 이황은 이가 발한다고 말하며 이의 능동성과 자발성을 강조했다. 반면에 서경덕과 기대승에 게서 영향을 받은 이이는 성혼과 벌인 논쟁에서 사단과 칠정이 구별되는 것이 아니라 칠정 가운데 선한 부분이 사단이며, 사단과 칠정 모두 기가 발하고 이가 그것을 탄다는 '기발이승일도설'을 주장했다. 즉 이는 두루 통하지만 기는 국한된다는 '이통기국설' 과 근원적이고 보편적인 이와 능동적이고 자율적인 기의 조화를 강조하는 '이기지묘' 사상이 이이의 주장이었다. 이이는 이처럼 만물의 보편성과 특수성을 모두 강조함으로서 개혁정책의 논리적 바탕을 형성했다. 이이의 상대였던 우계 성혼은 이황의 '이기호 발설'에 동조하여 이발을 인정하고 도심과 인심을 구분하여 각각 사단과 칠정에 분속시키려 했다. 다만, 성혼은 이황과 달리 기가 본래는 뒤섞여 있으며 발할 때도 같이 발한다는 '이기일발설'을 주장했다. 이이는 사단칠정은 부분적인 정과 전체적인 정의 차이

▲ 파주에 묻힌 율곡의 묘. 아래는 그의 형과 어머니 신사임당과 아버지의 묘 등이 함께 위치해 있다.

가 있을 뿐, 부분과 전체를 서로 대비하는 것은 부당하다고 보았다. 설령 여기서 부분과 전체가 대비되더라도 '이발' 이라고 할 수 없다고 보았다. 어떤 정이든 실제로 정으로 작용하게 되는 것은 '기발' 이라는 것이다. 이이는 마찬가지로 '호발설' 도 부인했다. 이이는 '기발이승이도' 만을 인정했다, 사단을 어떤 절대적이고 초월적인 원리가 아닌 현상적이고 가변적일 수 있는 윤리성으로 보았다. 즉, 이이는 사단을 상대적이고 현상적인 것으로 봤던 것이다.

율곡의 현실 개혁론과 경제사상

이이는 청년시절 이황을 찾아가 그에게서 사사를 받았으나 이후 사상적으로 결별했다. 이이는 조정에 들어가서는 대사헌, 홍문관 부제학, 홍문관 대제학, 이조판서, 병조참서 등의 요직을 두루 역임하며 각종 시무책을 제안했다. 이이는 조정의 관료로 있으면서 자신의 정치.경제적 견해들을 실현하기 위해 적극적으로 활동했다. 그는 당시 조선사회가 노출시켰던 제반 모순을 일련의 개혁을 통해서 타계할 것을 염원했다. 이이는 현실 파악을 위해서 역사의 단계를 세 가지 관점으로 대별했는데, 첫째는 창업, 둘째는 수성, 셋째는 경장이었다. 경장이란 구습을 혁신하고 시폐를 바로잡아 민생을 도탄에서 구제함을 말하며 이이는 자신의 시대를 바로 경장의 시대로 파악했다. 따라서 그는 때에 알맞은 변법주의와 점진적인 개혁, 즉 현실과 이론의 괴리를 살펴서 무분별한 원칙론을 배제한 개혁을 주장했다. 이이의 개혁은 철저하게 당시 중소지주계급의 이해를 반영하고 있었다. 자신 역시 중소지주계급 출신이므로 당연한 귀결이었다. 이이는 자신의 계급적 바탕에 기반을 두고 현실 개혁책을 주장, 먼저 공물과 조세 문제에서 시작해 군정개혁론과 관료기구 및 녹봉제도의 개혁 그리고 향약을 통한 지방자치의 개혁으로 나아갔다. 이이의 개혁정책은 먼저 아래로는 백성을 생각하고 위로는 국가의 부를 지탱하기 위한 방법이었다.

당시 국가 재정의 대부분이 조세로 충당됐고, 이 조세는 농사를 기본으로 형성됐다. 따라서 조세의 개혁은 농지의 문제로 귀착되어 토지의 문제는 당연히 당시 개혁의 근간을 이루게 됐던 것이다. 이러한 개혁은 바로 전 시기에 있었던 훈구파를 비롯한 대토지 소유자를 축소시키는 과정이었다. 당시 사화의 피해에서 벗어나 새롭게 정권을 잡은 사림으로선 당연한 것이었다. 다만 이이의 이러한 개혁론은 당시 이황과는 대조적인 면이 있었다. 이황은 훈구파의 사화에 대해 도덕적 중요성을 강조한 야당의 입장에 입각한 비판이었다. 그러나 이이는 시대의 요구를 맞게 여당의 입장에 입각한 철저한 개혁을 추구했다. 따라서 이이는 세금제도의 개혁을 통한 재정의 확보에 치중했다. 이이는 삼정(나라의 정사 가운데 가장 중요한 전정, 군정, 환곡의 세 가지. 토지세와 군역의 부과 및 양곡 대여와 환수를 이른다.) 중에서 가장 심한 폐단을 공납과 진상이라고 생각했다. 이런 생각은 조선이 조세가 헐하고 공납은 과중하다는 전제에서 출발했다. 전세는 1/30 이므로 백성의 전세부담은 문제가 되지 않지만 공납과 진상은 수탈에 의한 것이 많기 때문이었다. 이이는 이러한 과중한 공납이 미치는 폐해를 '동호문답' 에서 자신이 감사로 있던 황해도의 예를 들며 다음과 같이 역설했다. "진상이 번중해서 전 도의 가난한 백성들이 날마다 사냥을 하고 물고기를 잡아서도 그것을 받칠 수 없기 때문에 밭이 묵어도 김을 매지 못하며 집이 무너져도 수리하지 못하게 되어 정처없이 유리걸식 하고 있다” 이이는 이러한 문제점의 근원을 다음과 같이 진단했다. 그는 현행 공물과 진상의 불합리성에 관하여 물산이라는 것은 수시로 달라지는 것인데 공물분정은 국초에 한 것을 그대로 답습하고 있으며 지금 여러 지방에서 징수되는 공물과 진상은 그 지방에서 산출되지 않는 것이 많다고 지적했다. 그리고 이것은 “마치 나무에서 물고기를 구하고 배를 타고 짐승을 사냥하는 것과 같은 것”이라며 개혁할 것을 주장했다. 또한 백성들이 지정된 공물을 타지방에서 사다가 바치거나 혹은 서울로 와서 상인들에게 사서 바치는 문제점도 지적했다. 즉 공납과 진상으로 인해 몇 배로 증가한 백성의 부담과, 상인들과 관리들의 중간착취의 문제점을 지적했던 것이다. 이이는 이로 인해 국가의 재정이 감소한다며 이러한 폐단을 없애기 위해서 “낡은 법규에 구애됨이 없이 일을 당하여 계획을 세우고 때에 따라서 적절한 처리를 해야 한다”고 주장했다. 그는 이를 위해 연산군 시기 폭정으로 생겨난 공물과 진상 폐지를 제안했다. 그리고 이이는 그 대안으로 자신이 황해도 감찰사 시절에 행한바있는 제도를 주장했다. 이이는 당시 토지 매 1결에 쌀 1두씩을 받아서 관청에 바치게 하고 관청에서는 그것으로 물건을 구하여 서울에 가져다 바치도록 했었다. 이이는 이렇게 하면 백성들은 과중한 공물과 진상의 부담에서 벗어나게 될 것이고, 관청은 강제로 농민들에게 공물과 진상을 징수하는 폐단이 없어져 방납의 문제는 자연 제거될 것이라고 말했다. 이이의 이러한 제안은 이후 한백겸의 작미법과 김육의 대동법으로 계승되어 조선 사회에서 대동법이 시행되는 초석을 쌓았다.

율곡 이후 서인의 형성

조선 성리학의 대가인 이황과 서경덕, 조식, 성혼, 이이 등은 서로의 장단점을 보완하면서 조선의 성리학을 중국의 성리학보다 더욱 발전시키는 기반을 마련했다. 이들의 성리학이 최고의 철학으로 설 수 있었던 이유는 비록 나이는 다르지만 거의 동시대에 살면서 각종 논쟁을 통해서 서로의 장단점을 보완했기 때문이다. 이들은 각자의 장점을 수용하고 자신의 단점을 보완하면서 스스로의 학풍을 발전시키고 각자 자신의 학파를 형성했던 것이다. 이들의 학파는 이후 조선 붕당의 사상적 기반이 됐다. 조선의 붕당은 표면적으로는 이조전랑 자리에 김효원이 지명되자 이를 지지하는 사람들과 지지하지 않는 사람들의 정쟁으로 시작됐다. 그러나 이것은 표면적인 이유였다. 오히려 정치적으로 보면 명종때 소수 야당이었다가 선조 시기 출사해 정계의 여당이 된 사림이, 새로운 세계를 만들어가야 한다며 내놓은 정치적 대의명분간의 차이가 빚어낸 것이었다. 그리고 철학적으로는 이이.성혼 대 이황, 이황과 서경덕, 조식 간의 차이가 만들어 낸 정치 사상적 결사체가 형성됐던 것이라 할 수 있었다. 여기에 지역적으로 보면 경기지역과 영남지역에 기반을 둔 중소지주들의 차이에서도 기인했다. 이를 종합해서 보면 김효원을 지지한 사람들은 대부분 선조시기에 출사한 젊은 사림으로 철학적으로는 이이와 성혼을 따르는 후학들이자 이이와 성혼의 고향인 파주를 중심으로 한 경기도 지역출신 사림이었다. 이들이 바로 서인붕당을 이루었다. 반면 동인

▲ 율곡의 위패를 모신 자운서원. 그의 제자 김장생과 뒤를 이은 박세채 등이 함께 모셔져
있다.

의 경우는 철학적으로 차이를 보이기는 하지만, 명종 시기에 출사
하여 사림이 어려웠던 시기를 겪은 이들로, 사상적으로는 조식과
서경덕의 주기론을 따르는 후학들과 이황의 주리론을 따르는 후
학들이었다. 이들은 지역적으로 보면 이황과 조식은 경상도가 중
심이었고 서경덕의 경우는 개성을 중심으로 한 경기도가 중심이
었다. 동인은 처음 같은 당으로 출발했으나 철학적 차이가 워낙
컸기 때문에 곧바로 갈라섰다. 이황을 따르던 후학들이 중심이 되
어 남인 붕당이 탄생했으며 이와 대별되어 서경덕과 조식을 따르
던 후학들이 중심이 된 북인 붕당이 형성됐다. 남인 붕당의 경우,
이황이 경상좌도를 중심으로 활동하였기에 경상도가 거점지역이
었다. 반면에 북인은 지역적으로 서경덕의 개성지역과 조식의 경
상우도 지역이 혼합됐다. 이들 학파는 각 학파의 거두들 생존시에
는 현실 안정책을 중시했지만, 사후 각자의 학파별로 달리 활동했

다. 일반적으로 각 학파들은 지방의 서원을 중심으로 형성됐다. 초기는 동인이 주도권을 잡고 조일전쟁 등 국가의 혼란기를 이겨 냈다. 광해군 시기에는 북인이 정권을 잡고 실리적 외교를 통해 국가를 안정시키며 조일전쟁 후의 혼란을 극복해 나갔다. 그러나 광해군의 도덕적 문제점에 문제를 제기한 서인과 일부 남인들에 의해 쿠데타가 일어나면서 북인당은 완전히 소멸되고 말았다. 이후 붕당은 서인 대 남인의 싸움으로 변화됐다. 그러나 인조반정으로 권력을 잡은 서인은 조선 말기까지 거의 대부분의 권력을 장악하면서 지나친 대의명분에 치우친 정치를 펼쳐 조선사회를 위기에 빠뜨리기도 했다. 이들 서인들은 이이의 제자와 성혼의 제자들로 초기 김장생, 이연립, 윤방, 김진강 등이 학파를 설립했다. 그중 김장생은 이이의 철학에서 사회경제개혁보다는 예학과 보학을 강조하는 학문을 이룩하고 새로운 후학을 양성했다. 이후 김장생과 김집을 중심으로 한 학파가 형성되어 서인의 주류를 형성했고 인조반정으로 확고한 서인 권력을 수립했다.

3) 실학 – 조선의 가능성

조선 사회는 인조반정 이후 서인정권이 등장하면서 성리학적 대의명분을 강조하면서 조청전쟁이라는 치욕을 격어야 했다. 조선이 항상 오랑캐라고 부르던 만주족의 누루하치가 청나라를 세우고, 조선이 천자로 모시던 명나라가 망하면서 성리학적 세계관은 그 근본이 흔들릴 수밖에 없었다. 이런 세계사의 변화는 조선에도

▲ 북학파들이 연경으로 가기 위해 가는 길. 그 길에 경의선 철도가 다니고 있다.

점차적인 변화를 가지고 왔다. 더 이상 청나라는 오랑캐가 아닌 중원의 중심이었고 명나라는 더 이상 세계의 중심이 아니었다.

이런 변화 속에서 탄생한 실용학문이 실학이었다. 실학은 '경세치용'과 '이용후생', '실사구시'를 내세운 실생활 중심의 학문이었다. 따라서 대의명분만을 강조하는 성리학과는 근본적으로 다를 수밖에 없었다. 이들 실학자들은 대부분 권력에서 밀려난 남인이 중심이었다. 남인은 권력에서 밀려나 농촌에 정착하면서 직접 자신의 손으로 농사를 지어야 했다. 따라서 농민생활의 고달픔을 몸으로 느낄 수 있었다. 남인들은 농민들의 막대한 조세부담을 경감시키고 농업 생산량을 획기적으로 변화시켜야 할 필요를 몸으로 느낀 사람들이었다. 이들은 주로 경기도를 중심으로 한 기호 남인학파가 대부분이었다.

서인 정권 내부에서도 일부 변화의 바람이 불었다. 권력을 담당한 서인세력은 정치와 외교를 통해 자신들의 권력을 존속시켜야 했다. 특히 중국의 변화에 따라 새롭게 등장한 청나라와의 외교를 강화할 수밖에 없었다. 권력을 담당했기에 이 외교 역시 서인들의 몫이었다. 중국을 다녀온 사람들은 세상에 중국만 있지 않다는 것을 알게 되었다. 그리고 중국의 변화를 현지에서 몸으로 느끼기 시작했다. 이들은 중국에 온 서양 상인들을 만나면서 상업의 중요성을 몸으로 느낀 것이다. 따라서 조선에서 상업의 필요성을 역설했다. 이들이 바로 이용후생 학파로 불리는 북학파였다. 북학파는 주로 서울 출신으로 DMZ를 통과해 경의선 길을 따라 중국을 다녀온 사람들이었다.

그러나 이들의 사상은 현실에 적용되기에는 그 시기가 너무나 짧았고 권력을 장악한 서인세력의 벽은 너무 높았다. 정조 집권 때 문화적 해빙기에 이들의 일부가 일시 활약하기는 했으나 현실에서 이들의 사상이 실생활에 적용되기 전에 정조가 죽음을 맞이했다. 그리고 실학은 세상에 다시 묻혀야 했다. 그러나 실학은 이후 개화파에게 일정한 영향을 주었고 한반도 자본주의 성립의 맹아적 형태로 나타나기도 했다.

실학의 탄생

실학이 조선 사회에서 어느 시대에 본격적으로 등장했는가 하는 문제에 대해 정확한 대답을 내리기는 어렵다. 그것은 실학자로 불리는 사람들의 학파가 어느 하나의 학통을 가지고 성립되기 보다는 필요에 따라 성리학이 변화하는 과정속에서 실생활에 도움이 되고자 하는 사회 개혁적 사상으로 변해왔기 때문이다. 그리고 실학자라 불리는 일군의 학자들이 현실 개혁에 참여하기 보다는 은둔형 학자들이 많았고 현실 정치에서는 배제된 사람들이기에 하나의 학통으로 묶이기 어려운 이유도 있다. 그러나 대략 실학의 시작에 대해서는 반계 유형원의 '반계수록' 이 출간된 현종 시기로 보는 것이 적절할 것이다. 유형원의 '반계수록' 은 이후 이익과 정약용 등의 실학에 기반을 제공하고 있기 때문이다.

이들의 학파적 특징은 매우 복잡하게 나타나고 있다. 이들은 소위 말하는 기호남인학파 혹은 경세치용 학파로 분류된다. 보통 남인학파라 하면 퇴계 이황의 학통을 계승한 유파에 속한다. 그러나 퇴계의 학풍을 고스란히 수용한 사람들은 영남 남인이 주류를 이룬다. 반면에 이들 기호남인학파는 지역적으로 경기도와 강원 영동 지방을 기반으로 하는 사람들이었다. 또한 학풍은 같은 남인이라고 해도 영남 남인과 다른 학풍을 보이고 있다. 광해군 이후 서경덕과 조식 계열의 북인들이 몰락하면서 이중 서경덕의 학풍을 이어받은 소북계 사림들이 대거 남인으로 흡수되면서 기호남인 학파의 학풍은 기존의 퇴계 학풍과 함께 서경덕의 현실 개혁적 학풍이 복합적으로 나타나는 경향을 나타낸다.

따라서 이들의 학풍이 하나의 맥을 가지고 형성되어 발전했다고 하기에는 무리가 있다. 다만 기호남인 학파를 대표하는 허목이 영남의 퇴계학을 기호학파에 접목시키고, 이후 이익이 집대성하였다. 또한 이익은 퇴계학과 기호학파를 접목시킴과 동시에 100년간 세상에 알려지지 않았던 유형원의 '반계수록' 를 알리고 그의 학문을 완성시킨다. 따라서 유형원의 '반계수록' 을 실학의 효시로 보지만 실제 '반계수록' 을 세상에 알리고 유형원의 학문을 집대성한 사람은 성호 이익이다. 반계 유형원의 학문은 성호 이익에 의해서 정조대에 실학이라는 새로운 학문적 분류를 이루는 교두보를 놓게 된다. 그리고 이들의 영향을 받은 학파들이 소위 경세치용학 또는 중농주의적 실학으로 규정된다.

유형원은 기호남인 학파로 분류되지만 실제 그가 출사하여 정계에 입문한 사실은 알려지지 않고 있다. 따라서 철학적, 정치적 동류의식으로 뭉쳐진 일반 학통과는 그 맥락을 달리한다. 다만 그가 지역적으로 서울 출신으로 경기도 일원에서 활동하였기에 지역적 맥락과 함께 그의 학문적 맥락이 남인계열로 분류된다. 실학의 기반을 제공한 그의 저술인 '반계수록'은 그의 사후 100년 만에 세상에 알려지게 된다. 당시 임금이었던 영조는 반계수록을 읽고 세상에 그의 학문을 알릴 것을 명하였다고 한다. 그리고 이 왕명을 받아 세상에 알린 사람이 바로 성호 이익이다.

'반계수록'에 나타난 유형원의 사상적 특징은 부민, 부국을 위하여 제도적인 개혁을 이뤄야 한다는 것이었다. 나라를 부강하게 하기 위해서는 농민들의 생활을 안정화 시켜야 하고 이를 위해 토지제도를 개혁하여 농민들에게 최소한의 경작지를 분배해야 한다는 것이다. 따라서 유형원의 최대 목표는 자영농민을 육성하여 민생의 안정과 국가경제를 바로잡자는 것이었다. 그의 사상은 토지를 국가가 공유하고 농민들에게 일정량을 분배하는 균전제를 실시하자는 것이다. 이 균전제는 이후 이익의 한전제로 이어지고 정약용의 정전제와 여전제로 완성된다.

유형원은 국가재정을 확립시키기 위하여 세제와 녹봉제를 정비할 것도 주장하였다. 세제는 조와 공물을 합쳐 경세라는 이름으로 바꾸어 경세를 수확량의 1/20로 하여야 한다는 주장이다. 그리고 과거제의 폐지와 학제 개혁을 통한 일종의 추천제인 공거제 실시를 주장함과 동시에 신분제 및 직업 세습제의 개선 등 다양한 방면의 개혁을 주장한다. 그는 이러한 개혁이 완성될 때 하늘의 덕과 왕도가 일치되어 이상국가가 이루어진다고 말한다. 그의 개혁은 실현되지 못했으나 향후 실학자들의 이상론이 되었으며 실학파의 형성에 많은 영향을 주게 된다.

중농주의 실학파

성리학에서 '이'란 이성의 기본이 된다. 이가 기본적으로 발휘될 때 '기'가 따라서 발한다고 본 것이 주리론이다. 이것을 경제적인 측면에서 보면 본성이 발하는 것을 이기심이라고 볼 수 있다. 이가 먼저 발하고 기가 따라오는 것은 자본을 축적하기 위해 상업적 행위를 하는 것은 부수적으로 따라오는 것이 된다. 땅이란 만물의 기본이고 자신의 노력을 투여한 만큼 성과를 얻을 수 있는 토지는 만물의 근원이 된다. 따라서 토지에 투자하는 노력은 이성으로 간주될 수 있다. 이 이성이 투여되어 생산을 할 수 있는 농업이야 말로 생산활동의 최고 가치라고 볼 수 있는데 이것이 바로 중농주의적 철학의 기본이라고 볼 수 있다. 여기서 생산된 생산물로 이윤을 취하는 것은 올바른 행위이다. 따라서 농업의 가치를 소중히 하는 것은 국가적 부를 늘리는 정직한 이윤 행위로 인정받을 수 있는 것이다.

중농주의의 철학적 가치는 이렇듯 '이'를 기본으로 하여 경제를 파악한 것이다. 일반 경제학에서 말하는 '부속생산물'은 농업을 통해서 얻은 생산물을 시장에 판매하는 행위이다. 이것이 농민들의 생활안정을 가져다준다. 그리고 가장 정직한 토지에 대해서 매매를 금지하고 '경자유전'의 원칙에 따라 농민에게 분배하는 것은 당연한 진리이다. 경세치용 학파가 토지개혁을 중시한 이유이다.

조선 후기에 들어오면서 한반도 농업은 급격한 변화를 겪게 된다. 기존의 농법은 씨를 직접 토지에 뿌리고 김매기를 통하여 쌀을 수확하는 직파법이 대부분이었다. 그러나 후기에 들어서면서 관개시설이 개선되면서 모내기를 하는 이양법이 급속히 전파되기 시작했다. 이양법은 직파법에 비해 단위당 생산량이 매우 높았다. 더구나 노동의 양은 직파법에 비해 현저히 낮게 되었다. 일정한 간격으로 모내기를 하기 때문에 김매기에 들어가는 일손이 적어진 것이다.

농사에서 적어진 일손은 농민들에게 새로운 가내수공업을 가능하게 하였다. 더구나 단위당 생산량의 확대는 잉여 생산을 가능하게 하였고 잉여 생산물은 당연히 시장에서 판매로 이뤄졌다. 따라서 시장도 활성화 될 수 있었다. 자본은 조금씩 축적 할 수 있는 가능성을 보여주었다.

그러나 이양법은 커다란 문제가 있었다. 조선에서 비록 관개시설이 이전에 비해 많이 확보되고 있다고는 하나 매우 부족했다. 그리고 봄에 한반도는 극심한 가뭄에 시달린다. 비가 오지 않으면 모내기를 할 수 없고, 모내기를 못하게 되면 그해 농사는 망하게 된다. 이런 이유로 조선에서 이양법은 법으로 금지되었다. 그러나 대토지 소유주와 자영농은 이양법을 선호했다.

자신의 부를 늘릴수 있었기 때문이었다. 대규모 자본은 주변의 중소자본을 잠식한다. 이것은 조선 사회에서도 똑같이 적용되었다. 대규모 농장들이 주변의 중소농장의 이윤을 잠식하면서 더욱 거대한 토지로 변해간 것이다. 그리고 자영농의 비율은 점차 축소되고 농민은 소작농으로 전락한다. 국가의 세금은 몰락하는 자영농의 비중 만큼 줄어들 수밖에 없게 된 것이다. 따라서 토지개혁은 국가의 부를 늘리고 농업사회의 가장 중요한 생산민인 농민들을 안정을 가져다주는 것이다.

유형원은 그의 책 '반계수록'에서 균전제를 주장했다. 그리고 이익은 그의 저서 '성호사설'에서 '한전제'를 주장한 것이다. 마지막으로 실학을 완성한 정약용은 '경세유표'를 통해 '정전제'를 주장하게 된 배경이 된다. 이들 중농주의자들 개혁의 끝은 토지개혁이었다.

균전제는 토지의 공유화를 주장한 것이다. 이익의 한전제는 토지는 원천적으로 국유인 것으로 사적인 소유가 확대되는 것은 사회악의 원천이라는 기본 개념에서 출발한다. 따라서 토지측량을 철저히 하여 토지의 점유를 막아야 할 것이고 토지의 사적 소유를 제한하여야 한다는 것이다. 또한 토지의 수탈을 방지하기 위해 가구당 기본수요 토지를 1결로 하되 이상일 경우에는 자유매매를 허용하고 그 이하는 토지매매를 금지하여 자영농의 몰락을 막도록 하였다. 또한 당시 성행하던 이양법 보급을 위해 관개 및 수리시설을 확대하고 경지 개간에 힘쓸 것을 부탁했다.

이런 이익의 중농주의는 정약용의 '정전제'로 완성된다. 정약용의 정전제는 가장 이상적인 토지제도였다. 그러나 정전제의 실행은 이상적 토지제도일 뿐 현실 적용에서 문제를 가지고 있었다. 따라서 정전제를 현실적으로 적용한 토지제도가 '여전제'였다. 그는 현명한 목민관은 권농을 으뜸으로 하고, 전정과 군정에 치중하여 병농일치를 근간으로 하는 중농정책을 기본으로 하였다. 토지의 소유는 경자유전의 원칙에 입각해 국가 또는 경작자 이외의 지주제도는 인정하지 않았다. 여기에 조세는 정전제를 모태로 하여 1/10세를 원칙으로 삼았다.

실학의 기본을 이루고 있는 중농주의, 이른바 경세치용 학파는 사회제도 개혁의 근간을 토지개혁으로 삼고 있었고 토지의 경작을 농민에게 귀속시킬 수 있는 방안을 찾기 위해 노력하였다. 이는 국가 운영의 근본이 바로 농업이라는 점과 함께 이들이 경기도 일대에서 생활하면서 농민들의 어려움을 몸소 느꼈기 때문이었다. 유형원은 양주 일원에서, 이익은 안산에서 정약용은 남양주 근방에서 농민들과 더불어 생활하였다. 그러나 이들의 한계는 비록 이론적으로는 당시 사회에서 매우 혁신적이었으나 현실적으로 이들의 이론이 적용되기에는 실학자들이 중앙관직에 오래 머무르지 못하고 대부분 귀향살이를 하거나 지방으로 낙향한 사람들이었다. 따라서 이들의 논리는 이론적 수준에 머무를 수밖에 없었다. 이것은 북학파 역시 별반 다르지 않았다.

중상주의 실학파

경제학에서 본성의 발현은 바로 이윤의 창출이다. 이윤을 창출하는 가장 중요한 방법은 상업과 국제무역의 활성화로 나타나는 것이다. 여기서 북학파 경제사상은 출발한다.

당시 조선사회는 대동법의 실행으로 인해 모든 조세의 금납화가 빠르게 진행되었다. 조세의 금납화로 국가는 거둬들인 조세로 자신이 필요한 물건을 직접 구매해야 했다. 그리고 국가의 구매를 중간에서 대행해주는 공인들은 계속적으로 증가하게 된다. 여기에 이양법의 보급으로 인해 농업 노동력이 절감되면서 국가적으로 시행한 관영수공업은 몰락하고 새롭게 가내 수공업이 발달하고 있었다. 따라서 상품의 새로운 유통구조의 확립이 필요한 시기였다.

북학파는 가난의 원인으로 각 지역의 생산물이 운반수단의 결핍으로 진단하였다. 이것은 자연적 풍요에도 불구하고 사회적 빈곤이 보편화된 것은 유통과 교류가 제대로 행해지지 못하는 것이므로 수레를 적극적으로 활용할 것을 주장하였다. 유통의 원활한 확충과 생산시설의 마련을 통한 공급의 확대를 주장한다. 공급이 확대되어야만 유통구조도 안정화 될 수 있다는 논리였다.

또한 벽돌의 생산을 적극적으로 권장하였다. 벽돌의 이점은 매우 다양했다. 조선사회에서 쓰이고 있는 도량형은 정확한 용량을 측정하기에 불합리했다. 그러나 벽돌은 정확한 도량 기준에서 나와서 사용돼야 하기 때문에 도량형의 기준을 제시 할 수 있었다. 또한 벽돌은 건축에서 다양하게 쓰인다. 건축은 많은 노동력이 들어가야 하는 복합적인 기술이다. 여기에 벽돌을 사용한다는 것은 건축의 분업화를 촉진시키는 계기로 작용한다. 정조시대 건축된 수원의 화성이 계획된 10년보다 훨씬 짧은 3년 내에 완성될 수 있었던 이유는 각종 과학적 도구의 사용도 있었지만 벽돌로 성을 만들면서 건축의 분업화가 가능했기 때문이다.

▲ 북학파 실학의 대표인 연암 박지원 선생의 묘로 개성시에 자리잡고 있다.

　이들 북학파는 사회적 부의 재분배에 대해서 인간의 이타심을 부각시킨다. 박지원은 그의 소설 '허생전'에서 매점매석을 통해 얻은 이윤을 도적들에게 나눠주고 그들이 평화롭게 살게 만들어 준다. 여기서 이윤을 얻기 위한 방법은 당시 사회의 유통구조가 허약하다는 점을 비판하고 있다. 그리고 그가 도적들에게 자신의 이윤을 나눠주는 것은 이타심의 발로로 표현된다. 이렇게 분배된 이윤의 재분배는 다시 국가적인 부로 환원된다는 점을 강조한 것이다. 박제가 역시 '북학의'에서 당시 민중의 수요 억제와 절제가 경제안정에 절대적이라는 기존의 경제관을 비판하고 생산시설의 확충을 통한 공급증대가 유통을 원활히 하여 부를 재분배한다는 논리를 주장했다.

　이들 북학파들의 주장의 배경은 이들에게 개성 상인이라는 배경이 존재하고 있다. 이들 개성 상인은 조선이 건국된 이후 중앙

정계로의 진출이 막혀있었다. 따라서 그들은 살기위해서 상업을 택할 수밖에 없었다. 이들의 상행위에서 특이한 점은 바로 유통을 원활히 하기 위해 전국적인 거점을 확보하였다. 인삼의 재배와 가공, 유통에 있어서 개성 인삼이 전국적으로 퍼질 수 있었던 이유가 그들의 유통망 확보였다. 그리고 이들 개성 상인들은 대외무역에도 활발히 참여한다. 특히 영정조 시대 노론 출신이었던 경화사족들은 청나라의 잦은 행차를 가야했던 사람들이다. 그들의 청나라행은 정치외교적 목적도 있었지만 국가적 상업을 대행할 업무도 있었다. 청나라 수출품 중 최고 인기 품목인 인삼은 개성 상인들이 장악하였기에 개성 상인들이 동행할 수밖에 없었다. 따라서 중국에서 보는 발달한 과학기술과 개성 상인의 상행위는 이들 북학파들에게 중상주의적 사상을 자연스럽게 터득하게 만든 원인이 되었다.

조선사회의 내재적 발전 가능성 모색

한국 경제사학계는 1990년대 초반 '식민지 근대화론'이란 새로운 내용의 이론을 탄생시켰다. 20세기 개발도상국 가운데 거의 유일하게 자본주의 발전을 이룩한 한국사회를 진단하면서 같은 시기에 독립한 국가 중에 왜 유독 한국만이 발전을 이뤄낼 수 있었는가 하는 문제를 분석하는 과정에서 나타난 논리였다. 이는 한국사회가 일제 식민지를 거치면서 1900년대 초반 사회발전의 초석을 다질 수 있는 기반시설이 마련되고 1920년대 기업이 허가제에서 신고제로 바뀌면서 초기 자본축적이 가능했다는 것이다. 초기 자본축적과 함께 일본의 식민지 지배에서 토지조사 사업이 근대적 토지제도를 형성했다는 식의 논리였다. 또한 해방 이후 일제 시기 자본주의 근대화는 한국의 자본주의 발전에 토대를 형성했다는 것이었다.

일면 타당한 측면이 있을 수 있다. 그러나 그것이 전체가 될 수는 없을 것이다. 역사란 수많은 우연적 사건들이 모여 필연으로 나가는 것이다. 식민지 근대화론자들의 주장은 수많은 우연적 사건 중 극히 일부만을 부각시켰다. 또한 자료에 있어서도 가치판단의 개입을 배제하기 위해 일본에서 작성한 2차 자료만을 분석대상으로 했기에 어쩌면 이런 결론은 당연스러울지 모른다. 당시 우리민족은 자료를 작성할 위치에 있지 않았기에 식민지 사회에 대한 분석이 직접적으로 이루어지지 못했다. 따라서 당시 자료는 일제에 의해 작성한 자료에 의존해야 한다는 맹점이 있다. 최근 경제사의 흐름이 일차자료에 입각해 개량화된 데이터 분석이 대세를 이루고 있는 측면에서 보면 당연히 그들의 논리는 맞을 수 있다. 하지만 사회를 분석하는데 가치판단을 배제한 자료 분석은 한계가 있을 수밖에 없다. 식민지 근대화론자들의 설명이 맞다면 성서에 다윗과 골리앗의 싸움에서 다윗이 어떻게 골리앗을 이길 수 있겠는가?

아마도 한국사회의 자본주의가 발전 할 수 있었던 측면은 조선사회에서 일어난 일련의 자본주의적 관계의 발생과 함께 실학이 보여준 자본주의적 가치가 근대사회 조선인들의 기저에 흐르고 있었기 때문이다. 일반적으로 조선 후기 사상의 흐름을 진보와 보수로 구분한다면 실학은 진보적 사상이었다. 그들의 주장은 조선 후기 개화파 사상의 선두주자라 할 수 있는 연암 박지원의 손자

박규수로 이어진다. 박규수의 이런 개화사상은 김옥균과 박영효, 김윤식 등에게 전파되면서 조선 개화의 골간을 구축하고 있다.

초기 개화파들의 사상은 일부 친일적 사상을 가진 한계로 나타나기도 하지만 서울과 개성의 시민사회와 공,상업을 중심으로 한 최한기의 근대사상으로 발전하기도 하였다. 최한기는 사농공상의 신분제 철폐를 강력히 주장하였다. 그는 인간은 원래 평등한 '기'의 소산이므로 그 기의 운용인 현상적 인간과 사회도 평등해야 한다고 주장하여 율곡의 주기론을 계승하였다. 또한 경제유통이 원활히 이루어져야 하므로 그는 공업과 상업에 대하여 "그 운화의 통, 불통이나 민용에 이로운가 이롭지 않은가에 따라 그 귀천과 우열이 나타난다"고 하여 새로운 경제윤리관을 주장했다. 따라서 인재의 등용에 신분이 아닌 개인의 능력에 따라 판단하고 개인의 능력을 개발할 수 있는 교육강화를 주장했다.

이런 19세기 선진적인 사상은 무너져 가는 왕조는 인정하지만 사회경제적 발전의 흐름은 거부할 수 없다는 것이었다. 이러한 근대사상은 실학을 거치면서 조선후기 사상적 흐름의 중요한 일부분을 차지했다. 그러나 세계자본주의 체제의 커다란 물결 앞에 이 흐름이 저지되었다.

비록 자율적인 근대발전의 길은 식민지화로 저지되고 말았으나 전통적인 사상속에서 조그마한 변혁사상으로 싹을 틔웠고, 체계화된 이론으로까지 정립된 것이다. 이런 전통사상은 조선사회의 내재적 변화의 일면을 보여준 것으로 해방 후 한국 근대화에서도 일정부분 역할을 차지한 것은 부인할 수 없는 사실이다.

강화도에서 갈라진 남북의 근대사

일반인들은 역사를 바라볼 때 보통 과거에 무슨 일이 있었는가와 그 시대에 누가 있었는가를 주로 염두에 둔다. 반대로 역사학자는 그 시대에 왜 그런 일이 일어날 수밖에 없었는가를 고민한다. 그렇기 때문에 역사학에서는 시대를 관통하는 시대 정신이라는 개념을 중요하게 여긴다. 그리고 그 시대정신은 한 시기를 구분 지을 수 있는 시대구분으로 마무리된다. 따라서 역사학자는 "역사연구의 모든 노력은 시대구분에 귀착한다"고 말한다.

즉 시대구분은 역사전개과정을 체계적으로 이해하기 위한 기초적인 과제이자 가장 중요한 관건이 되며, 그만큼 어려운 작업이라는 의미를 담고 있는 것이다. 남과 북의 수많은 역사학자들은 역시 시대구분을 위해 서로 논쟁하며 남과 북의 역사에 사관에 기초한 시대구분을 위해 노력해왔다.

이러한 시대구분의 노력은 남과 북이 분단된 만큼 남북의 역사학자들에게 있어서 또 다른 장벽으로 막혀있는 것도 사

▲ 척화비 – 병인양요 후 대원군이 세운 경고비로 서양의 배는 우리해역을 통과하지 못한다고 적혀 있다.

실이다. 남측은 남측대로 사회 내부에서 역사학자들이 자신들의 노력으로 남측 역사에 부합하는 시대구분을 결정했고, 지금도 노력하고 있다. 반면에 북은 북의 주체사관에 입각한 시대구분을 위해 꾸준히 노력해 왔고 지금은 시대구분 논쟁을 일단락 지었다.

시대구분에 대해서는 남북이 약간씩 다른 견해를 나타내고 있지만 재미있는 공통점은 근대사의 시발점이 되는 사건들이 강화도에서 시작되었다는 것이다.

북의 근대사 출발

북의 근현대사 시대구분 논란은 크게 3단계로 나누어 이해할 수 있다.

1기는 1945년 해방에서 1950년 초반까지 시기로 해방 이후 식민사관을 극복하고 맑스-레닌주의의 고전학습에 기초한 역사관의 정립시기였다. 이 당시 북의 학자들은 명확한 시대구분을 제기하지 못했다. 단지 시대구분의 단초를 제공하는 사건을 나열하는 것이 대부분이었다.

그러나 1952년 12월 조선노동당중앙위원회 제5차 전원회의를 계기로 "맑스-레닌주의의 원리와 소련의 모범을 그대로 본받을 것이 아니라 북한의 현실에 맞게 창조적으로 적용할 것"이 북측 사회 전 분야에 강조되면서 과학적인 역사를 확립하려는 시도가 시작되었다. 이로 인해 북에서는 근현대사 시대구분이 시급한 과제로 대두되었다.

2기는 1950년대 초반에서 1960년대 중반까지의 논쟁이다. 이 시기에 북측에서는 수많은 세미나와 지상토론회가 전개되었다.

당시 논쟁의 중심은 근대사의 시점과 종점, 그리고 시기구분의 원칙과 기준에 관한 문제였다.

세미나와 토론회를 통해 시대구분의 원칙 기준에 대해서는 사회구성의 변화·발전과 그 표현으로 계급투쟁의 변화·발전을 동시에 고려해야 한다는 의견이 도출되었다. 그리고 그 중 어느 것을 우위에 둘 것인가에 대한 입장에 따라 근대사의 시대구분을 계급투쟁설과 사회경제설로 나누게 된다.

계급투쟁설은 한국의 근대사가 반식민지, 식민지라는 특수한 성격을 가지고 있기 때문에 근대=자본주의라는 세계사적 원칙을 기계적으로 적용할 수 없다고 주장한다. 따라서 이들은 이들은 식민지 사회에서는 민족모순이 주요모순으로 민족투쟁이 주요한 투쟁이었다는 설을 주장하고 그 계기를 1866년의 병인양요로 출발점을 삼고 있다. 단 이들은 근대사의 종점을 1919년 3.1운동으로 볼 것인가와 1945년 해방으로 볼 것인가에 대하여 약간의 차이를 두고있다.

반면 사회경제설은 시대구분의 원칙과 기준을 생산방식의 발전에 따른 단계의 교체에서 찾아야 한다는 입장이다. 따라서 이들이 말하는 근대는, 자본주의 생산양식에 조응하는 방식이며 조선의 특수성을 고려하여 자본주의 생산방식이 어떤 역사적 기간에 존재하였는가를 고민했다. 따라서 이들은 1875년 운요호사건 이후 맺어진 강화도 조약을 시점으

▲ 병인양요의 격전지였던 덕진진에서 바라본 강화해협. 멀리 광성보의 용두돈대가 보인다.

로 기준을 잡아 1876년 설을 주장하고 종점을 1945년으로 합의했다.

두 논쟁에서 공통적으로 1945년을 종점으로 하는 근거는 해방으로 일제 식민지 지배가 종식되고 사회주의 시대가 도래했다는 점에서 근대의 종점을 합의해 나갔다. 그리고 논쟁의 결론으로 1866년 병인양요를 외세와 민족간의 민족적 투쟁의 시발로 보고 1866년 시발과 1945년 종점으로 합의하게 된다.

▲ 병인양요와 신미양요, 운요호 사건 등으로 포탄에 맞아 자욱이 선명한 초지진 앞의 소나무

주체사상의 확립과 새로운 시대구분 확립

3기는 1960년대 중반부터 시작해 현제까지의 논쟁시기이다. 이 시기에는 1967년에 제기된 '온 당의 주체사상화'로 인해 북의 주체사상이 확고한 지위를 가지게 되는 시기이다. 따라서 역사에 있어서도 주체사상에 입각한 주체사관이 성립되게 된다. 주체사관이란 역사의 본질을 '인민대중의 자주성을 위한 투쟁'으로 규정하고 시대구분의 기준을 '역사의 동력인 주체와 혁명의 성격'에 두고 있다.

이러한 주체사관은 근대의 출발점을 반침략 반봉건의 부르주아 민족운동으로 규정하고 그 시점을 1860년대의 반침략 투쟁으로 설정하게 된다. 즉, 1866년의 병인양요를 외세와의 대립과 투쟁을 통한 민족의식의 상승시기로 규정하게 된 것이다.

또한 주체사관은 근대의 반침략 반봉건의 부르주아 민족운동이 반제 반봉건 민주주의 혁명으로 발전하는 단계와 구별하게 된다. 이는 해방 이후 사회주의 성립이 식민지와의 완전한 해방이 아닌 새롭게 등장한 외세인 미국과 제국주의 싸움의 연장선에 있다는 점과 맥을 같이 한다. 따라서 과학화되지 못한 부르주아 민족운동과 관학적 사상에 입각한 반제 반봉건 민주주의 혁명과는 분명한 차별을 두고 있다는 것이다.

이러한 기준에 따라 부르주아 민족운동이 새로운 반제 반봉건 민주주의 혁명단계로 진입한 결정적 계기가 된 사건인 1926년의 '타도 제국주의 동맹' 결성을 근대의 종점과 함께 현대의 시발점으로 자리매김하게 된다. '타도 제국주의 동맹(일명 ㅌ.ㄷ)란 김일성이 일본제국주의와 맞서기 위해 결성한 항일무장 유격대 조직이다.

남의 근현대사 논쟁

남의 근현대사 논쟁은 북의 논쟁에 비해 상당히 늦게 시작됐고, 아직도 명확한 개념이 성립되지 않고 있다. 그러나 대부분의 학자들이 근대사의 시작과 종점을 1876년 강화도 조약과 1945년의 해방으로 보는데 암묵적 합의를 이루고 있는 상황이다.

또한 경제사적 관점에서 볼 것인가, 경영사적 관점에서 볼것인가, 사학계의 관점이냐에 따라 서로간의 차이점을 가지고 논쟁을 하고 있다. 이렇게 남의 시대구분은 각 학계의 관점에 따라 다양한 의견이 존재하고 있으며, 또한 민족주의적 입장에서 자본주의 맹아론을 발전시켜 자본주의 맹아를 근대사의 시작으로 보자는 견해까지 존재하고 있다. 그렇게 되면 조선의 근대사 시발점은 1700년대의 영·정조 시기까지 거슬러가게 된다.

또한 일부에서는 극단적으로 조선이 서양과 처음 교류를 하게 되는 사건인 조일전쟁을 근대사의 기점으로 잡아야 한다는 주장까지 나오고 있다.

▲ 강화도 조약이 맺어진 강화 연무당 터

그러나 이러한 주장은 1980년대 '분단시대론' 을 주창했던 강만길 교수의 '한국근대사' 와 '한국현대사' 가 출판되면서 학계 전반은 아니지만 일부 연구자들에 의해 논의가 발전되어 왔다. 여기서 강만길 교수는 우리나라 근대사는 '통일된 민족국가' 를 수립하는 과정이라고 주장하면서, '문호개방' 에서 '합방' 까지의 시기를 정치적으로 민족국가 수립을, 경제적으로 자본주의화를 지향하던 시기로 이해하여 근대사에 편입시켰다. 그리고 해방 이후의 분단시대를 현대사로 보아야 하지만 우리민족이 통일된 이후에는 분단시대를 근대사에 포함시켜야 한다는 견해를 제기했다.

반면 신용하 교수는 중세적 봉건성의 극복과 자본주의 체제를 수립하는 지향을 근대사의 성격으로 파악하여, 근대사의 시점을 1850년대 말 1860년대 초로 보고 있다. 현대사는 식민지 시대를 벗어났다는 의미에서 1945년을 제기했다.

이렇게 남쪽 학계는 서로의 상이한 견해차이를 가지고 있지만 중요한 계기를 던지는 사건인 병인양요와 신미양요, 강화도조약이 강화도에서 일어났음은 누구도 부인할 수 없을 것이다.

남북이 상이한 역사관에서 비롯한 각자 다른 시대구분을 가지고 있고 그 사건이 모두 강화도라는 작은 섬에서 일어났다는 특징

을 가지고 있다. 항쟁과 고난의 섬 강화도에 남북의 대치만큼 역
사관을 달리하는 사건을 가지고 있는 강화도이기에 강화도에서
바라보는 역사는 분단의 골 만큼이나 깊어 보인다.

5. 신화가 된 사람들

역사는 승자의 기록이다. 역사에서 패배한 사람들은 대부분 예외없이 그 기록이 삭제된다. 패배자의 기록은 비겁자, 배신자, 폭군 등 갖가지 혹평을 뒤집어쓰게 된다. 물론 우연히 살아남아 승자보다 더 추대를 받는 경우도 있다. 그러나 쉽지 않은 현실이다. 살아있는 권력이 죽은 권력에 대해 가해지는 비판은 가혹할 수밖에 없는 현실이다. '모든 역사는 현대사'라는 경구는 모든 역사를 오늘에 유추해 해석한다는 의미도 있겠지만 살아있는 권력의 비정함을 말하는 경구도 될 것이다.

그러나 역사의 패배자가 계속 패배자로 남는 것은 아니다. 역사를 쓰는 살아있는 권력은 매정할지라도 민중들은 패배자에 대한 끊임없는 추모의 정을 보낸다. 오히려 살아있는 권력에 대해서 민중은 혹독한 비판을 한다. 그리고 죽은 권력을 그들의 마음속에서 다시 부활시킨다. '민심이 곧 천심이다'라는 의미를 되세겨 볼 때 역사의 패배자가 역사에 기록되듯이 꼭 나쁜 사람은 아닐 수 있다는 것이다.

고려사에 나타나는 궁예는 부인과 자식을 죽인 매정한 폭군이었다. 그런 궁예가 민중속에서는 미륵으로 부활했다. 자신이 미륵이라고 칭해서 민중들이 그를 미륵으로 추앙한 것이 아니다. 정치에서는 폭력적일 수 있지만 민중들을 대하는 그의 마음은 따뜻했다는 민중들의 마음이다.

아무런 힘없이 백제와 고려에 끌려다니다 고려에 항복한 경순왕은 어떤가? 그가 죽어서 경주에 묻히고자 떠나는 마지막 발길을 고려는 연천에 붙잡았다. 경주에 경순왕의 유해가 가면 권력도 손댈 수 없는 폭동이 일어날 것을 걱정했다. 그러나 경순왕은 그의 고향 경상도에서, 안산에서, 인제에서 대왕신으로 부활했다.

이성계에 의해 욕보이며 목을 베인 최영은 민중들의 민간신앙에서 장군신으로 부활했다. 개성 사람들은 최영을 죽인 이성계를 욕보이며 최영장군 사당에서 재를 올린 고기를 씹으며 성계육이라고 말하며 이성계를 욕했다. 지금까지도 한국의 무속인들은 최영장군을 최고의 장군신으로 모시고 있다. 그리고 개성공단이 열리던 날. 그들은 최영장군의 사당이 있는 덕물산으로 가서 자신들도 개성에서 재를 지낼 수 있을까 손꼽아 기다렸다.

임꺽정은 천민중에서 가장 밑바닥 출신인 백정이다. 그 백정이 임금에 대항해 혁명적 난을 일으켰다. 임금은 그를 가혹하게 처형했지만 민중의 마음속에 남아있는 임꺽정은 절대 죽지 않았다. 아직도 철원 한탄강에서 '꺽지'로 변해 탐관오리를 혼내고 민중들의 마음을 다독여주고 있다.

역사는 사실을 기록한다. 그 사실은 권력을 장악한 사람들의 눈에서 본 사실이다. 민중이 느낀 역사적 사실은 권력이 기록한 사실과 다를 수 있다. 그것이 역사이다. DMZ에서 죽은 그들이 민중의 마음속에서 다시 부활하여 민중의 어려움을 다독여주고 있다.

1) 궁예 – 미륵으로 다시 태어나다

일본 속담에 "지면 반군이요 이기면 관군이다"라는 말이 있다. 이 말이 가장 적당한 사람은 누구일까? 한반도 역사에서 많은 승자와 패자가 있었다. 역사는 다른 학문과 다르게 눈물을 가지고 있는 것 일까? 승자가 아닌 패자에 대해서도 일정부분의 자리를 양보해 줬다. 김유신에 패한 계백은 백제의 마지막 장수로 5천의 정예병으로 5만의 신라군과 싸워 장렬히 전사했다고 기록했다. 포은 정몽주는 비록 고려를 지켜내지 못했으나 조선에서 충의와 절의의 상징으로 다시 기록되었다. 삼봉 정도전은 이방원에 의해서 죽었으나 조선의 기틀을 다진 인물로 기록하고 있다.

그러나 태봉국을 세운 궁예에게 만큼은 역사는 가혹하리 만큼

▲ 흔적만 남아있는 DMZ안의 궁예도성

냉혹한 평가를 내리고 있다. 아들과 부인을 죽인 미치광이, 미륵 관심법으로 자신의 신하를 마음대로 살해한 폭군, 자신을 미륵으로 칭한 이교도 등등이다. 역사의 기록에 의존해 궁예를 본다면 이렇게 의심이 많고 잔혹한 궁예가 어떻게 18년간 한 국가의 왕으로 있을 수 있었는가 의문이 날 수밖에 없다.

비록 궁예가 신라의 왕족이라고는 하나 어린 나이에 궁에서 쫓겨난 사람이다. 오히려 한낱 도적의 무리에서 스스로 일어나 강원도 일대를 장악하고 끝내 새로운 국가를 건설한 그의 일생은 역사의 기록으로는 해석이 불가능하다. 그러면 그에게 다른 무엇인가가 있지 않았을까?

해답은 오히려 간단하다. 민간 설화를 바탕으로 그의 일생을 쫓는 길이다. 민간에 구전으로 내려오는 기록은 비록 글로 기록된 역사와 상당히 다를 수는 있어도 백성의 마음속에 궁예가 어떻게 자리매김 하였는가를 알 수 있는 방법이다. 구전으로 기록된 궁예는 분명 미륵이었다. 그것도 자신이 미륵을 사칭한 것이 아니라 백성이 그에게 붙여준 살아있는 부처, 즉 생불이었다.

역사의 기록에 따라 극명하게 갈라지는 궁예의 일생. 역사는 승리자의 기록이기에 패배자에게 역사는 자신의 슬픈 초상일 뿐이다. 그러나 백성에 의해 다시 태어난 궁예는 분명 미륵이었다. 그리고 민중들에게 다시금 희망을 던져줄 메시아였다.

DMZ를 최초로 횡단한 사나이

휴전선 155마일이라는 말을 많이 들었다. 1953년 7월27일 전쟁이 끝나면서 유엔을 대표해서 미국과 북한과 중국이 맺은 정전협정은 강과 바다를 제외한 육지에서 분쟁지역의 조정을 위한 군사분계선을 그었고, 분쟁의 재발을 방지하기 위한 완충장치로 DMZ라는 지역을 설정했다. 우리는 편한 말로 DMZ라는 말을 하지만 실제 DMZ에 들어가 동서를 횡단한 사람은 아무도 없다. 우리가 아는 DMZ는 대부분 민간인통제구역인 민통선을 혼용해서 쓰고 있기 때문이다. 이렇게 민통선을 대입하면 분단의 끝인 임진강 하구에서 강원도 고성의 동해안 끝까지 횡단한 사람은 약간명이 있을 것이다. 그러면 이 휴전선 155마일, 즉 250Km의 휴전선을 동서로 횡단한 사람은 누구일까?

많은 사람들이 전쟁 이후만 생각할 것이다. 그러나 답은 전쟁 이후에 있지 않다. 그것도 약 1100년 전에 이 지역을 동에서 서로 횡단한 사람이 있으니 그 이름이 바로 궁예이다.

궁예라면 의아해 할 사람이 많겠지만 역사적으로 보자면 그가 이동한 코스가 지금의 휴전선을 정확히 따라서 이동했고 그가 세운 태봉국의 수도가 철원에, 그것도 정확히 DMZ 안에 한치의 오차 없이 들어가 있다는 사실이 놀라울 뿐이다.

궁예의 아버지는 신라 47대 헌인왕이며 어머니는 이름이 알려지지 않은 궁녀였다. 혹은 제48대 경문왕의 아들이라는 설도 있다. 그의 탄생설화에 의하면 5월 5일 아기가 태어났는데 일관이 말하기를 단오날 태어났으며 나면서부터 이가 나고 이상한 빛까지 나타나므로 그는 국가에 해로울 것이라고 하였다. 왕이 이를 믿고 죽일 것을 명하자, 사자가 그 집에 가서 강보로 싸인 아기를 빼앗아 다락 밑으로 던졌다. 이때 유모가 다락 밑에 숨어 아이를 받았으나 손가락으로 눈을 건드려 평생을 애꾸눈으로 살게 되었다고 한다. 그 뒤 궁예는 10세에 세달사에 들어가 출가하고 승려가 되었다. 이후 궁예는 충주와 원주 부근에서 세를 형성하던 양길의 수하로 들어가 많은 공을 세우고 자기 세력을 키워나갔다. 어느 정도 세를 얻자 궁예는 이를 기반으로 영월, 영주, 울진을 거쳐 지금의 강릉인 명주로 이동 그곳에서 양길과 결별하고 자기의 세력을 확보하였다.

궁예가 정복 활동으로 처음 나섰던 곳이 명주 북쪽 고성지역이었다. 이는 서진하여 양길과 맞서게 되는 것을 피하고 안정적으로 자기 세력을 더 키우기 위한 전략의 일환이었다. 이러한 궁예의 북진은 매우 순조롭게 진행되었다. 그러나 북진에도 한계가 있었다. 말갈과 발해가 그의 북진을 막아선 것이다. 이에 궁예는 더 이상의 북진을 포기하고 서쪽으로 진출을 결심하게 된다.

예나 지금이나 영동에서 영서로 넘어오는 길은 그리 많지않다. 지금도 한계령, 미시령, 구룡령, 진부령 정도가 있을 뿐이다. 당시 궁예가 서진을 하기 위해 선택할 수 있는 길은 몇 개 안되었다. 대관령이나 미시령을 넘을 경우 양길과의 마찰을 피하기 어려웠기에 이를 피하였다. 따라서 궁예가 서진을 위해 이용한 통로가 진부령과 한계령이었다. 특히 한계령은 정상부에 한계산성이 있어 예부터 방어에 관심을 기울인 중요한 교통의 요지였다. 895년 궁예는 드디어 백두대간을 동쪽에서 서쪽으로 넘어 저족(인제), 생천(화천), 부약(김화), 금성(김화), 동주(철원)등 10여 군현을 차례로 점령하게 된다.

서진을 계속하던 궁예 세력은 철원에 이르러 그 기세가 한층 강해졌다. 특히 철원에서는 호족들뿐 아니라 농민과 하층민의 지

지가 절대적이었다. 이러한 궁예의 세력 확대는 예성강 주변 호족
이 궁예에게 미리 귀화하는 현상까지 나타났다. 이어서 궁예는 연
천과 파주를 거쳐 개성까지 쉽게 입성해 당시 개성을 중심으로 활
발한 해양활동을 하던 왕륭 세력을 손에 넣게 된다. 서해까지 진
출해 해양세력을 장악한 궁예는 이를 기반으로 901년 개성에서
새로운 나라를 건국하고 국호를 고구려를 계승한다는 뜻으로 '고
려'라 하였다.

철원에 도읍을 정하다.

처음 그가 세력을 키울 수 있었던 곳이 원주였다. 원주에서 양
길의 수하로 세를 확보하면서 독립의 의지를 키우게 된 것은 강원
도 영동지방으로 가면서였다. 그는 자신의 세를 확보하기 위해 출
발한 그의 첫 번째 진출로가 관동팔경 중 제 1경이 있는 울진이었
다. 이후 관동팔경이 있는 동해안을 따라 올라가면서 세력의 기틀
을 다진 곳이 바로 경포대가 있는 강릉이다. 강릉을 장악한 후 그
는 곧바로 속초와 간성, 고성을 장악하면서 강원도 영동지방 일대
를 자신의 세력권 안에 넣게 된다. 이후 그가 진출한 서쪽은 바로
지금의 휴전선으로 상징되는 고성, 인제, 양구, 화천, 김화, 철원
이다. 휴전선의 중간인 철원에서 완벽한 기틀을 잡고 국가를 세우
기 위해 나간 곳이 연천과 파주, 개성이다. 지금의 휴전선 일대가
궁예에게 기회의 땅이고 국운 상승을 위한 일대 신천지였다.

개성에서 나라를 세운 궁예는 점차 세력이 커지면서 개성지역
일대의 고구려계 유민뿐만이 아닌 백제와 신라의 유민이 편입되
면서 고구려의 후예라는 뜻의 국호인 고려를 바꾸게 된다. 그래서

▲ 궁예가 도성을 만들었던 철원 평야. 지금은 흔적도 없이 독수리만이 날아와 그날을 얘기하고 있다.

정해진 국호가 마진이다. 궁예는 고구려라는 특정국가의 계승의 식을 버리고 삼국을 통일한 진정한 대동방국을 지향한 것이다.

그러나 그의 통일 의식은 개성지역을 중심으로 한 호족들의 강한 반발을 불러오게 되고 마침내 철원으로 천도를 결심하게 된다. 일부 세력의 왕이 아닌, 한반도 통일을 이루고 북방으로 진출을 결심하기 위해 천도한 철원에서 궁예는 국호를 태봉으로 정한다. 그리고 철원지역에 대규모 역사를 통해 태봉국의 도성을 건설하게 된다. 그렇게 건립된 도성이 지금의 궁예도성이다.

궁예도성의 위치는 현재 비무장지대인 철원군 철원읍 홍원리이며, 성축 년대는 903 ~ 904년경으로 추정된다. 천도 당시에 도선의 도참설에 "금학산을 진산으로 정하면 300년을 지속할 것이며, 고암산을 진산으로 정하면 30년 밖에 유지하지 못한다"는 설이 있었는데, 궁예는 이를 무시하고 고암산을 진산으로 정하고 이곳에다 903년부터 궁전을 크게 짓기 시작하였다. 궁예도성은 외성, 내성도 튼튼히 축조하고, 10여개의 외곽성도 함께 구축하면서 세력을 확장하였다.

궁예도성은 외성과 내성으로 이중 축조된 특이한 성인데, 밑부분은 석축, 상단은 토축으로 외성의 둘레는 4,370m. 내성은 577m의 큰 규모이다. 내성에는 궁예만이 사용하였던 어수정과 석등 등 많은 유적이 있었으나 오랜 세월의 흔적으로 대부분 파괴되었다. 현재 휴전선 비무장지대 내에 정확히 들어가 있어 그 흔적을 찾아보기 힘들지만 궁예성 바로 앞에 위치한 철의 삼각 전망대에서 바라보면 당시 궁예가 삼국을 통일하고 북방으로 진출하고자 건립한 도성의 외성을 볼 수 있다.

궁예의 불교관과 몰락

궁예의 불교관을 살펴보면 궁예에 대한 부정적 사료의 재음미가 가능하다. 궁예가 자신을 미륵이라고 칭한 것은 미신적이라기보다는 혼탁한 사회를 개혁하려는 의지가 그만큼 강했다는 것을 나타낸다. 실제 그는 강릉지역에 진출하면서 당시 어렵고 힘든 백성들을 위해 군량미를 나눠주고 자신이 절에 있을 때 배운 의술로 백성들을 직접 보살폈다고 한다. 그래서 백성들 사이에 궁예는 살아있는 부처로 불리게 되었다.

당시 신라시대 말기에는 각처에서 새로운 세상에 대한 요구가 강하게 나타난다. 그중 대표적인 신앙이 미륵신앙이었다. 이 미륵신앙은 내세불인 미륵이 성불하는 시기에 태평시대가 된다는 사

▲ 궁예도성이 만들어졌던 DMZ 안 궁예도성

회개혁사상을 내포하고 있었기 때문이었다. 따라서 당시 호족 중 일부는 미륵을 자처하며 신라사회에 대한 백성들의 반감을 자신에게 끌어오려고 하였다.

당시 궁예의 불교적 성격은 미륵을 주존으로 모시는 법상종에 속해 있었다는 설이 있다. 이는 궁예가 자신의 두 아들을 각각 청광보살과 신광보살로 불렀다는 것이다. 여기서 청광보살과 신광보살은 각각 관음보살과 아미타불을 가리키는 것이다. 신라의 법상종에는 미륵과 아미타불을 중시하는 교단과, 미륵과 지장보살을 중요시 하는 교단이 있었는데 전자인 미륵과 아미타불을 모시는 법상종파에서는 관음보살을 매우 중요시 한다. 따라서 궁예가 세달사에서 선종이라는 법명을 받았으며, 신라 법상종의 전통을 깊이 이해하고 있었던 점으로 미루어 볼 때 그에 대한 불교관을 고려사는 필요 이상으로 미신적으로 묘사하였다는 것이다.

궁예가 부하들을 항상 의심하고 살해하였다는 것은 강력한 세력기반이 없이 초적의 무리를 근거로 개국한 그로서는 자신을 지키기 위하여 필요한 일이었다. 지역 호족을 자신의 품으로 끌어들여 국가를 건국하였으나 당시 호족 세력들이 궁예에게 절대 복종하지 않았다. 오히려 호족 세력들은 궁예를 자신의 편으로 끌여들여 궁예의 군사력으로 상대 호족 세력을 장악하려는 기회를 엿보는 것이 다반사였다. 따라서 호족과 호족을 서로 견제하기 위해 청주인들을 끌어들인 것도 이같은 맥락에서 파악할 수 있다. 또한 송악에서 철원으로 수도를 이전하고 왕건에 대한 끊임없는 견제를 시도한 것도 이러한 맥락에서 파악된다. 그러나 끊임없이 부하들을 견제하면서 자신의 왕권을 강화시키려고 한 궁예의 정책은 결국 부하들에게 반감을 살 수밖에 없었다.

따라서 궁예에 대한 평가는 신라의 멸망을 재촉하는 촉매제로뿐만 아니라, 새로운 국가를 세우고 왕권을 강화하려는 노력을 하였으나 호족세력의 포섭에 실패하여 일어난 송악 호족 세력의 반란으로 볼 수 있다. 왕건에 의해 몰락한 궁예는 왕건의 반란을 정당화시켜주기 위해 역사에서 폭군으로 기록된다. 궁예가 생각한 국가는 동방중심의 세계관을 가진 강력한 왕권 국가였다. 그의 꿈

▲ 안성에 나타난 궁예미륵

▲ 한탄강의 의미는 큰 여울을 품은 강이라는 뜻이다. 그러나 궁예가 왕건에 쫓기면서 크게 한탄했다는 의미에서 한탄강으로 불리고 있다.

은 호족세력들이 궁예의 기득권을 인정하지 않고 호족연합의 청산을 요구한 순간 무너지고 만 것이다.

미륵으로 부활한 궁예의 꿈

민중들 사이에 신으로 등장한 사람이 궁예이다. 지금도 안성 지역 등 경기도 일원에 널리 퍼져있는 궁예미륵을 심심치 않게 발견하게 된다. 미륵은 석가가 구제하지 못한 중생들을 마저 구제하기 위해 오는 보살로, 보살이 성불하면 부처가 된다. 궁예가 미륵을 자처한 것은 그가 가지고 있던 삼국 통일의 대업을 이루고 백성을 구제하기 위한 현실 판단에서 이뤄진 것이다. 태봉국을 구성한 세력의 절반은 백성들의 힘이었다. 원주에서 백성 구제를 기본 덕목으로 삼았던 궁예였기에 북진과 서진을 거듭하면서 백성들의 절대적 지지를 등에 업고 동방중심의 이상국가를 실현할 대업을 꿈꿔왔던 것이다. 어지러운 사회속에서 백성들의 희망을 보고 그들에게 이상국가의 대업을 완성하고자 지칭했던 미륵이 왕건에게 패하고 나라를 빼앗긴 뒤 백성들 사이에서는 궁예 미륵으로 다시 환생하게 했던 것이다.

지금도 철원에 가면 궁예에 관한 전설이 살아남아 왕건의 쿠데타로 내쫓긴 궁예의 서글픔을 말해주고 있다. 궁예가 항전했던 최후의 격전지라고 불리는 보개산성, 왕건에게 쫓기면서 왕건을 막기 위해 하룻밤에 성을 쌓았다는 성동리성이 있다. 그리고 왕건과 싸우다 달아났다고 해서 이름 붙은 패주골과 궁예가 군사들을 이끌고 명성산으로 가면서 왕건의 쿠데타 음모에 한탄했다고 이름 붙은 군탄리가 아직도 철원민들의 입속에 살아있다.

또 궁예가 흐느껴 울었다고 해서 이름붙은 느치골, 왕건에게 쫓기던 궁예가 한숨 돌리고 쉬어간 골짜기라 전해지는 한잔모텡이, 치열한 전투를 벌였다는 야전골, 궁예가 갑옷을 벗어던지고 숨었다는 갑천, 궁예가 왕건에게 항복문서를 밭쳤다는 항서밭골 등도 당시 궁예의 모습을 전해주고 있다.

특히 명성산은 궁예를 잃은 철원민들의 슬픈 전설을 전하고 있다. 궁예는 대마리의 중어성과 포천의 보개산성에서 패하자 군졸들과 함께 궁성을 빠져나와 한탄강과 군탄리를 경유해 철원 남쪽의 명성산에 몸을 숨긴다. 궁예는 이곳 명성산에서 왕건에 저항하며 재기를 노렸으나 역부족임을 알고 군사를 해산시키자 따라온 병졸과 심복들이 통곡을 했다고 해서 이곳을 명성산이라고 했다. 이후에도 이곳 명성산에서 그 때 울던 병졸들의 울음이 그치지 않고 계속 들리자 사람들은 이 곳 명성산을 '울음산' 으로 불렀다고 한다. 또한 궁예가 왕건에게 쫓기게 되자 돌들도 눈물을 흘려 돌에서 구멍이 났다고 전해진다. 그래서 철원의 현무암을 일명 '울음돌' 이라고 한다.

아직도 민중들은 궁예가 왕에서 쫓겨난 그날의 아픔을 자연에 대비하여 자신의 아픔인양 이야기 하고 있다. 또한 당시의 절박한 궁예의 심정을 지금까지도 지명화해 후세에 알려주고 있다. 그러나 '고려사' 는 궁예의 최후에 대해서 "암곡으로 도망하다 허기가 져서 보리 이삭을 끓여 먹다가 농민들에게 발각되어 죽었다"며 궁예의 최후마저 패배자로 만들어 버렸다.

아직도 남아있는 궁예성은 이제 남도 북도 접근할 수 없는 DMZ에 매몰되어 아무도 찾아오지 못하게 되었다. 동방세계의 중심국가를 꿈꾸던 궁예의 꿈이 사라져 버린 것이다. 궁예의 동방중심 통일 이상국가 건설이 지금 우리민족의 현실인 분단과 함께 철원지역 DMZ안에 매몰되었다는 사실이 역사의 아이러니로 다가온다.

2) 경순왕 - DMZ에 잠들어 신이 되다

신라의 마지막왕인 경순왕은 고려의 성립과 함께 고려 최초의 사심관으로 고향인 신라 서라벌(지금의 경주)를 떠나 머나먼 타향인 고려의 개성에 와서 살았다. 고려의 임금인 왕건은 고향을 떠난 경순왕에게 자신의 딸을 주어 개성에서 남은 여생을 마치도록 배려를 해주었다. 여우도 죽으면 고향을 향해 머리를 숙인다는데 하물며 사람의 인생이야 오죽하겠는가? 경순왕 역시 서라벌을 생각하며 조금이라도 그 땅에 가까이 가고자했다.

지금은 개성에 오고가는 사람으로 북적거리는 도라산. 그곳에 경순왕의 고향을 그리는 한이 서려있다.

경순왕은 신라 56대 왕으로 이름은 '부' 라고 한다. 경순왕비는 알려져 있지 않으나 그 슬하에 아들이 있어 첫째가 마의태자이고 막내 아들이 범공이었다. 고려에 항복한 뒤 경순왕은 왕건의 장녀 낙랑공주와 다시 결혼하였다.

왕건은 그를 정승공으로 봉하여 태자의 지위를 내렸다. 또한 왕건은 그에게 녹 1천석을 주고 그의 시종과 원장을 그대로 채용하였으며 신라를 경주라 부르고 경주의 사심관에 봉하였다. 낙랑공주는 비운을 맞게 된 경순왕의 우울한 마음을 달래고자 도라산 중턱에 암자를 짓고 머물게 하였다고 한다. 경순왕은 조석으로 이 산마루에 올라 신라의 도읍을 사모하고 눈물을 흘리었다고 하여 도라산이라고 호칭하게 되었다고 전해지고 있다.

이곳에서 쓸쓸한 죽음을 맞이한 경순왕은 죽어서라도 고향으로 가겠다는 생각에 자신의 주검을 경주에 묻어줄 것을 요청했다. 그러나 나라를 빼앗긴 폐국의 왕에게는 쉬운 일이 아니었다. 그의 장례행렬이 경주로 가기위해 임진강변 고랑포에 도착하자 고려 경종은 그가 죽어 돌아간 이후 경주 지방에서 난리가 일어날 것을 걱정해 그 자리에 무덤을 만들게 하였다. 신라의 모든 조상들이 경주 지방에 묻혔건만 폐국의 왕은 죽어서도 조상들 근처에 가지 못하고 홀로 경기도 연천 지역에 묻혔다. 그의 능은 이후 사람들의 기억속에서 잊혀졌다가 조선시대에서야 능의 주인이 밝혀져 조선 영조 23년에 비를 세워 후세에 전하게 했다.

경순왕은 죽은 후, 천운이 다한 신라의 백성을 위해 고려로 나라를 넘기면서 백성을 지켰다는 의미에서 백성들 사이에 추앙을 받았다. 그가 죽은 뒤 곳곳에 그의 사당이 세워졌는데 시호를 올리기 전에 그의 칭호에 따라 김부대왕으로 우리나라 무속인의 신령이 되었다. 그 숭배지역은 주로 경상도에 나타나지만 강원도 인제 지역에서도 김부대왕동이 있었다고 한다.

그가 죽은 곳이 개성 아래 도라산 근처이고 백성들 사이에 신으로 나타나 인제에 사당을 건립하게 했다. 민족의 분단에 갇힌 탓일까? 휴전선을 거쳐 나타나는 그의 유적은 분단으로 고향을 잃은 사람들과 같은 마음으로 고향을 그리며 연천 민통선 안 지뢰밭 사이에서 그에게 주어진 짐을 덜고 고향으로 달려가고 있다.

▲ 신라 도읍을 생각하며 경순왕이 머물렀던 도라산

경순왕은 제46대 문성왕의 후예로 성은 '김' 씨이고, 이름은 '부'였다. 경애왕의 외종제인 경순왕이 신라 왕위에 오른 것은 견훤의 천거에 의해서였다.

9세기 이후 신라의 왕권은 점차 약화되면서 지방 군벌들이 차츰 성장하기 시작하였다. 조금씩 무너지기 시작한 신라의 왕권은 진성여왕 이후 급속도로 붕괴되기 시작한다. 진성여왕은 왕위에 올랐으나 실제적인 권력은 자신의 숙부이자 남편인 위홍에게 있었다. 그러나 위홍은 진성여왕이 왕위에 오른지 1년 만에 죽고 말았다. 진성여왕의 권력은 위홍에게 있었기 때문에 위홍이 죽자 왕의 지도력은 완전히 상실되고 말았다. 위홍의 죽음으로 인해 진성여왕은 자괴감속에서 젊은 남자들을 자신의 침실로 불러들이고 색욕에 빠져버렸다. 그 사이 신라의 관직은 돈으로 사고 파는 지경이 되어 버린것이다. 이로인해 유민은 늘어났고 지방의 군호들은 점차 자기 세력을 확대하기 시작하였다.

891년 죽주의 기훤, 892년 북원의 양길, 완산의 견훤 등은 이미 이 시대 최대의 군벌로 신라 군현의 대부분을 차지하기 시작하였다. 900년 궁예는 서주, 충주, 청주의 3주와 당성, 괴양 등의 군현을 장악하였다. 905년인 효공왕 9년에는 신라의 영향력은 죽령 아래로 후퇴하였다. 따라서 진성여왕의 왕권은 서라벌 이외 지역에서 전혀 서질 못했다. 진성여왕 시기부터 신라는 지방을 다스리는 것을 포기한 것이다.

진성여왕 이후 등극한 효공왕은 모든 권력을 상실한 왕으로 신라의 개혁에 손을 쓸 수가 없었다. 신라의 개혁을 포기한 효공왕은 정사는 제쳐두고 애첩과의 색욕에 빠지게 됐다. 왕이 자신의 외척들이 보는 앞에서 애첩과의 정사에 빠져있자, 외척들은 왕의 애첩을 살해하고 박씨 주도의 권력을 잡게 된다.

이로써 신라의 마지막은 박씨가 왕위를 계승하게 되었다. 그러나 왕위가 바뀌어도 신라의 문제는 전혀 바뀌지 못했다. 다시 왕권을 차지한 신덕왕은 왕위에 오른지 5년만에 타계하고 아들인 경명왕이 왕위를 이었다.

경명왕 이후 신라는 고려와 화친하여 백제를 적대시하였다. 이후 왕위에 오른 경애왕은 노골적으로 백제를 경원시하며 왕건을 추켜세웠다. 이에 대해 몹시 분개하던 견훤은 927년 신라의 고울부(지금의 영천)를 공격하였다. 그러자 신라는 왕건에게 구원을 요청하였고, 왕건은 1만의 군사를 이끌고 신라를 구원하기 위해 남하를 시작했다. 그러나 견훤은 내려오는 왕건을 상대하지 않고 말머리를 경주로 돌려 신라로 남하했다. 고려의 구원군을 기대하고 있던 신라는 무방비 상태에서 견훤의 군대를 상대해야 했고, 경애왕은 쫓겨 달아나다 자살하고 만다. 견훤은 자살한 경애왕을 대신하여 헌강왕의 외손인 부에게 왕위를 잇게 하였다. 그가 바로 신라의 마지막 왕인 경순왕이었다.

고려에 항복하고 최초의 사심관이 되다.

왕위에 오른 경순왕은 이미 왕으로서의 권위가 전혀 없었다. 신라의 운명은 고려와 후백제의 싸움에 의해서 결정될 운명에 처해 있었다. 신라의 왕권은 중국 전국시대 주나라의 왕권과 같이 그저 고려와 후백제에 의해 형식적으로 보호되고 유지될 뿐이었다.

경순왕 10년인 935년, 사방의 영토가 다른 사람의 소유가 되어 자체로 보존할 수 없다고 판단하고 대소신료들과 고려에 항복할 것을 논의하였다. 군신들의 논의가 분분하였으나 이미 항복으로 결정된 상황이었다. 당시 유일하게 끝까지 항복에 찬성하지 않은 사람은 경순왕의 아들인 마의태자 뿐이었다. 결정 난 항복에 경순왕은 더 이상 시간을 끌 필요가 없었다. 시랑 김봉휴에게 문서를 주어 항복을 청하였다. 왕자는 통곡하며 왕에게 하직을 하고 개골산으로 들어가 일생을 마치게 된다.

문서를 받은 왕건은 왕철을 보내 경순왕을 맞이하게 하였다. 경순왕이 백관을 거느리고 고려에 귀의하자 왕건은 개성 교외로 나가 직접 경순왕을 맞이했다. 왕건은 자신의 맏딸로 하여금 경순왕과 결혼하게 하고 정승공으로 삼아 태자의 지위를 부여하였다. 그리고 서라벌을 경주로 고쳐 경순왕의 식읍으로 삼게 하여 고려 최초의 사심관으로 임명한다.

고려가 사심관제를 운영하게 된 계기는 신라 경순왕의 귀화로 인해서 생겨났다. 고려 초기의 지방관제는 당시에 매우 미흡하여 중앙에서 관리를 파견하지 못하였다. 대신 후백제와의 싸움으로 인해 군사적 조직이 지방관의 역할을 하였으나 이들은 어디까지나 군사적 편제로 지방의 풍속에 따른 행정조직을 책임지기에 부족하였다. 따라서 이를 보완하기 위해 만든 제도가 사심관 제도였다.

사심관은 왕에게 충성을 받친 신하들 중에 사심으로 인명하여 지방의 풍속 교화와 부역의 공평을 행하기 위해 임명한 것이다.

그러나 이들 사심관이 지역의 지방관으로 내려간 것은 아니었다. 그저 부호장 이하의 지방 향리를 임명하여 지역을 다스리게 한 제도였다. 이는 지방 호족세력이 강력한 고려 초기 지방을 효율적으로 다스리고자 한 고려의 궁여지책이었다.

죽어서도 가지 못한 경주 땅.

경주의 사심관으로 임명된 경순왕은 개성에서 왕건의 장녀인 낙랑공주와 결혼하여 개성에 머무르며 살았다. 여우도 죽으면 고향을 향해 죽는다고 했다. 하물며 사람의 마음이야 오죽하겠는가? 경순왕은 개성 궁궐에서 최고 실력자의 사위로 살면서도 언제나 마음은 경주에 있었다. 자신이 죽으면 묻힐 곳은 자신의 조상이 누워있는 경주였다.

늘 고향을 그리던 경순왕에게 낙랑공주는 개성 남쪽에 암자를 지어주었다. 그곳에서 멀리서나마 경주를 바라보라고 지어준 것이다. 이곳이 바로 지금의 도라산이다. 도라산 중턱에 마련된 영수암은 경주를 떠난 경순왕이 그나마 개성에서 경주를 가장 가까이 찾아가 볼 수 있는 곳이었다. 언제나 고향인 경주로 돌아가겠다는 심념을 불태웠기에 이곳을 신라의 도읍을 그리워 한다는 뜻인 '도라산' 으로 불리게 된 것이다. 그렇게 그리던 경순왕은 왕건이 죽은 후 35년을 더 살게 되었다. 고려는 그 사이 5대 경종까지 다섯 차례나 왕이 바뀌었다.

경순왕이 세상을 떠나자 경순왕과 함께 고려로 귀화한 신라의 유민들이 경순왕의 능지를 경주로 잡게 된다. '계림문헌록' 을 보면 당시 "경순왕 승하 소식을 듣고 신라 유민들이 장사진을 이뤄

▲ 경순왕의 주검이 멈춰서야 했던 임진강 연천 고랑포구의 모습

경주로 능지를 잡았다. 유민들 전원이 양식과 침구 일체를 지고 따라 나서자 송도가 텅 빌 정도였다"고 기록하였다. 경순왕의 죽음은 단순히 신라 왕족의 죽음이 아니라 신라의 마지막이 죽은 것이었다. 따라서 신라의 유민들이 경순왕의 죽음을 추도하는 것은 당연한 것이었다.

그러나 고려 경종은 경순왕의 능지가 경주로 정해지고 그의 유해가 경주로 가는 것을 원하지 않았다. 고려 초기 지방에 대한 중앙권력이 확립되지 않았던 시절에 경순왕의 유해가 경주로 갈 경우 또 다른 혼란이 일어날 것을 염두해 둔 것이었다. 또한 신라계의 유력한 유민들이 개성을 비우는 것도 문제였다.

경순왕의 유해가 개성을 떠나 개성 동남쪽 연천의 고랑포에서 임진강을 건너기 직전이었다. 고려의 왕실은 긴급하게 군신회의를 열었고 묘안을 제출하였다. "왕의 운구는 황성에서 100리를 넘지 못한다"는 구실이었다. 이것은 왕이 능행을 할 경우 갑작스런 변란에 대비해 반나절 이내에 황성으로 돌아 올 수 있는 거리로, 고대부터 적용되던 왕릉 설치의 규칙이었다. 조선시대 역시 이 규칙이 적용되어 왕릉의 경우 도성에서 부터 80리를 넘지 못하도록 하였다.

당시 경종은 이 규칙을 고려의 왕이 아닌 신라의 왕이었던 경순왕에게 적용한 것이다. 경순왕의 운구는 고랑포 땅에서 더 이상 앞으로 나아가지 못하였다. 고려로서는 경순왕을 왕의 예로 모시면서 그의 운구가 경주로 향하지 못하게 하는 구실이었던 것이다. 경주에 묻히고자 했던 경순왕은 죽어서도 가지 못했고, 신라의 왕 중 유일하게 경주가 아닌 지역에서 장사를 지내야 했다.

고려는 골치 아픈 경순왕을 경주로 보내지 않아도 되었다. 또한 개성에 경순왕의 릉을 조성하지 않아도 되었다. 왕의 의례로 제사를 지내면서 신라의 민심을 다독일 수 있었고 신라로 가고자 하는 마음을 연천 고랑포에 묻음으로서 어느 정도 경순왕의 소원도 들어줄 수 있었다. 고려 왕실로서는 일거양득의 효과였다.

그러나 경순왕릉은 이후 잊혀진 릉으로 남게 되었다. 이후 700년이 훨씬 지나 그의 릉이 다시 세상에 알려지게 된다. 1746년 경순왕의 후손인 김응호가 조선 영조에게 상소를 올린 것이다. "신의 선조인 경순왕의 능묘를 오래전에 잃어버렸습니다. 지금 장단에서 그 지석 및 신도비가 나왔으나 왕묘에 대한 일은 사가의 무덤과는 달라 벌목을 금지하는 절차와 석물을 세우고 능지기를 두는 일은 조정의 지시가 아니고는 할 수 없다"라고 영조에게 부탁한 것이다.

이에 영조는 "비문을 확인해보니 경순왕릉이 틀림없다. 1000
년 가까이 된 무덤을 찾았으니 기이하다 하겠다. 다시 릉역을 조
성하라"고 하명한 것이다. 이로써 경순왕릉은 '신라경순왕지릉'
이라는 비문과 함께 고랑포에 세워지게 된다. 이후 경순왕릉은 왕
릉으로 대우를 받아 국가에서 관리하게 된다.

그러나 일제침략과 해방, 한국전쟁은 경순왕을 다시 세상에서
잊혀지게 하였다. 더구나 한국전쟁이 끝난 후 체결된 정전협정은
군사분계선으로 부터 남북으로 각각 2Km씩 남방한계선과 북방
한계선을 두고 DMZ를 설정하였다. 경순왕릉은 바로 남방한계선
50m 아래에 위치하고 있었다.

1975년 이 지역을 관할하던 여길도 대위는 무덤 주위에서 총탄
에 맞은 비석을 발견하게 된다. 바로 영조 때 세웠던 '신라경순왕
지릉' 비석이었다. 그리고 자신이 발견한 비석을 상부에 보고하
고, 경주김씨 대종회로 알리게 된 것이다. 전쟁으로 묻혀졌던 경
순왕릉이 두 번째로 세상에 나오게 된 것이다.

DMZ의 신으로 태어난 김부대왕

두 번이나 세상을 등졌던 경순왕은 그러나 한반도 무속신앙 속
에서 대왕신으로 다시 환생했다. 경순왕은 신라를 고려에 넘긴 마
지막 왕이다. 그가 대왕신으로 환생할 수 있었던 것은 이미 시운
이 다한 국가를 전란에 휩쓸리지 않게 하고 백성을 구했다는 점에
서 추앙을 받았다. 경순왕이 죽은 후 그와 관련된 여러 곳에서 사
당이 생겨났고, 그와 관련된 전설이 만들어졌다. 그를 모신 사당
에서는 경순왕을 신령으로 모시고 김부대왕이라는 시호를 올려

무속신앙의 대상으로 여겼다.

경순왕의 숭배지역은 신라 지역이었던 경상북도에서 주로 나타난다. 그러나 그를 신령화하는 지역은 단순히 경상도를 넘어 전국적으로 퍼져나갔다. 특히 그의 아들 마의태자가 지나간 지역에서는 경순왕 혼돈되어 김부대왕으로 모셔져 나타나는 데, 강원도와 충청북도가 대표적이다. 이 지역들 외에도 경기도의 안산과 서울의 시흥동에서도 김부대왕은 신으로 환생하였다.

경주에서 포항에 이르는 지역의 주민들은 경순왕을 인근 형산 옥련사에 신으로 모시고 기원을 드린다. 전설에 의하면 형산과 강 건너의 제산은 원래 연결되어 있어 비만오면 물이 빠지지 않아 주변 안강 지역이 수해를 입었다고 한다. 그런데 하루는 경순왕신이 용으로 변해서 그 꼬리로 산을 둘로 쪼개 물이 산 사이로 빠져나가 인근 주민들이 수해의 고통에서 벗어났다고 한다. 경주지역의 주민들에게 경순왕은 전설의 신으로 등장한 것이다.

경상북도 영풍군 영주면 영주리에는 목조 기와로 된 자인전이 있어 경순왕의 영정을 봉안하고 있다. 충청북도 청풍의 덕주사 뒤편에도 김부대왕의 사당이 있다. 그리고 충주와 제천 등지에서도 김부대왕의 유적이 있었다고 전설은 전하고 있다. 경기도와 서울의 전설은 구체적으로 나타나 최근까지 경순왕을 모시는 제를 지내고 있다.

서울 시흥동의 성황제는 고려 초기부터 내려온 것으로 전해지고 있다. 전해오는 전설에 따르면 신라 경순왕이 신라 천년사직을 다하고 경주를 떠나 충북 제천을 거쳐 강원도 원성군 고자암에 미륵불상을 조성한 후 지금의 서울시 시흥동에서 안씨 부인과 생활하며 아들 덕지를 낳았다고 한다. 경순왕이 죽자 안씨 부인이 마을 뒷산인 군자봉에 올라가서 매일 치성을 드렸다고 한다. 얼마 후 내의시랑 서희가 송나라로 사행길을 떠나게 되었고, 서희의 사행길을 안씨 부인이 나타나 도와주어 서희가 돌아온 이후 군자봉에 안씨 부인의 소원당을 지어 주고 마을 주민들이 매년 음력 2월 경순왕과 안씨 부인의 영정을 모시고 제를 지냈다고 한다. 이 때 신령이 군자봉에서 제가 끝나면 마을로 내려와 돌고 안산과 수원, 시흥 일대를 순행하고 군자봉으로 올라간다고 하여 경순왕의 신령이 순행하는 지역에서도 경순왕을 모시고 있다고 한다.

최근까지 경순왕을 모시고 추모하는 곳은 강원도 인제다. 인제군 상남면에는 경순왕의 이름을 딴 김부리라는 마을이 생겨나 있다. 이곳은 일명 김부대왕동이라 불리운다. 이곳에는 신라의 옥쇄를 숨긴 장소라고 불리우는 옥쇄바위가 있다. 이 옥쇄바위는 생긴 모양이 옥쇄를 닮았다고 이름을 붙였다는 전설과 경순왕의 아들

▲ 김부대왕을 모시고 있는 강원도 인제의 대왕각

마의태자가 이곳에 옥쇄를 숨기자 뱀들이 바위 주변을 맴돌며 옥쇄를 지켰다는 전설이 생겼다. 이외에도 이곳 김부리에는 마의태자의 비석으로 추정되는 감둔리 5층 석탑등이 전해오고 있다. 마의태자가 수레를 타고 넘었다는 수구네미는 김부리로 넘어가는 고개를 뜻하고 있으며, 마의태자가 신라 부흥을 위해 군량을 숨겼다는 군량리가 인제에 지명으로 남아 있다. 따라서 이곳 김부리에는 김부대왕을 모시기 위한 대왕각을 조성하여 매년 김부대왕을 모시는 동제를 단오와 중량절(음력 9월9일)에 지내고 있으며, 최근에는 경주김씨 대종회에서 춘계능향제를 올리고 있다고 한다. 이곳 김부리는 최근에 김부대왕을 마의태자로 해석하여 제를 지내고 있으나 조선시대 이규경이 '오주연문장전산고'에는 김부대왕동이 경순왕을 모시는 곳이라고 전하고 있다. 현재 이곳은 군부대의 훈련장으로 사용하고 있어 민간인이 살지 않고 지명만 김부리로 남아있다.

김부대왕은 오늘날 무속신앙에서는 많이 모셔지지 않고 있으나 조선말과 일제시대에는 매우 영험한 대왕신으로 많이 모셔졌다고 한다. 경순왕의 무덤이 지뢰밭 속에서 발견되고 그의 사당이 군사훈련장으로 변모한 현실이 경순왕 당시 신라의 최후를 보여주는 것 같다.

3) 최영 – 한반도 최고의 장군신

조선의 건국은 이성계의 위화도 회군을 계기로 최영을 권력에서 몰아내면서 기틀을 잡기 시작했다. 위화도 회군으로 최영을 권좌에서 밀어낸 이성계는 백성들에게 추앙받고 있던 당대 최고의 명장 최영에 대한 처리에 고심하였다. 최영을 죽일 경우 민심은 이반될 것이고 살릴 경우 그를 두고 새로운 권력을 논하기 힘들었기 때문이다. 고심 끝에 이성계는 최영을 귀향보낸다. 그러나 최영을 한군데 두게 되면 지역의 민심은 최영에게로 쏠릴 것을 알았기에 이성계는 최영의 귀향 생활을 옮겨 다니게 한다. 그리고도 안심이 안 된 이성계는 끝내 그를 처단한다.

최영이 죽자 개성의 민심은 이성계에 대한 원한으로 몇 날 몇 일을 통곡했다고 한다. 그리고 그의 주검은 개성이 아닌 파주로 떠나야 했다. 그러나 개성민들에게 최영은 고려였다. 그를 위해 개성 남쪽 덕물산에 장군당을 지어 그를 추모했다. 전국 각지에서 최영의 죽음을 슬퍼하며 그를 위한 사당을 만들기 시작했다.

최영의 죽음으로 이성계는 조선을 건국했지만 개성의 민심은 이성계와 멀어졌다. 결국에 이성계는 개성에서 내몰려 새로운 수도인 한양으로 천도해야 했다. 개성과 한반도 중부지방에서 최영은 장군신으로 부활했고 이성계는 최영을 죽인 악귀가 되었다. 조선 시기 중부지방을 중심으로 무속신앙의 대상으로 숭배받던 장군신 최영은 이후 한반도 무속인들 최고의 장군신이 되었다. 한반도 무속인의 반수가량이 최영 장군을 자신의 몸신으로 모시며 그를 숭배하고 있다. 이성계는 조선을 건국하였지만 백성들에게는 잊혀진 인물이 되어버렸다.

최영은 1315년 개성에서 사헌 규정의 벼슬을 지내던 최원직의 아들로 출생하였다. 최영은 풍채가 괴걸하고 힘이 뛰어났다고 전해지고 있다. 이런 외모의 최영은 지칠줄 모르는 담력과 용맹으로 100여 차례에 달하는 외적과의 싸움에서 한번도 진적이 없는 고려 최대의 명장이었다.

공민왕의 등장과 함께 최영은 조일신의 난을 평정하여 호군이 되었고, 1534년 대호군으로 승진한다. 당시 원나라가 고려에 청병을 요청하자 최영은 원나라로 건너가 용맹을 떨쳐 원나라에서 인정받는 장수로 성장하였다. 원에서 돌아온 최영은 공민왕의 배원정책에 따라 원나라에 속했던 압록강 서쪽을 공격하여 파사부 등 일부를 찾았다. 1357년 동북면체복사를 거쳐 이듬해 양광전라도 왜구체복사가 되어 오예포를 침입한 왜구를 격파하여 그 이름을 왜국에까지 알리게 된다. 이후 서경으로 침입한 홍건적을 무찌르고 다시 홍건적이 개성으로 공격하자 안우, 이방실 등과 함께 이를 격퇴하여 개성을 수복하게 된다. 이로써 그의 무공은 고려 최고의 장군으로 인정받게 된다.

그의 전공은 누구와 비교해도 손색이 없을 만큼 화려한 성공을 이룩한다. 그의 전공은 한반도 북쪽 끝 압록강에서 최남단 제주도까지 한반도 전역을 거쳐 왜구와 홍건족, 원나라와 여진족 등 한반도 주변 민족들을 상대로 승전을 이룩해 백성들에게 최고의 무훈장수로 인정받게 된다. 그러나 이런 최영에게 첫 번째의 시련이 닥치게 된다. 최영은 강화도와 교동도로 침입해온 왜구와 싸우던 중 신돈의 모함으로 계림윤으로 좌천하게 된다. 그는 좌천 후 곧바로 귀양을 떠나게 되면서 6년간 귀양살이를 살게 된 것이다. 그

러나 그의 귀양살이 중에
도 왜적의 발호는 계속되
었고 최영은 신돈이 처형
되면서 곧 소환되어 다시
관직에 오르게 된다.

관직에 오른 최영은
왜구를 없애기 위한 방법
으로 선박 건조에 나서게
된다. 왜구는 바다 건너
배를 몰고 오기에 제해권
을 장악하지 않으면 안되
었던 것이다. 이에 선박

▲ 무당내력도 중 감응청배. 감응청배는 조선 후
기로 오면서 최영장군청배로 부르는 새로운
예가 생겨났다.

건조를 위해 젊은이들을 착출하고 70세 이상의 노인들에게 쌀을
거둬 군수를 보충하게 함으로서 백성들의 원망을 사기도 한다. 그
러나 최영은 조세를 공정하게 실행하고 선박을 이용해 제주도에
은거하던 원나라 군사들을 공격하여 제주도를 평정하게 된다.

공민왕 사후 우왕이 왕위에 오르면서 그는 군권과 함께 조정의
권력도 함께 차지하게 된다. 그러나 최영은 자신의 안위에 머무르
지 않고 홍산(현재의 부여시) 전투에 직접 참여하여 왜구를 격퇴하고,
강화와 통진의 사전을 혁파하여 국방 강화를 위한 군사자금으로
활용하게 한다. 최영은 우왕에게 자신의 딸을 결혼시킴으로서 고
려에서 자신의 입지를 더욱 강화시킨다. 그러나 이 때 명나라가
고려에 대해 철령위 이북땅을 요구하게 되자 최영은 우왕과 함께
요동정벌을 요구하게 된다.

당시 최영에 대한 고려의 평가는 매우 우호적이었다. 최영이 비록 최고의 지위에 올랐으나 그의 상벌은 모든 이에게 공정하였다. 고려사는 최영에 대해 다음과 같이 쓰고 있다.

"최영은 성질이 강직하고 충실하며 또 청렴하였다. 전선에서 적과 대치하여서는 태연하였으며 화살이 빗발같이 지나가도 조금도 두려워하는 기색이 없었다. 군사를 지휘함에 있어서는 규율을 엄격히세워 반드시 이겼으며 군사가 한걸음만 물러서도 목을 베었다. 그렇기에 크고 작은 수많은 전투에서 승리를 쟁취하였고 일찍이 패한적이 없었다"

그의 전 생애는 실로 마지막까지 고려를 위한 투혼으로 점철된다. 전장에 나가면 명장이요. 조정에 들어 와선 공명정대한 정치가인 최영의 생애는 군사가 뿐만 아니라 정치가로서의 풍모에서도 고려시기 다른 관료들과는 엄격히 구별되었다. 공민왕이 살해되었을 때 최영은 공민왕 살해에 관련된 사람을 모두 찾아내어 가차없이 처형하였다. 따라서 그의 군율에 모든 사람들이 신뢰할 수밖에 없었던 것이다.

위화도 회군과 최영의 죽음

요동정벌은 당시 고려사회에 커다란 혼란을 가져오게 된다. 이미 원나라가 쇠퇴한 상황에서 새롭게 떠오른 신흥 강대국인 명나라를 공격한다는 것은 고려에 새로운 적을 만들 수 있는 위험한 도박이었다. 그러나 안타깝게 최영의 도박은 실패로 끝나게 된다.

원래 요동정벌의 선봉은 당연히 최영이었다. 최영에게 어린 우왕은 자신의 최고 우군이자 최대 적이었다. 우왕은 최영의 요동정

벌에 적극 찬동하였고 우왕이 직접 최영과 서경까지 나아가 요동
정벌의 선봉에 섰다. 그러나 우왕에게 최영이 잠시라도 떨어져 있
다는 것은 어린 우왕에게 커다란 두려움이었다. 서경에서 요동으
로 진군해야 할 최영을 우왕이 가로막은 것이다. 최영이 자신을
떠난다는 두려움이 우왕에게 더욱 큰 것이었다. 어쩔 수 없이 최
영은 우왕을 달래고 이성계와 조민수에게 선봉을 맡기고 자신은
후군과 함께 서경에 남게 된다. 이 시기를 놓치지 않은 이성계와
조민수는 위화도에서 군율을 어기고 회군을 감행하여 최영을 사
로잡게 된다.

　최영을 사로잡은 이성계 일당은 최영을 한 번에 처벌하지 못하
였다. 처음에 이성계는 최영을 귀양보냈다. 바로 지금의 고양시인
고봉현이었다. 그러나 개성과 가까운 고봉현은 최영의 고향으로
이성계가 안심하기 어려운 지역이었다. 최영의 고향인 고봉현 지
역민심이 언제 자신을 공격할지 알 수 없었다. 따라서 이성계는
최영을 다시 경상도 합포인 지금의 마산지역으로 멀리 귀양보내
게 된다.

　그러나 합포 역시 최영이 왜구를 섬멸한 지역으로 지역민의 존
경을 한 몸에 받던 지역이었다. 그렇다고 최영을 죽이자니 이성계
는 자신에게 돌아올 비난을 견디기 어려웠다. 어쩔수 없이 다시
최영은 충주로 옮겨 귀양생활을 하게 된다. 그러던 중 이성계는
최영을 개성으로 불러내어 처벌하기로 마음먹게 된다. 그에게 씌
여진 제목은 공료죄였다. 요동을 정벌할 무리들을 추동했다는 죄
목이었다. 개성으로 소환된 최영은 1388년 12월 순금옥에서 참수
를 당하게 된다. 당시 개성 사람들은 최영이 참수되었다는 소식을

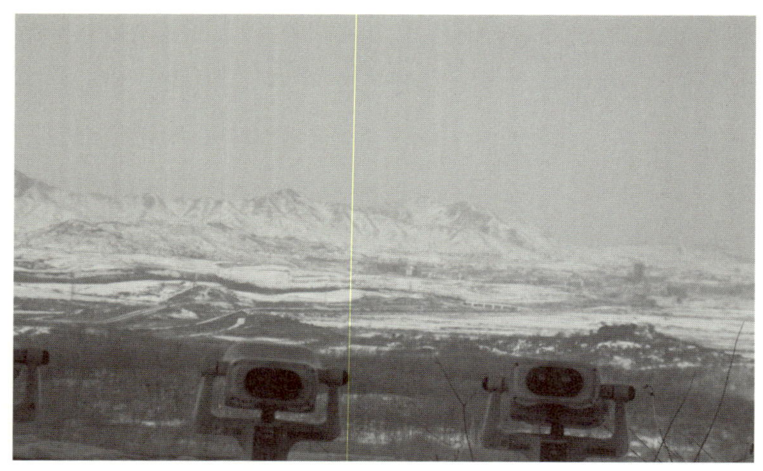

▲ 최영 장군의 사당이 있던 개성의 덕물산

들고 저자거리의 문을 일제히 닫고 슬퍼하였다고 전해진다. 또한 고려의 전 백성들이 눈물을 흘렸다고 한다. 이성계는 최영을 참수하였으나 위화도 회군 당시 얻었던 민심이 다시 떠날 수밖에 없었다. 이후 조선을 창건한 이성계는 최영에게 '무민' 이라는 시호를 내려 넋을 위로하여 민심을 수습해야 했다.

최영이 백성들의 신망을 받을수 있었던 이유는 당시 고려의 권문세가와는 다른 청렴결백이었다. 우왕은 최영의 공을 생각하여 최영에게 토지를 상으로 주었다고 한다. 최영은 당시 고려의 국고가 빈약한 것을 고려하여 토지를 받지 않고 오히려 자신의 양곡 200섬을 국고에 보충하였다고 한다. 이후 최영은 80섬을 더 내어 군량에 보태도록 하였다.

또한 최영은 모든 재상들에게 백성의 재산을 수탈하고 토지를 자신의 소유로 만들어 버리는 폐해를 역설하고 이 문제를 해결하기 위한 서약서를 만들어 거기에 서명하게 하였다고 한다. 이런 최영의 청렴결백은 그의 사생활에도 그대로 나타났다. 이것은 최영이 16살 되던 해에 돌아가신 아버님의 유지인 "황금을 보기를 돌같이 하라"는 명구를 가슴속에 항상 세기고 실천했기 때문이었다.

전국에 건립된 최영의 사당

최영은 고려의 무장으로 수많은 싸움에서 외세를 물리쳤으며, 정치가로서도 청렴결백하고 공정하여 백성들의 신뢰를 한 몸에 받은 인물이었다. 이런 최영에 대해 민간에서는 그의 실제 행적과 다른 설화로 이야기가 전해져 내려온다. 최영에 대한 민간 설화는 경기도와 강원도, 경상도, 제주도 등 전국 각지에서 신화로 내려오면서 그를 추모하는 사당이 전국 각지에 건립되게 된다. 강화도에서 내려오는 설화에 따르면 최영장군에게 딸이 하나 있었는데 그녀에게 사랑하는 남자가 있었다고 한다. 그런데 최영장군은 사윗감을 자신이 시험하여 자신만한 재능이 있는 사람이어야 사윗감으로 인정했다고 한다. 자신의 딸이 사랑하는 젊은이를 불러 직접 시험을 볼 요량으로 자신이 먼저 재주를 보였다. 최영은 자신의 목을 베고 다시 목을 붙여 소생하는 재능이었다고 한다. 최영의 딸은 목이 잘린 최영에게 다시 목이 붙으면 자신의 결혼을 허락하지 않을 것 같아 떨어진 최영의 목에 재를 뿌려 다시는 목이 붙지 못하도록 하였다는 것이다. 이 설화를 자세히 들여다보면 다음과 같은 의미를 담고 있다.

목을 떨어뜨렸다 다시 붙인다는 점에서 최영의 능력이 초월적인 힘을 가졌다는 점을 강조해 주고 있다. 그러나 목이 떨어졌을 때 재를 뿌려 다시 붙지 못하게 한 것은 최영의 억울한 죽음을 암시하여 백성들의 생각을 전하고 있음을 알 수 있다. 이 설화와 함께 강화도에서는 최영을 추모하는 사당을 건립하여 최영의 능력으로 백성을 보살피게 하였다. 그러나 강화도에서 최영의 이런 설화와 사당이 건립된 것은 강화도로 자주 침입한 왜적을 최영이 무찔러 백성들을 평온하게 하였다는 점이 연결되어 만들어진 이야기다.

최영장군 사당은 제주도의 상추자도에도 건립되어 있다. 제주도기념물 제11호로 지정되어 있는 이 사당은 입구 남동쪽에 세워져 있는 안내판 바로 옆에는 '최영사당금표'가 세워져 있다. 이 비의 앞면에는 '신묘금지비'라 음각되어 있으나 측면의 글자는 많이 마멸되어 있다. 그리고 사당안에는 '조국군통대장최영장군'이라 한 신위가 안치되어 있다.

최영장군 사당이 추자도에 세워지게 된 배경에 대해서는 다음과 같은 설화들이 전해지고 있다. 당시 장군은 제주도에 와 있는 원나라 목자들이 고려 말 중국의 정세변화에 따른 불안감으로 횡포를 부릴 때에 이를 토벌하기 위해 고려에서 최영을 파견하였다. 이때 최영장군은 군사를 거느리고 바다를 건너다가 사나운 바람을 만나 공민왕 23년인 1374년 8월 24일부터 28일까지 추자도에서 잠시 체류하였으며, 원나라군을 토벌하고 돌아갈 때에도 같은 해 9월 23일부터 10월 10일까지 추자도에 머물러 있었다고 한다. 이때 장군은 추자도 백성들에게 어망을 만들어서 고기잡는 법을 가르쳐 주었으므로 그 은혜를 생각하여 사당을 짓고 모시게 되었다고 전해진다. 그리고 또 다른 설화로 추자도는 고려 말 이래 왜적의 침입을 자주받아 그 고통이 컸기 때문에, 고려 말 왜구 토벌에 공로가 많았던 장군의 사당을 지어 모심으로써 왜구로 부터의 환란을 면해보려는 국토수호신적 의미에서 세워졌다고도 한다.

그리고 최영장군의 사당으로 가장 널리 알려진 곳은 개성의 덕물산이다. 덕물산의 최영당 터는 조일전쟁 당시 불타 없어진 것을 이후 여러차례 보수하였다고 한다. 사당 안에는 나무로 만든 최영과 그의 부인상을 모셨다고 전해진다. 개성 사람들은 이 덕물산의 최영당에서 매년 두 번씩 최영장군의 넋을 비는 제를 올린다고 한다. 그곳에서 제를 지낸 돼지고기를 개성사람들은 '성계육'이라 부른다. 또한 그 고기로 탕을 만들어 '성계탕'이라 하여 이성계의 인육을 씹는다고 한다. 당시 최영을 죽인 이성계에 대한 고려 민중의 마음을 담아낸 이야기들이다.

이런 최영장군의 사당은 이외에도 경상도 통영시와 충청도 홍성, 강원도 영월 등 전국적으로 건립되어 그를 추모하여 왔다.

한반도 장군신 최영! 신화가 되다

2000년 6.15공동선언과 함께 개성공단 건설이 확정되고 2002년 개성공단에 기업들이 입주할 때였다. 개성공단 건립 소식에 한국의 중소기업들이 개성공단 착공에 기대를 걸었고 입주에 기대를 걸고 있었다. 그런데 이들 기업들과 함께 개성공단 건립과 입주에 관심을 가지고 지켜보던 사람들이 또 있었다. 다름 아닌 한국의 무속인들이었다.

한국의 무속인들은 소위 '신내림'을 받고 자신들의 몸신을 한 명씩 두고 있다. 우리나라 무속인들 중 가장 많이 자신의 몸신으로 모시고 있는 사람은 다른 아닌 최영장군이라고 한다. 아직 정확한 통계가 없어 최영장군이 어느정도 비중을 차지하고 있는지 정확히 알수는 없지만 대략적으로 한국의 무속인 중 50%가 최영장군을 모시고 있다는 무속인들의 말이 있다. 가장 많은 숫자를 자랑하는 한반도 최고의 장군신인 것이다.

이들 무속인들은 자신의 몸신과 접신을 위해 때마다 신령이 좋기로 소문난 산과 들을 찾아다니며 기도처를 정하고 기도를 한다. 그중 일반인에도 가장 많이 알려진 기도처가 계룡산이다. 무속인들에 따르면 계룡산이 기도처로 가장 좋다고 한다. 따라서 계룡산 곳곳에 초와 향을 켜고 기도하는 무속인들을 종종 볼 수 있다. 그러나 최영장군을 모시는 무속인들의 생각은 다르다. 최영장군을 모시는 무속인들이 기도처로 가장 선호하는 지역은 개성의 덕물산이다. 다만 그들은 분단으로 인해 이곳을 가지 못하는 것을 항상 아쉬워한다. 따라서 개성공단이 열리고 개성관광이 시작되면서 이들 무속인들은 자신의 몸신인 최영장군을 영접하는 가장 좋은 기도처인 개성 덕물산에 가는 것을 내심 기대하였던 것이다.

▲ 경기도 고양시에 위치한 최영장군의 묘

최영 장군이 무속인들의 숭배대상이 된 것은 그의 삶이 청렴하고 군율이 엄정하였다는 점에서 영험하다는 것이다. 최영장군의 무속신앙화는 그의 고향인 고양과 그가 죽은 개성을 중심으로 중부지방 일대에서 산신으로 모시기 시작했다.

특히 개성지방의 덕물산에는 최영사가 건립되어 3년마다 도당굿을 통해 그의 원혼을 위로하는 굿을 하였다. 경기지방에서 모시던 최영장군은 이후 주변지역으로 퍼졌고 최영사당을 중심으로 그의 영험함이 알려지면서 전국 각지로 번져나가게 된 것으로 추정된다.

조선말기에 그려진 그림으로 추정되는 '무당내력도'의 감응청배 굿에 대한 설명에서 "굿을 할 때 무당이 태백산을 향해 '성령감응'이라고 세 번 부른다. 그러나 요즈음에는 개성 덕물산을 향하여 '최영장군청배'라고 부르니 잘못도 심하다 하겠다"고 말하고 있다. 이를 보면 이미 조선말기에 와서 최영장군을 모시는 무속신앙이 상당히 일반화 되었다는 것을 알려주고 있다. 이성계에 의해 억울하게 죽은 최영이지만 민간무속을 통해 최영 장군은 이 시대 최고의 장군신으로 무속인들의 영원한 숭배대상으로 지금까지도 무속인들의 몸신으로 이성계를 호되게 꾸짖고 있다.

4) 임꺽정 – 철원의 영웅이 되다.

도적질은 동서고금을 막론하고 사유재산이 생겨난 이후 끊임없이 발생하는 사건이다. 도적질은 개인적으로 하는 경우도 있지만 어떤 경우는 집단적으로 발생하는 경우도 있다. 집단적으로 발생한 도적의 경우 흔히 두 가지로 나뉘어 볼 수 있다. 첫 번째는 흔한 도적떼로 자신들의 배만을 불리기 위해 도적질을 하는 경우이고, 다른 하나는 자신들의 배를 불리기도 하지만 어려운 사람들을 도와주는 경우도 있다. 후자의 경우를 우리는 '의적'이라고 부른다. 이 의적은 나라가 어렵고 탐관오리들이 횡횡할 때 주로 나타난다.

조선시대 역사를 보면 소위 일반인들 사이에 의적으로 불리는 사람들이 3명 있다. 이들은 우리가 잘 알고 있는 홍길동, 임꺽정, 장길산이다. 이들은 소설로 우리에게 더욱 많이 알려져 상상속의 인물로 알고 있지만 엄연히 역사적 사실에 기초하여 소설로 쓰여진 역사속의 인물들이다.

홍길동은 연산군 때의 '의적'으로 이름을 날렸고, 임꺽정은 홍길동 이후 50년 뒤인 명종 때 나타난 인물이다. 그리고 장길산은 이들보다 한참 뒤인 조선 숙종 시기에 활약했던 인물이다. 이 세 사람이 나타난 시기를 보면 정치적으로 매우 혼란한 시기였고 부패한 관료들의 매관매직으로 백성들의 삶이 황폐화됐던 시기였다. 그들의 일거수 일투족이 입으로 전해지면서 과장되어 진짜 소설속의 인물로 표현되게 된 것이다. 여기에 이들을 대상으로 소설이 만들어지면서 이들 의적들의 활약은 더욱 신화화되어 나타난 것이다.

이들 중 조선 최고의 도적으로 일컬어지는 임꺽정은 황해도, 개성, 장단을 비롯해 서울과 평양 등지에서 활약하면서 일부 상업활동에도 종사하였다고 한다. 그리고 세력이 강대해져서 지방관을 제거하려는 계획을 세우면서 중부지방을 중심으로 민란을 일으켜 3년 이상을 지속해왔다. 여기에 민중들이 합세하고 도와주면서 이들의 민란은 백성들 전반에 영향을 미쳐 가짜 임꺽정 소동까지 나타나게 되었다. 임꺽정은 사후에도 민간 사이에서 신화로 남게되었다. 각종 임꺽정 설화가 만들어져 탐관오리를 처치하고 어려운 백성을 도와주는 의적으로 나타나게 된 것이다.

혼란한 정치의 시작

인종 사후 조선은 12살의 어린 임금인 명종이 즉위하게 된다. 어린 나이에 왕위에 오른 명종은 어머니인 문정왕후가 수렴청정을 하면서 문정왕후의 동생인 윤원형 일파가 정치의 정면에 나서게 된다.

명종의 어머니인 문정왕후와 그의 동생인 윤원형 일파에게 윤임은 눈에 가시같은 존재였다. 따라서 윤원형은 윤임이 중종의 여덟째 아들인 봉성군을 왕으로 옹립하려 한다고 무고하는 한편 인종이 죽을 당시에 성종의 셋째 아들인 계성군을 왕으로 추대하려 했다는 소문을 퍼뜨렸다. 이를 이유로 윤원형 일파는 윤임을 죽이고 윤임을 따르던 사림 세력을 제거하게 된다.

이어서 1547년에는 양재역 벽서사건을 계기로 윤임일파의 잔당을 정계에서 몰아낸다. 양재역 벽서사건는 양재역에서 발견된 벽서가 계기가 되어 윤원형이 자신의 반대파를 제거한 사건이다. 양제역에 "여자 임금이 위에서 정권을 잡고, 아래에는 간신 이기 등이 권력을 농단하고 있다. 이는 나라가 망할 징조이니 어찌 한심하지 않으리요"란 내용으로 문정왕후의 수렴첨정을 비난한 내

▲ 철원 고석정에 세워진 임꺽정의 동상

용이었다. 이를 계기로 윤임 일파의 잔당들을 완전 제거하게 되고 권력은 윤원형에게로 돌아갔다.

윤원형을 중심으로 한 권신들의 횡포가 심화되면서 벼슬에 대한 매관매직은 성행하게 되었다. 매관매직으로 벼슬을 산 벼슬아치들은 자연히 자신들이 벼슬을 사기위해 쓴 돈을 메꾸기 위해 백성들에게 고역을 짜내 자신들의 재산을 채웠었다. 설상가상으로 명종 대에는 거듭되는 흉년과 전염병, 왜구의 노략질로 백성들의 삶은 더욱 황폐화되어 갔다. 백성들은 고향을 떠나 유랑민으로 전락하게 된 것이다. 이들 유랑민들 중 일부는 먹고 살기 위한 방편으로 도적으로 변하면서 전국적으로 도적떼가 발호하게 된 것이다.

윤원형은 자신의 세력을 빙자해 서울에 열여섯 채나 되는 대저

택을 소유하였다. 또 전국에 걸쳐 남의 노비나 토지를 부당하게 빼앗은 사례는 헤아릴 수 없을 정도였다. 그의 부당한 행위에 지방의 수령들은 아무말도 못하였다. 오히려 지방의 수령들은 그의 횡포를 비호해 줄 뿐이었다. 조정에서 조차 윤원형의 횡포를 거론하는 것은 금기시 되어 있던 상황이었다. 권세를 이용해 기형적으로 광대한 농장을 확보하면서 백성들의 삶은 피폐화 될 수밖에 없었다. 이런 토지의 탈점은 임꺽정 등장의 중요한 계기가 된다.

민중의 어려움과 임꺽정의 등장

임꺽정은 경기도 양주 출신의 백정이었다. 꺽정이란 이름은 어릴때부터 그 힘이 보통사람을 능가해 종종 사고를 일으켜 주변 사람들에게 '걱정'을 시키는 경우가 많았기에 붙여진 이름이었다. 임꺽정이 살던 황해도 지방은 일찍부터 땅을 개간하여 경작하는 경우가 많았다. 그러나 땅을 새롭게 개간하면 모두 왕실과 지배층이 차지하고 농민들은 그 땅의 소작인으로 전락하고 말았다. 특히 황해도, 황주, 안악, 봉산, 재령 등은 일찍부터 바다와 가까운 한천에 인접한 지역으로 염분이 많고 저습한 지역으로 농경에 적합하지 않은 곳이었다. 이곳은 갈대만 무성한 곳이라 하여 일찍부터 노전으로 불리던 지역이다. 부근의 농민들은 이곳의 갈대를 채취하여 삿갓과 바구니를 만들어서 생계를 꾸려나가고 있었다. 그러나 이 노전마저 황무지라는 이유로 권력을 가진 지배층들이 자신들의 토지로 바꾸어 버린 것이다. 따라서 이 지역의 주민들은 노전에서 나는 갈대를 양반들에게 사서 구입해야 했다.

이 지역의 노전에 대한 문제점이 지적되면서 한때 정부에서는 갈대 밭 탈점의 부당성을 인정하고 백성들에게 환급되기도 했다. 그러나 이 환급도 잠시 명종 11년에 갈대밭은 내수사 소속으로 땅의 주인이 바뀌면서 농민들은 다시 내수사에 돈을 내고 갈대를 구입해야 했고 생활은 더욱 어려워 졌다. 황해도의 노전에서 갈대를 엮어 팔아 살던 임꺽정은 노전이 내수사 관할이되자 더 이상 장사를 할 수 없게된 것이다. 임꺽정은 먹고살기 위한 방편으로 도적으로 변화하기 시작했다.

먹고살기 위해 시작한 도적의 길은 점차 변화하기 시작했다. 밤에만 하던 도적질이 대낮에 길을 막아 약탈을하기 시작했고, 심지어 관청을 습격해 죄수를 풀어주고 관리들을 죽이기도 하였다. 임꺽정의 도적질은 점차 부잣집만을 골라 습격하고 서울로 올라가는 길목에서 조세나 공물 등을 가로채기도 하였다. 이에 정부에서는 임꺽정 일당을 체포하려 했으나 백성들은 이들을 도와 숨겨주고 미리 병사들의 일거수 일투족을 알려주기 시작했다. 따라서 이들의 세력은 민중들의 호응속에서 자신들의 활동 범위를 확대하기 시작했다.

임꺽정 일당은 대부분이 몰락한 농민과 도망 노비, 백정 등 당시 사회에서 천대와 수탈을 받던 하층민들이었다. 이중 일부는 각종 기밀을 제공해 주는 아전들이 있었고, 약탈한 물건을 내다 파는 상인들도 포함되어 있었다. 임꺽정의 활동은 산악게릴라 전술을 구사하면서 활동을 벌였다. 주요활동 근거지는 황해도 구월산을 중심으로 서흥과 신계 주변의 산악지형과 평안도 성천, 양덕 맹산과 강원도 이천 등의 험준한 지대였다.

그렇다고 임꺽정이 항상 산악지대만을 이용한 것은 아니었다.

때로는 관군의 눈을 피해 민가로 흩어져 생활하기도 하였다. 이럴 경우 임꺽정 패는 민중들의 보호를 받았기 때문에 백성들의 고발이 아니면 잡기가 어려웠다.

임꺽정의 민란을 일으키다.

임꺽정의 3년 민란이 시작된 시기는, 명종실록에 임꺽정이 나오기 시작한 1559년 부터 1562년 까지의 시기이다. 당시 임꺽정을 잡기위해 파견된 개성부 포도관 이억근은 임꺽정에게 잡혀 살해당하게 된다. 이 사건을 계기로 임꺽정의 존재가 점차 전국적으로 부각된 것이다. 이 사건으로 시작된 '임꺽정의 난'은 시간이 지남에 따라 평안도, 강원도, 개성과 서울 등 한반도 중부지방의 주요 지점으로 확대되면서 3년에 걸쳐 지속된다.

정부에서는 당연히 임꺽정 패거리를 잡기에 혈안이 되었다. 그러나 임꺽정의 민란이 3년이나 지속된 것은 도시 게릴라 전술과 산악 게릴라 전술을 적절이 이용하고 민중들의 광범위한 지원이 있었기 때문이다. 도시에서 임꺽정 일당은 일반인 행세를 했다. 그리고 필요에 따라 그들은 모여서 관가나 양반집들에 대한 공격을 감행하면서 치고 빠지는 전술을 활용했다. 산악 지형은 임꺽정 패거리의 주요 본채가 형성된 곳으로 지리적 이점을 이용하여 관군을 습격하고 자신들의 무력을 과시하기도 하였다.

특히 도시에서 활동할 경우 임꺽정 패거리는 상업행위를 통해 쌓아둔 자신들의 판매 거점을 이용하고 아전 등을 미리 매수하여 관군의 이동경로를 알아두었다. 명종실록에 의하면 "황해도 도적의 위세가 점점 드높아져 심지어는 관리의 칭호를 사칭하고 여러

고을에 거리낌없이 출입을 하는데, 수령중에서는 알지 못한 채 접
대한 자도 있다니 참으로 놀라운 일입니다"라고 임꺽정이 고을
관아와 연결되어 있다는 것을 간접적으로 암시하였다.

임꺽정 패거리에 대한 추포가 본격화되기 시작한 것은 임꺽정
패거리의 모주인 서림이 체포되면서였다. 서림은 몰락한 양반 가
문으로 임꺽정 패거리에 입문하였다. 그러나 서림은 본래부터 자
신의 이익만을 앞세운 기회주의적 인물이었다. 자신이 양반 가문
출신이라는 점에서 임꺽정 이외의 다른 두령에 대해서는 하대하
는 경우가 많았다. 따라서 임꺽정 패거리의 소두목들 사이에서 불
화가 심해졌다. 그러나 서림은 재주가 비상하여 임꺽정을 곁에 두
고 소두목들은 자신을 보좌하게 하였다.

서림은 한양 숭례문 밖에서 엄가이라는 가명으로 활동하고 있
었다. 서림이 숭례문 주변에서 한양의 동정을 살피게 된 것은 임

▲ 임꺽정이 관군을 피해 은신했다고 알려진 철원 고석정

꺽정의 부인이 서울에서 붙잡혀 형조의 관비로 전락하였기에 이를 구하기 위한 모의를 위함이었다. 관군에 붙잡힌 서림은 임꺽정 일당이 전옥서를 파괴하고 아내를 구출할 계획을 꾸미고 있다고 관가에 고했다. 또 임꺽정 일파가 평산 남면에 모여 봉산군수로 영전한 이흠례를 죽일 계획을 세웠다는 것을 고변했다. 이로 인해 정부에서는 평산군과 봉산군의 군사를 동원하여 임꺽정 패거리를 잡기위해 평산 마산리로 진군하게 된다. 그러나 이 계획은 오히려 산악지형을 이용한 임꺽정 일당에게 대패하면서 임꺽정 추포는 실패하게 된다.

이에 조정에서는 황해도, 평안도, 함경도, 강원도, 경기도 등의 5도 군사를 총 출동하여 임꺽정 패거리를 토벌할 생각까지 하게 된다. 그러나 이 계획은 오히려 백성들의 소요가 커질 것을 두려워하여 포기하고 만다. 임꺽정을 체포하기에 혈안이였던 관군들은 임꺽정의 형인 가도치를 잡아 임꺽정이라고 말하는가 하면, 엉뚱한 사람을 임꺽정이라고 하며 백성들을 더욱 어렵게 만들었다.

그러나 기간이 오래 되면서 임꺽정 패거리에게도 어려움이 생겨나기 시작했다. 우선 임꺽정 패거리가 관군보다 수적으로 부족한 상황에서 관군에 정면대응하기가 어려웠다. 계속적인 산악 게릴라 전술을 하는 임꺽정 부대는 점차 추위와 토벌속에서 무기와 식량마저 구하기 어려운 지경에 놓이게 된다.

이에 임꺽정은 마지막으로 남은 패거리를 이끌고 구월산으로 들어가 항전 할 것을 결의한다. 1562년 토포사 남치근은 황해도 재령땅에서 진을 치고 임꺽정을 압박하기 시작했다. 토포사 무리가 산을 오르면서 임꺽정 패거리의 남은 무리를 죽이자 임꺽정은 골짜기를 넘어 민가로 몸을 숨기게 된다. 그러나 민가에 갑자기 들어온 임꺽정에 놀란 노파가 "도적이야"라고 소리치자 관군들이 몰려들어 임꺽정을 추포했다고 한다.

그러나 이긍익의 연려실기술에 따르면 임꺽정의 체포 과정에서 서림이 또 한번 배신한 것으로 나와있다. 연려실기술에 따르며 "남치근이 황주에서 해주까지 장정을 풀어 사람으로 성을 만들고 문화에서 재령까지 한집 한집 다 뒤지자 꺽정이 할 수 없이 한 촌가로 숨어 들어갔다. 노파를 위협하여 '적이 달아났다'고 외치게 한 다음 활과 칼을 들고 군인처럼 가장하여 병사들 틈에 섞였다. 조금 뒤 진중에서 나와 '갑자기 병이 나서 좀 누워 쉬어야겠다' 면서 뒤처지는데 이때 서림이 멀리서 임꺽정을 바라보고 '적이다' 라고 외쳐 활을 쏘아 죽였다"고 전하고 있다. 이로써 임꺽정의 민란은 3년간 지속되다 끝나게 된다.

철원의 신화 임꺽정

임꺽정의 민란은 훈구파의 권력독점과 매관매직, 대토지 소유에 대해 양반 사회와 서민 사회에 경종을 울렸다. 민중들 사이에서 임꺽정은 비록 체포되어 추살되었지만 마음속에서 계속 살아 있는 사람이었다. 살아있을 때에는 포상에 눈이 먼 관군에 의해 가짜 임꺽정이 나타났지만, 죽어서는 민중속에서 가짜 임꺽정이 나타나 의적 행세를 하였다. 명종16년 실록에는 "황해도 지방의 도적떼가 해마다 성해져 점점 커다란 근심거리가 되니 도적을 섬멸하는 일을 하지 않을 수 없다"며 임꺽정을 흉내내는 도적떼가 계속 창궐하고 있음을 보여주고 있다.

양반사회에서도 자신들의 문제점에 대한 자각이 일어났다. 임꺽정이 체포된 후 나온 실록에서 한 사신은 다음과 같은 견해를 피력했다.

"근자에 외관이 부임하겠다는 인사를 드릴때 왕이 내리는 지시는 으레 도적을 잡는 것을 위주로 하니 이는 아픈 것만을 알고 병이 생기는 근본은 생각하지 않는 것이다. 저들 도적이 생겨나는 것은 도적질 하는 것을 즐겨서가 아니라 굶주림과 추위에 몹시 시달리다가 부득이 하루라도 연명하려고 도적이 되는 자가 많기 때문이다. 그렇다면 백성을 도적으로 만든 자가 과연 누구인가? 권세가의 집은 공공연히 벼슬을 사려는 자들로 시장을 이루고 무뢰한 백성을 약탈하니 백성이 어찌 도적이 되지 않겠는가? 왕은 이런 것을 알지 못하고 도적잡는 일에만 매번 간곡히 부탁하니 탄식을 금할 수 없다"

도적의 창궐이 권세가의 부패에서 나왔기에 이를 해결할 수 있는 방안을 찾아야 한다는 것이었다.

임꺽정의 활동은 단순한 도적이 아니었다. 억눌려 왔던 피지배계급이 지배계급에 저항했던 모습이었다. 따라서 자신이 할 수 없었던 일을 하는 임꺽정의 모습을 보고 민중들은 대리 만족을 느꼈던 것이다. 이에 민중들이 자발적으로 임꺽정을 도왔고 임꺽정은 3년이라는 오랜 기간동안 관군과 싸울 수 있었다.

당시 지배층은 그 위협을 제거하기 위해 도적떼를 진압하며 그 수를 줄이고자 무던히 애를 썼다. 그러나 근본적인 원인, 즉 도적이 생기는 것이 굶주림과 추위에 내몰린 민중이 부득이하게 선택할 수밖에 없는 상황이라는 것을 생각하지 못했다. 오히려 양반들은 자신들의 잇속에 더욱 관심을 가지고 있었다. 따라서 민중들이 임꺽정을 그리워했던 것은 당연한 것이었다.

일본 침략시기 홍명희 선생이 쓴 임꺽정은 일제의 침략으로 수탈당하던 민중들의 마음에 희망을 던져줄 메시아같은 존재로 임꺽정을 내세웠다. 이 소설은 당시 수많은 사람들이 읽으면서 폭발적인 관심을 보였다. 시대가 수없이 지나도 지배계급은 이름만 바뀌고 억압받는 민중의 고통은 변함이 없다는 진실이 숨어있었기 때문이다.

강원도 철원지역에는 아직도 임꺽정이 살아있다고 믿고 있다. 역사적 사실에서 임꺽정은 황해도 구월산에서 토포사에 의해 잡힌 것으로 나와있다. 그런데 임꺽정이 황해도가 아닌 강원도 철원 땅에서 부활한 것이다. 강원도 철원민들은 관군을 피해 임꺽정이 철원으로 도망왔다고 말한다. 그는 철원 한탄강의 고석정 바위 밑의 동굴에서 소두령들과 은거하면서 관군과 맞써 싸웠다는 것이다. 임꺽정은 관군이 오면 한탄강으로 들어가 '꺽지'라는 물고기로 변해 숨어있다가 관군을 물리치고 다시 사람으로 변해 철원 민중들을 보호했다고 한다.

그러나 역사적 기록과 홍명희 선생의 소설 임꺽정 어디에도 임꺽정이 철원 지역에 왔다는 기록은 나타나지 않는다. 다만 철원 사람들이 그렇게 믿고 있는 것이다. 그는 비록 죽었지만 지배계급의 착취는 계속되었고 이에 대한 탈출구로 임꺽정 같은 메시아가 철원에 와주었으면 하는 희망의 한 부분이 아닌가 생각된다.

지배계층이 백성들의 삶을 외면하고 자신들의 잇속만을 채우는 세상에서 임꺽정의 존재는 언제나 민중들의 마음속에서 살아

숨쉬며 제2, 제3의 임꺽정이 나올 수밖에 없는 것이다.

숨쉬며 제2, 제3의 임꺽정이 나올 수밖에 없는 것이다.

비석에 새겨진 총알 자국

DMZ 지역을 여행하면서 만나는 유적들 중 가장많은 유적 중 하나가 비석들이다. 비석은 주로 죽은 사람의 무덤을 알리는 표시로 많이 쓰인다. 또한 무덤에 죽은 사람의 업적을 알리기 위해 쓰이는 비석도 있다. 이렇게 무덤에 쓰는 비석 외에도 고장의 인물을 알리는 비석과 지역을 표시한 비석, 건물앞에 세우는 비석 등 다양하게 많은 비석들이 있다. 비석의 종류들이 다양한 만큼 그 크기도 다양해서 사람보다 작은 비석, 더 큰 비석들이 산재해 있다.

그렇데 이 비석들을 지나면서 꼭 한번 확인해야 할 부분이 있다. 다름 아닌 비석에 남아있는 총탄 자국이다. 최근에 만들어진 무덤의 비석에는 이러한 총탄 자국을 볼 수 없지만 오래된 비석의 경우 총탄 자국을 쉽게 찾아볼 수 있다. 당연히 처음부터 총탄 자국을 만들지 않았을 것이다. 그럼 언제 누가 이 수많은 비석들에 총탄 자국을 낸 것일까? 하는 의문이 들게 한다.

아마도 쉽게 생각할 수 있는 것이 한국전쟁 당시 남북의 교전중에 생긴 총탄 자국일 것이라고 쉽게 생각할 수 있을 것이다. 그러나 전쟁 시기에 만들어진 총탄 자국으로 생각하기엔 어딘가 설명하기 어려운 점이 있다.

비석에 나타나 있는 총탄의 흔적을 자세히 살펴보면 그 답이 나온다. 흔히 교전중에 생겨난 총탄 자국이라면 비석에 박혀있는 총탄의 흔적은 산탄으로 어지럽게 흩어져서 나와야 한다. 그러나 이 지역에서 발견되는 비석들의 총탄 자국들은 산탄으로 나오지 않는다. 오히려 일정한 모양을 가지고 있다. 바로 삼각형 모양이다.

총탄 자국이 삼각형 모양이라는 것은 총을 쏴본 경험이 있는 사람이면 누구나 알 수 있는 사실이다. 정확한 조준에 의한 사격이라는 것이다.

흔히 총을 받고 총을 쏘게 될 때 곧바로 쏘는 경우는 없다. 총을 쏘기 위해서는 자신의 몸에 총구, 가늠새를 맞게 하기 위해 영점사격을 실시한다. 이 영점 사격은 보통 25m를 기준으로 표적지를 달고 총을 쏘게 되는데 과녁에 삼각형 모양으로 총탄 자국이

▲ 율곡 이이의 신도비에 새겨진 총탄의 흔적

▲ 경순왕릉에 박힌 선명한 총알자국

형성되면 총이 자신에 몸에 알맞게 되어 정확한 사격을 할 수 있게 되는 것이다. 따라서 영점 사격은 총을 처음 배급 받았을 경우 최초로 해야 하는 일이다.

그런데 공교롭게 그 영점 사격을 비석에 했다는 것이다. 우리나라 사람들의 경우 무덤을 신성시하기 때문에 더군다나 누군지 모를 무덤에 총알 자국을 낸다는 것은 매우 꺼리는 일이다. 군부대에 확인 한 결과 역시 "한국군에서 했던 일은 아니다"라고 말하고 있다. 따라서 이 자국들의 원인을 알기 위해 군부대와 마을 사람들을 찾을 수밖에 없었다.

그들의 증언에서 충격적인 사실을 알게 됐다. 전쟁 전후로 미군들이 들어오면서 비석을 표적지 삼아 사격 연습을 했다는 것이다. 그리고 일부 군에서도 한 것으로 증언이 나오기도 했다. 그러나 한국군 보다는 미국군에서 저지른 것이 더 많다는 증언이었다.

　　전쟁 당시 문화재 파괴 행위는 비석뿐만이 아니었다. 무덤의 경우에도 상당수 일어났다. 대표적인 경우가 서울의 석촌동 주변에 산재해 있었던 고분들이었다. 전쟁 당시 한강 도하 작전을 실시하면서 석촌동 고분들의 돌을 한강에 던져 임시 가교를 만들었다는 것이다. 전쟁 전에 석촌동에는 커다란 돌무더기 무덤이 많아 일명 '오봉산'이라고 부르기도 했는데 전쟁 이후 이 오봉산은 없어지고 흔적만 남게 된 것이다.

　　무덤이 훼손되는데 하물며 비석이야 어쩔 수 있겠는가라는 생각이 절로 난다. 그런데 이 비석에 대한 문제가 단순히 남한에서만 나타나는 것이 아니라는 것이다. 우연한 기회에 방문한 개성의 선죽교에서 선죽교를 알리는 비석에도 역시 똑같은 자국들이 남아 있었다. 함께 동행했던 북한 사람들조차도 처음 보는 듯 신기해했던 총탄 자국이었다.

　　지금은 누구의 잘잘못을 따지기 어렵지만 당시의 시대상을 알 수 있는 소중한 자료인 비석들이 이렇듯 파괴되어 있다는 점에서 안타까울 수밖에 없는 현실이다. 최근 DMZ 주변의 역사 유적 발굴이 진행되면서 군부대에서 관리하던 성곽들과 무덤들이 조금씩 세상에 모습을 보이고 있다. 이제라도 더 이상의 훼손을 방지하기 위해서 DMZ 주변의 문화재에 대한 발굴과 함께 보존에 대한 노력이 필요할 것이다.

6. DMZ의 관리자 미국과 북한… 그리고

　1953년 3년에 걸친 긴 전쟁은 한반도 전역에 수많은 상처를 남긴 채 일시 정지를 선언하는 정전협정이 채결되었다. 당시 체결된 협정은 군사협정으로 전쟁을 완전히 종결시키는 종전선언을 한 것이 아니라 일시적으로 멈춘다는 휴전협정을 한 것이다. 그리고 빠른 시일내 '한급 높은 정치회담'을 통해 한반도에서 종전선언을 하기로 약속했다. 이 종전협정은 정전협정 이후 3개월 내에 하기로 하였으나 그 약속은 지켜지지 못하고 한반도는 전쟁이 끝난 60년 동안 휴전상태를 유지하고 있다.

　그러나 이 정전협정에서 더욱 중요한 문제는 전쟁이 끝나지 않고 휴전상태를 유지하고 있다는 점과 함께 한반도 전쟁 종결의 책임자가 한국이 아닌 다른 나라에 의해 결정된다는 것이다. 즉 협정의 당사자가 북한과 미국, 중국에 의해 결정되어 현재의 한반도 상황과 미래를 논의한다는 점에서 한국으로는 선택의 여지가 좁아졌다는 점이다.

　우리가 살고 있는 땅에서 우리의 의지가 직접 표현되지 못한다는 것은 이 땅에 살아가는 사람은 나이되 땅은 내 땅이 아니라는 것이다. 매우 불합리한 협정이 이루어진 것이다. 휴전협정에서 한국이 빠진 이유는 간단했다.

　전쟁 당시 이승만 정부는 모든 군사의 작전 지휘권을 미국에

▲ 백령도 곳곳에 설치된 용치와 바다 넘어 보이는 북한의 장산곶 모습

넘겨준 것이다. 따라서 전쟁을 수행하는 기간 내내 한국군은 미국의 통제를 받을 수밖에 없었다. 그리고 휴전협정이 진행되는 과정에서 이승만 정부는 휴전협정을 반대하고 끝까지 북진통일을 주장한 것이다. 또한 휴전협정은 일시적인 전쟁중단 상태를 만들기 위해 급하게 만들어야 했던 군사회담이었으므로 작전권을 상실한 한국군이 이 회담에 주도권을 가지고 참여하는 것 자체도 무리였을 것이다.

이렇게 빠진 상태에서 한국은 추후 논의될 종전선언 협정을 가져야 했지만 미국도 북한도 이 협상을 더 이상 진전시키지 않았고 선언도 하지 않은 상태로 유지한 것이다. 따라서 60년이 지나도 한반도는 전쟁중인 나라라는 오명을 뒤집어 쓸 수밖에 없는 것이다.

이 휴전협정은 크게 네 가지 부분으로 나뉘어진다. 첫째는 군사분계선에 관한 규정이고 둘째는 포로교환 문제였다. 셋째는 정전관리위원회 설치와 업무에 관한 규정이었고 마지막이 새로운 회담을 하자고 한 부분이다. 당시 군사분계선의 설치와 관리를 북은 북한과 중국이 담당하고 남은 유엔사를 대표한 미국이 담당하기로 한 것이었다. 따라서 지금까지 불안한 협정속에서 우리는 DMZ 지역에 우리의 젊은이들을 보내면서 우리의 자주권으로 DMZ를 지키는 것이 아닌 미국과 유엔사의 작전 수행 일환으로 지키고 있게 된 것이다.

그러나 역사는 말하고 있다. DMZ를 장악하지 못한 한반도의 국가와 이 곳 DMZ를 장악한 한반도의 국가 중 어느 국가가 발전해 왔는지를...

따라서 DMZ 관리에서 제외된 한국이 새롭게 DMZ의 주인으로 등장하고 남북이 함께 한반도를 발전시켜야 한다.

남북이 함께 설정해야 할 해상경계선

휴전협정에서 군사분계선은 경기도 장단면의 임진강 하구에서 강원도 고성군까지 248Km에 대해서만 규정했다. 임진강부터 강화 교동도까지의 한강수역에 대해서는 한강하구 수역으로 표시하고 항해규정은 정전협정을 맺은 후 약 2개월이 지난 1953년 10월 3일에 '한강하구에서의 민용선박 항행에 관한 규칙 및 관계사항'이라는 협정을 맺었다. 이후 수차례에 걸쳐 군사분계선에 대한 협정을 강화하기 위한 협정을 맺었지만 해상에 대한 규정은 나와 있지 않다. 이 점이 바로 남북간의 NLL, 즉 해상북방한계선으로 남북간 해상영역 문제의 시발이되고 있는 것이다.

일반적으로 생각할 경우 해상에서의 남북간 해상경계선은 군

사분계선의 연장선
상에서 연결하면 될
것이라고 생각하기
쉽다. 그러나 군사분
계선이 해방 후 만들
어진 38선처럼 일직

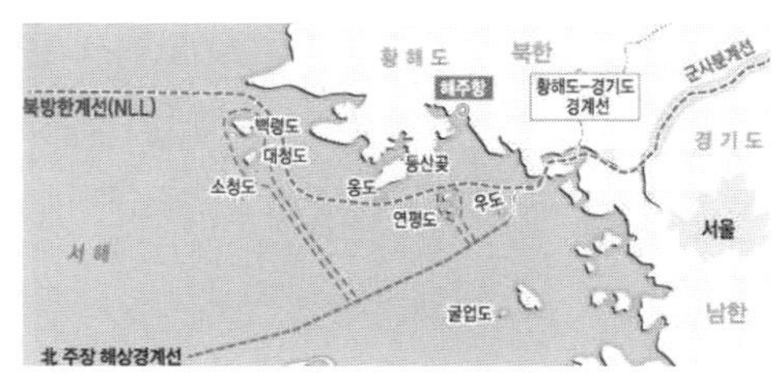

▲ 북방한계선(NLL)과 북한 주장 해상경계선

선으로 만들어지지 않았다. 또한 일직선일 경우라도 서해안의 복
잡한 해안선과 군사분계선보다 북으로 더 올라가 있는 서해 5도
의 섬들이 해안경계선을 확정하기 어렵게 만든 것이다.

한국전쟁이 발발하자 극동 해군사령관은 1950년 7월 4일 봉쇄
한계선을 설정하였는데, 동해는 41도선, 서해는 북위 39도 30분
선으로 설정하여 제해권을 장악하였으며, 1951년 9월 27일에는
UN군 사령관이 해상 방위수역인 'Clark Line'을 선포하여 적성
선박의 활동을 제한하였다.

1953년 7월 27일 한국정전협정의 체결 및 발효로 무력행위가
정지되자 유엔군 사령관은 1953년 8월 30일 정전협정 제2조에
따른 해상에서의 병력철수 등 정전협정 내용의 이행과 잠재적인
군사교전을 줄이려는 의도하에 유엔사는 함정 및 항공기에 대한
통제를 목적으로 서해지역 남북한 사이에 이른바 NLL을 설정하
고 이를 해군부대에 시달하였다. 이 선은 물론 정전협정에는 근거
가 없으며 1953년 8월 이후 한국군과 주한 미해군의 작전명령서
상에만 명시된 선으로 북한에 공식적으로 통보된 바도 없었다.

그리고 북한 해군은 1953년 8월부터 1973년 10월까지 약 20
년 동안 사실상 북방한계선 이북에서 작전을 수행하였다. 이를 토

대로 북한이 유엔사가 정한 일방적인 통제선을 남한과의 해상경계선으로 지켜오고 있다는 것이 지금까지 한국과 미국의 주장이었다. 이에 북한은 1973년 12월 1일 제346차 군사정전위원회에서 정전협정의 관계조항을 들어 "서해 5개 도서 주변수역은 북한의 관할수역이며, 이들 도서 자체가 정전협정에 명기된 대로 유엔군 통제하에 있음은 인정하나, 그 주변수역은 이를 통제하는 북한의 사전승인을 받아서 통항해야 한다"는 주장을 하였다.

이 주장이 있은 후 북한은 NLL 남측에 위치한 우리측 함선을 정전구역의 '침범'으로 비난하였고, 의도적으로 북방 한계선 남쪽으로 그들의 함선을 월선시켰다. 그러나 서해 교전이후 연평도, 소청도, 대청도, 백령도를 통항하는 우리측 함선이 북한에게 사전 통행승인을 받고 통행 한 것은 아니다. 다만, 종래(1973년 10월)보다 더 의도적인 북한측 함선의 북방한계선 침범이 빈번하게 되어, 충돌을 회피하기 위한 조치로 실질적인 한국측 서해 경비선은 북방한계선보다 약 2-4해리 정도 남하 조정되어 운용되고 있다.

이 서해안의 해상경계선 주장은 어느 쪽이 맞고 틀리다라는 이분법적 논리로 풀기는 어렵다. 한국과 미국의 측면에서 본다면 지속적으로 NLL을 주장하고 이를 경계하였다는 측면이 있다. 그러나 북한의 입장에서 NLL은 미국과 한국의 일방적인 주장일 뿐 국제법적으로 통용되는 해상수역은 아니라는 주장이다. 따라서 이 지역에서 일어난 서해교전과 남한 어선에 대한 북한의 납북 문제는 항상 남북간에 긴장을 조성할 수밖에 없는 사안이었다.

특히 어선 납북문제는 지금까지도 해결하지 못하는 사항이다. 한국전쟁 이후 납북자의 총수는 3790명이며 이중 북에 억류되어

있는 사람들은 총 486명이다. 이를 직업군 별로 세분해 보면 어
부가 435명으로 가장 많고, 해군 승무원이 20명, 해경 승무원이
2명이다. 그리고 69년 발생한 대한항공기 월북사건의 승무원 및
승객 12명과 기타 국내 포함 해외 납북자가 17명으로 나타난다.

　여기서 어부가 가장 많은 이유는 당연히 NLL에 대한 남북간의
견해차이에서 발생한 문제였다. 또한 일부는 월선을 통한 어로행
위 위반사항에서 나타난 경우도 상당히 많다. 동해안의 경우 명태
잡이 어선들이 월선하여 원산 앞바다에서 조업하는 경우가 많았
고, 서해안은 장산곶 주변에서 어로행위를 하는 경우가 많았다는
것이 이 지역 어민들의 증언이다. 이는 70년까지 북방한계선에
대한 남북간의 명확한 통제가 없었다는 반증이다. 그러나 남북관
계가 얼어붙는 경우 NLL 통제가 강화됐고, 80년대 이후 NLL에

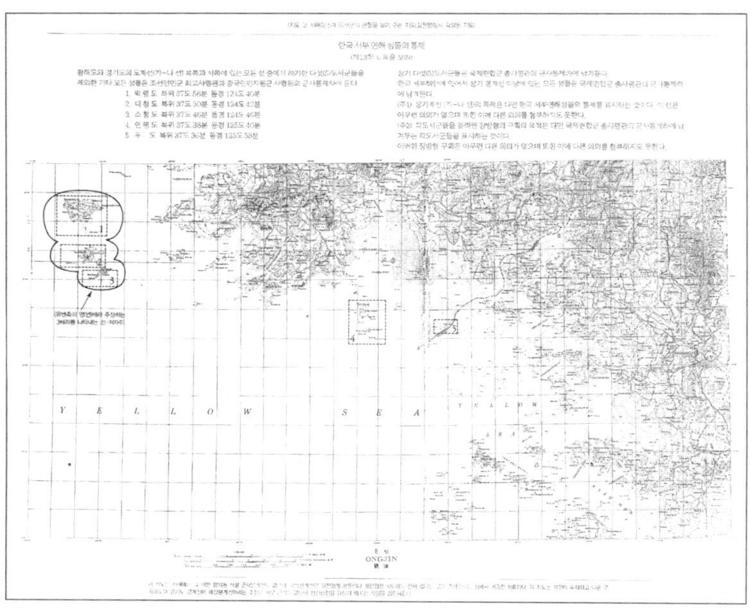

▲ 정전 협정문에 나와있는 서해 5도 지도 [출처 : JSA-판문점 이문한]

대한 통제가 매우 강화됐다고 한다. 따라서 80년대 이후 납북은 80년 해왕7호와 87년 납북된 동진호가 가장 최근 사건이고 대부분은 6~70년대 납북된 사건이다. 이후 납북사건은 거의 나타나지 않고 있으며 오히려 97년 이후 3차례 이상의 교전으로 남북간 군사적 대립이 격화되고 있다.

납북에 대해 어부들의 증언은 들을 수 없지만 일부 증언에 따르면 상당수가 NLL 이북지역에서 작업했다는 것이 어민들의 생각이다. 또한 일부는 NLL 주변 수역에서 납북됐다고 말하고 있다.

그리고 납북자 문제가 남북간의 갈등으로 생겨나고 있는 가장 큰 이유는 납북자의 의사에 대한 확인 문제이다. 여기에는 남북간의 체제 경쟁이 포함되어 있다. 북은 자진 월북이라고 주장하고 있는 반면 남에서는 강제 납북이라는 주장이다. 그러나 이 주장은 최근 납북됐다가 월남한 어느 어민의 증언에서 남북의 주장이 둘 다 맞을 수도 틀리 수도 있다는 증언이 나왔다.

이 어민은 "납북 당시 위치는 원산 앞바다였다"고 증언했다. 따라서 이 부분은 남의 주장이 당연히 틀린 것이다. 그러나 영해를 침범한 이후 자신의 주장에 따른 귀환의사가 중요하다. 이 문제에 대해 이 어민은 "북에서 조사를 받았고, 조사 과정에서 남으로 돌아가면 간첩으로 몰릴 위험이 있다"는 북측 조사원의 말을 듣고 월북을 결심했다는 것이었다. 70년대와 80년대 수많은 납북 어민 간첩단 사건이 최근 조작이었다는 증거가 나오고 있는 것을 보면 당시 납북 어민들의 두려움이 얼마나 컸는가를 짐작할 수 있다. 따라서 후자의 문제가 북에서는 자진 월북이라는 주장이고 남에서는 납북이라는 주장이 된 것이다.

▲ NLL선상에 떠있는 남한의 해양경비정 모습

이 문제를 해결하기 위해서는 당시 남북간의 체제 경쟁을 인정하고 서로 체제 경쟁에 대한 문제를 해결해야 풀릴 수 있는 문제이다. 그러나 이 문제를 쉽게 인정하기는 어려울 것이다. NLL 상에서 일어난 과거의 문제는 점차 해결하더라도, 앞으로 재발 방지를 위해 꼭 해결해야 할 사항이다. 바다에 대한 문제는 정전협정을 벗어난 문제이기에 남북간 합의로 어느 정도 해결이 가능한 문제이다.

이 문제를 해결하기 위한 노력은 2000년 16대 국회에서 '남북평화수역 설정에 관한 법안'을 당시 민주당의 장영달 의원이 제출함으로 인해 해결방안을 찾을 수 있었다. 그러나 16대 국회가 해산하면서 이 법안은 자동 폐기되었다. 그리고 이후 2007년 노무현 대통령과 김정일 국방위원장의 10.4선언 3항에서 '남북공동어로수역 설정과 평화해역 설정'이라는 합의를 이끌어 내 해결방안을 찾게된다. 그러나 이 합의문은 노무현 대통령 이후 남북간 긴장관계 속에서 합의정신을 도출하지 못한 채 표류하고 있다.

DMZ 통과는 유엔의 허가를 받아야 한다.

2005년 12월 16일 아침이었다. 남북청년학생대표자 회담을 위해 개성으로 방북하던 남측의 청년학생대표자들이 북으로 가는 길목인 파주의 출입국관리소인 남측 CIQ에서 집회를 시작했다. 아침부터 남방한계선 바로 밑에서 일어난 이 집회는 DMZ 지역의 관리가 한국이 아닌 미국이라는 점이 만들어 낸 촌극이었다.

6.15공동선언 이후 남북의 민간 교류는 각계 각 부문에서 다양하게 나타났다. 87년 이후 남한에서 통일문제를 처음 제기했던 학생들도 예외가 아니었다. 2002년 금강산에서 열린 1차 남북청년학생대회 이후 매년 남북청년학생들은 남과 북을 오가며 대회를 진행하였다. 따라서 당시 각 청년학생단체의 대표자들은 2006년 남북청년대회를 논의하기 위해 개성에서 실무회담을 하기로 한 것이었다.

매년 진행된 회의였기 때문에 당시 주무부서였던 통일부는 무리없이 당시 대표단에 방북 허가증을 이들에게 제출하였다. 그러나 문제는 여기서부터 시작된 것이었다. 이전에는 회의를 보통 중국 등에서 하였기 때문에 별 문제가 없었다. 하지만 이 해에는 개성에서 회의를 하기로 하고 육로를 통해 북을 방문하기로 한 것이었다.

이 경우 방북 허가증은 담당부서인 통일부에서 '북한주민접촉허가서'와 '방북허가증'을 발급하게 된다. 그러나 민통선을 통과하기 위해서는 국방부에 허가를 받아야 한다. 그리고 민통선을 지나 DMZ를 통과하기 위해서는 국방부의 유엔사 출장소를 통해 최종 허가를 받아야 DMZ의 통과가 가능해 지는 것이다.

이 유엔사는 53년 정전협정의 당사자였다. 53년 정전협정이 끝난 뒤 유엔군의 일원으로 참가한 16개국 중 15개국은 철수했고 미국만 유엔을 대표하여 한반도에서 유엔군으로 남게 된 것이다. 따라서 한반도에 주둔한 유엔사는 UN을 대표하지만 실제적으로는 미국군으로 불러도 무방한 군대가 된 것이다.

당시 남측의 청년단체 대표자로 참가하기로 한 단체 중에서 '반미청년회' 라는 단체가 있었다. 이 단체의 이름에 '반미' 가 들어가 있었는데 이것이 문제가 된 것이었다. 통일부는 허가를 해주었는데 16일 통과 전날인 15일 밤에 갑자기 불허 통지가 난 것이었다. 통일부가 승인한 출입증은 휴지조각이 된 것이다. 당시 급하게 알아본 결과 유엔사에서 출입을 불허했다는 이유였다.

유엔사가 '반미' 가 이름으로 되어 있는 단체는 유엔이 관활하는 지역인 DMZ를 통과할 수 없다는 이유라는 것이었다. 한반도 땅의 통과를 한국정부가 허가해도 DMZ 지역은 엄연히 유엔사 구역이라는 논리였다. 따라서 이 단체의 대표자 2명은 방북이 자동 불허가 된 것이었다. 그러나 이 사건은 이후 국방부 담당 직원이 '반미' 가 들어간 단체의 대표를 유엔사에 허가를 맡아야 하는 과정에서 괜히 미국의 심기를 건드릴 것 같아 두 사람을 빼고 승인을 받다가 일어난 헤프닝으로 알려졌다. 이 사건으로 인해 DMZ의 통과를 위해서는 비록 허울뿐인 유엔사지만 그 허가가 가장 중요하다는 것을 인식시키게 한 사건이었다.

이 사건을 전후해서 민통선 지역에는 이상한 표지판이 붙기 시작했다. 파주 도라산 전망대로 올라가는 입구에 '이 지역은 유엔사 관할 구역'이라고 알리는 푯말이었다. 실제 도라산 전망대와 각 땅굴은 관광지도에 DMZ 남방한계선 이남으로 나와있지만, 실제로는 DMZ 남방한계선 이북지역에 설치된 지역이었다. 따라서 군사지도에는 이 지역들이 남방한계선 안으로 표시되어 있었다. 유엔사가 자신들의 관할 구역을 확인하기 위해 설치된 푯말이었다. 이 푯말은 설치 이후 1년만에 해체되었지만 남북관계가 발전하면서 유엔사가 자신들의 관할권을 강화하기 위한 방안의 일환이었다.

현재 금강산과 개성관광이 일시 중단되어 있어서 일반인들의 출입이 힘들지만 분명한 것은 우리가 이 두 곳을 가기 위해서는 현대아산에 관광신청을 한 뒤 통일부의 출입신고를 하고 최종적으로 유엔사, 즉 미국의 승인이 있어야만 출입이 가능하다는 것이다. 이것은 대통령도 예외가 아니다. 2007년 노무현 대통령의 방북에서도 노무현 대통령의 DMZ 통과 승인은 미국의 인정을 받아야 했었다.

길을 만든 사람들

1989년 8월 15일 당시 한국외국어대학교 4학년이던 임수경씨의 판문점 휴전선 월선은 모든 국민들에게 충격으로 다가왔다. 절대로 넘을 수 없을 것 같은 선이 단 한발자욱으로 그렇게 쉽게 넘을 수 있었다는 것이 놀라움이었다. 그 놀라움은 단지 한국에서만의 충격이 아니었다. 세계외신은 이 사건을 주요 뉴스로 보도했다.

▲ 임수경씨가 넘은 판문점의 군사분계선 뒤쪽의 콘크리트 건물은 임수경씨가 군사분계선을 넘기 위해 단식 농성을 하던 북한의 판문각이다

　　사실 이 판문점의 군사분계선을 넘은 건 임수경씨가 처음이 아니었다. 7.4남북공동성명을 전후한 남북의 대표단들과 이후 간헐적으로 이행된 회담에서의 남북 대표들, 그리고 그들을 따라간 수행기자단, 고향방문단과 예술단 등등 수백명의 사람들이 이 군사분계선을 넘었다. 그 많은 사람들이 오고간 것은 남북 양측 정부가 모두 허가했기 때문에 군정위에서 허가된 사항이었다. 따라서 정전위의 허가없이 이 지역을 통과한다는 것은 있을 수 없는 일이었다.

　　그러나 임수경씨의 월남은 이들과는 달랐다. 당시 한국 정부가 임수경씨의 월남을 허가했다면 이 사건은 아주 조용히 넘어갈 수도 있었던 사건이었다. 그러나 한국 정부는 임수경씨가 불법으로 북에 갔기에 판문점을 통한 입국을 허가하지 않았다.

북측의 군정위 수석대표는 서한과 전문을 여러 번 보내면서 임수경씨의 통과에 유엔사가 합의해 줄 것을 요청했다. 그러나 유엔사는 한국 정부의 동의없이는 임수경씨의 판문점 통과를 동의할 수 없다는 입장을 유지했다. 북측은 이를 위해 중립국감독위에 협조를 요구하는 서한을 보냈으나 도리가 없었다. 7월 28일 북한은 군정위 본회의를 요청했다. 그러는 사이 임수경씨와 함께 평양에서 세계대학생축전을 마치고 내려온 북과 세계의 젊은이들은 임수경씨의 무사 귀환을 촉구하는 집회를 북측 판문각에서 진행했다. 이에 유엔사측은 판문각에서 진행된 세계 대학생들의 집회를 금지 시킬 것을 북측에 강력히 요구하였다.

이런 가운데 7월 29일 아침 11시 군정위 중국측 참모인 '즈오수이카이' 소령과 그의 아내가 판문점 회의장 군사분계선을 넘어 유엔사측으로 와서 미국 망명을 요청했다. 이 같은 일에 대해 북측

▲ 군사분계선 표지판. 군사분계선은 철조망이 아닌 푯말로 표시되어 있다.

과 중국측은 전혀 모르고 있었다. 이들 부부는 미국으로 떠나기 앞서 로마에 있는 유엔난민기구를 통해 미국으로 가고 싶다고 다시 한 번 의사표시를 했다. 이는 판문점에서 귀순하려는 사람들에 대한 방침이 관람객이나 북측 사람들에게 귀순을 종용하지 않으며, 귀순하려는 사람이 있으면 남쪽으로 가는 길을 알려주고 가능하면 그들의 편의를 도모해 주는 것이 전부였기 때문이다. 이들 부부의 망명에 북측 수석대표는 서한으로 돌려보내 줄 것을 요구했으나 그들의 망명의사는 중감위가 확인했기에 돌려보낼 수 없다고 주장해 유엔사와 북측의 대립이 미묘한 관계로 번지고 있었다.

따라서 임수경씨의 월남은 매우 중요한 문제로 대두되었다. 임수경씨와 함께 세계대학생 대표단 일행은 임수경씨의 판문점을 통한 무사 귀환을 촉구하는 단식을 계속 진행중이었다. 이에 북은 8월 8일 개최된 450차 군정위 본회의에서 다음과 같은 사항을 통보했다.

"북측 군정위는 임수경 전대협 대표와 그를 수행하는 문규현 신부의 판문점 통과 요청을 받고 그것을 해결하기 위한 노력을 다했다. 그리고 유엔사측의 합의를 요청해 왔다.

그러나 유엔사는 한국 정부가 반대한다는 터무니없는 이유를 들며 그들의 요청을 재삼 거부했다.

정전협정 조문에는 그 어떤 사람이 DMZ를 거쳐 상대방 군사 통제하에 있는 구역에 들어가려면, 군정위의 수석대표들과 상대방 군사령관들의 허가만 받으면 된다고 써있다. 또한 남조선의 군사 통수권은 미국 장성이 쥐고 있다.

과거를 보건데 적지 않은 사람들이 판문점을 통하여 북으로 남으로 건너갔고, 유엔사측은 그들이 판문점 통과를 동의해 왔다. 미국 조종사들, 승무원들, 심지어 한국 어부들도 이곳을 통해서 돌아갔다. 무엇 때문에 이 땅의 주인인 한 사람이 이곳을 지나가지 못한다는 말인가?

임수경은 유엔사측이 그의 판문점 통과를 허락할 것을 요구하면서 단식 투쟁에 들어갔다.

임수경은 집에 돌아가기 위해서 8월 15일 아침에 다시 이곳 판문점에 오겠다고 말했다.

이에 유엔사측은 "정전협정 조인 이후 36년 간 한국문제의 평화적 해결을 항상 지지해 왔고, 남북통일 문제를 위시해서 남북간의 모든 문제는 남북정부가 협상을 통해서 이루어야지 군정위가 개입할 문제가 아니다"라고 답변했다.

8월 12일 북측은 중감위 라운지에서 수석대표들 간에 비공개 회의를 하자고 제의했으나 유엔사측은 임수경씨에 대한 입장에 변동이 없다는 것을 지적하고 회의를 거부했다. 8월 13일 북측은 수석대표 전문으로 "군정위의 북측은 임수경씨의 판문점 귀환을 승인했으니 유엔사도 8월 15일 09시까지는 이에 동의해 달라"고 간청했다. 유엔사는 다섯 번째의 북측 요구를 똑같은 이유로 거절했다.

마침내 8월 15일 아침, 08시 50분경 북측은 임수경씨의 무사 귀환을 요청하면서 또다시 전문을 보냈다. "임수경씨와 그 수행이 8월 15일 오후 1시부터 2시 사이에 군사분계선을 넘어갈 예정이니 무슨 사고가 난다면 이는 전적으로 유엔사의 책임이다"라고 경고한 것이다. 이에 유엔사는 똑같은 입장으로 귀환에 합의하지 않았다.

그리고 오후 1시 쯤 임수경씨과 함께 문규현 신부는 최초로 남북의 합의사항이 없는 상태에서 공식적으로 군사분계선을 넘어왔다. 이들은 DMZ 내에서 한국경비병의 안내로 DMZ를 통과하고 남측 정부에 인계됐다. 이후 유엔사는 임수경씨의 군사분계선 통과는 정전협정 위반이며 정전협정은 판문점을 그 어떤 개인의 출입국 항으로 사용하는 것은 허락하지 않았다고 주장하면서, 임수경씨의 판문점 통과가 관례가 될 수 없다는 것을 명확히 했다.

그러나 이러한 주장은 이후 계속적으로 무너져야 했다. 한총련 방문대표인 이혜정, 김민주씨 등이 이 군사분계선을 넘었다. 그리고 1995년에 고 문익환 목사의 부인인 박용길 장로가 분단선을 넘어 귀환했다.

이렇게 사람들이 넘기 시작하자 이번에는 남쪽에서 소가 판문점을 넘는 사건이 발생했다. 소떼몰이 방북으로 대북 경협사업의 선구자격인 정주영 전 현대그룹 명예회장은 북한땅 통천에서 맨주먹으로 월남한 실향민이다. 정 명예회장은 98년 5월 당시 500마리의 소떼를 몰고 남북의 군사력이 집중된 휴전선을 넘으며 "강원도 통천에서 아버님의 소판돈 70원을 훔쳐 가출했습니다. 이제 한 마리 소가 천 마리 소가 되어 빚을 갚으러 고향산천을 찾아갑니다"라는 말을 남겼다. 그리고 금강산 관광사업을 진행해 휴전선의 동쪽 끝 고성에서 국민들이 휴전선을 무너뜨리는 기반을 다졌다. 또한 당시 함께 진행하기로 한 개성공단 사업을 통해 하루에도 수 백명이 군사분계선을 수시로 넘나들게 했다.

정주영 전 회장의 방북 이후 판문점이 남북 통행의 구실을 하는 경우는 거의 없어졌다. 그러나 2005년 평양의 아리랑 공연을 관람하다 갑작스런 통증으로 평양산원에서 딸을 낳게 된 황선씨가 그의 딸과 함께 판문점을 통해 귀환했다. 판문점을 통과한 최연소 아이가 된 것이다.

길이 아닌 곳에 처음 사람이 지나가고 두 번째, 세 번째 지나가면서 오솔길이 열리기 시작한다. 그리고 그 길로 많은 사람이 오고가면서 소로가 만들어지고, 더 좋은 길을 만들기 위해 사람들은 대로를 만든다. 판문점의 통과는 어려웠지만 이제 수많은 사람들이 오고감을 통해서 판문점의 문턱을 점점 낮추고 있다.

한반도 세상의 시작

한반도의 항구적인 평화체제 성립과 통일을 위한 과제를 위해서는 불안정한 정전협정 체제를 해결해야 한다. 이를 위해 논의되고 있는 과정은 크게 세 가지로 나누어 볼 수 있다. 첫째가 정전협정 보완론이고, 다음으로 '남북기본합의서' 수정보완론, 평화협정 체결론 등이다.

이중 최근 6자 회담의 성과로 볼 때 가장 근접하고 있는 사항은 평화협정 체결로 귀결되고 있는 실정이다. 이 평화협정 체결은 몇 가지 난제를 가지고 있다. 일반적으로 평화협정은 승전국과 패전국 간에 맺어지는 일종의 불평등조약이다. 즉 전쟁의 원인과 책임을 회복하는 두 가지 기능을 갖는다. 그러나 한국전쟁은 어느 일방이 항복하지 않았으므로 한반도에서 영토문제, 전범처벌, 전후 배상문제 등을 규정하는 전통적인 평화협정은 적용하기 힘들다. 또한 평화협정 체결에 있어서 한국의 배제문제가 남는다.

▲ 2005년 12월 16일 아침 DMZ 통과를 불허받은 청년학생 대표들의 집회모습

　전쟁의 당사국이면서 협정 체결에서 배제된 한국이 협정의 당사자가 될 수 있는가의 문제이다. 이에 최근 북에서는 한국을 배제한 상황에서 미국에 평화협정 체결에 대한 논의를 진행하고 있는 것을 본다면 한국 배제는 현실적인 문제로 대두 될 수 있다. 따라서 평화협정은 단순한 문제가 아닌, 오히려 정전협정 과정에서 보여준 북미간의 줄다리기보다 더 오래 될 수 있는 문제이다. 하지만 남북은 지난 10여 년간 이 문제를 해결 할 수 있는 실마리를 찾아왔다. 다름 아닌 6.15 공동선언과 10.4 남북선언이었다.

　이를 기반으로 한반도의 평화체제 논의를 진행시킨다면 한반도 평화협정 체결은 한국이 배제되지 않은 상황에서 남북과 미국, 중국 등 주변 강대국의 도움으로 체결될 수 있는 상황으로 갈 수도 있다. 이는 하나의 방법론으로 충분히 고려해 볼 수 있는 상황일 것이다. 또한 이런 상황을 가능하게 하기 위해서 남.북간 신뢰

회복을 우선시 하는 정책적 뒷받침도 필수적으로 따라와야 할 것이다.

그것은 바로 10년간 진행해 온 남.북간 경협합의가 될 수 있다. 우선 개성공단과 금강산관광이 지속되고 임진강 수해방지 협력사업, 남북 철도연결 사업 등 3대 경협사업이 순조롭게 진행되야 할 것이다. 이를 기반으로 10.4 선언에서 합의한 평화수역 문제와 해주 및 남포 공단건설 사업, 경의선철도 도로보수 사업 등을 착실히 진행해 간다면 남북이 한반도의 주인으로 통일문제를 민족 내부의 문제로 가지고 올 수 있을 것이다.

이와 함께 더욱 진행해야 할 사업이 남북철도 연결사업이다. 남북철도는 현재 경의선과 동해 북부선이 연결되어 남북을 오갈 수 있는 기반을 갖추고 있다. 여기에 남북의 동서를 관통할 수 있는 경원선 철도가 연결된다면 한반도의 철도 기반시설이 제자리를 찾게 될 것이다.

한반도는 분명히 반도라는 이점을 가지고 있는 나라다. 그러나 해방 이후 한반도의 남과 북은 어느 한 순간도 반도라는 이점을 이용해 본 적이 없다. 오히려 섬나라보다 더 취약한 조건을 가지고 남북이 서로 경쟁하며 발전해 왔다. 한반도의 동북아 물류 중심은 해운과 항공에 기반을 둔 사상누각에 지나지 않는다. 물류운송의 상당수를 차지하는 철도가 빠진 물류는 물류중심 국가로 완성되기 힘들다.

그런 의미에서 철도연결은 한반도가 새로운 세상의 시작점이 되고 세계의 중심이 될 수 있는 서막이 열리는 것이다. 더구나 경원선 연결은 한반도에서 출발한 물류가 시베리아를 거쳐 유럽으

로 가는 최단거리 노선
이다. 경의선과 동해 북
부선이 한반도 철도의
상징적 의미를 가지고
있다면 경원선 철도 연
결은 한반도 철도 연결
의 종착점이 될 것이다.

과거 한반도를 지배

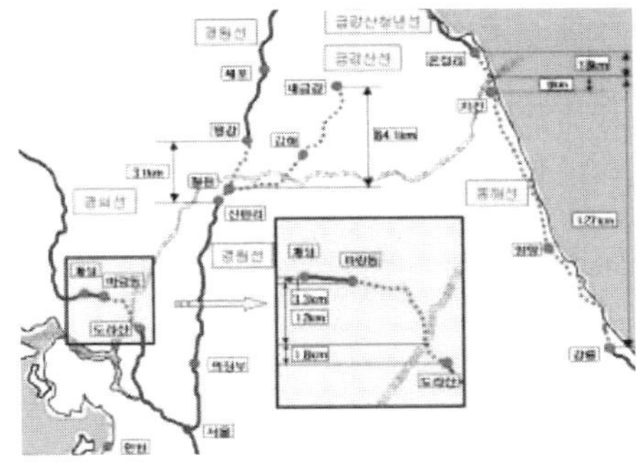

▲ 남북의 끊어진 철도. 철도가 연결되는 그날 통
일이 다가 올 것이다.

했던 수많은 제국들은 이 곳 경원선길, 즉 DMZ 지역을 차지하는
가 못하는가에 따라 국운이 결정되곤 하였다. 따라서 이 DMZ 지
역은 수많은 제국의 각축장으로 끊임없는 전쟁의 소용돌이의 중
심에 있었던 지역이었다.

한반도 통일 국가가 세계로 비상하는 날은 바로 DMZ 지역을
한민족이 자주적인 힘으로 되찾고 철도를 연결하는 것이다. 그리
고 DMZ 지역이 열리는 날 한반도는 세계로 나가는 철의 실크로
드의 출발점이자 중심으로 나 갈 수 있는 초석이 될 것이다.